〈現われ〉とその秩序

メーヌ・ド・ビラン研究

Maine de Biran
un philosophe du monde ordinaire

村松正隆

東信堂

目次／〈現われ〉とその秩序

装幀：桂川潤

凡　例

①参考文献は文末に一括してまとめた。
②引用の際に引用者が補足を行った場合は【　】でこれを示した。
③引用文で引用者が強調した場合は、引用文後に【　】でこれを示した。

〈現われ〉とその秩序——メーヌ・ド・ビラン研究

序　文

本書はメーヌ・ド・ビランについての研究であるが、本論に入る前に、まず簡単にメーヌ・ド・ビランとオーギュスト・コントとのいわゆる「対立」を振り返り、本書の目指すところを明らかにする一つのきっかけとしたい。

一九世紀のフランス哲学史を巡る記述では、メーヌ・ド・ビランとオーギュスト・コントは対立する哲学者として捉えられて来た。一方が主体の哲学者であり、他方が科学の哲学者というわけである。もちろんこの見方はそれなりの妥当性を持つのだが、視点を変えてみれば、二人の哲学者の関係を生産的に捉えることができるのではないか、という発想が本書を執筆するに当たってのそもそもの動機となっている。そして私は、この二人の哲学者、党派的に言えばスピリチュアリスムと実証主義の祖として対立しても捉えられる二人の哲学者の営みを、「秩序」という言葉を導入することで生産的に読み解いていくことができるのではないかと考えたのである。本書はそうした見通しの下、ビラニスム期のメーヌ・ド・ビランの哲学を総合的に分析することを目標としている。

「秩序」という言葉はどちらかというとコントに相応しいものと思える。即ち一九世紀前半の政治的混乱期に生きたコントは、「秩序と進歩」を合言葉とし、実証的な社会学的認識に到達するために、実証的知識の条件を明らかにしようと、数学・天文学・物理学・化学・生物学といった諸学問が、それぞれ対象とする現象についていかなる秩序を語るのかを主題化した。「人間はまず個々の実際のケースについて、それに関する現象の法則全体から生じる自然の秩序をよく知らなければならない。」(Comte, 1844 → 1912, p.43) 彼は科学的認識を主題化することで、人間の知的能力の発展の規範的記述を行おうとする。

しかし彼が科学的以外の認識の価値を低く見ていたかといえば、そんなことはない。例えばコントは同じ『実証精神論』の中で、「最も素朴な神学の知的支配下にありながら、現実生活の日々の営みの中から、各種の段階に属する現象についての自然法則およびこれに対応する予見の萌芽のようなものが生まれざるを得なかった。」(Comte, 1844 → 1974, pp.69-70) と述べ、未だ科学的認識を持たぬ神学的段階の人間も、何らか実証的な知識の萌芽を持つことを指摘し、またこうした知識を評価している。このような視点で見たときに、コントがその主著『実証哲学講義』の中で、実証哲学の進展のための「ごくありふれた知性の謙虚な歩み」[1]を主題化して賞賛していることも目につきはしないだろうか。科学主義者のコントも、科学的知に先行するものとしての「ごくありふれた知性の謙虚な歩み」は高く評価するわけである。

ところでこのように見たときに、メーヌ・ド・ビランとコントとの営みを、連続するものとして生産的に理解することは出来ないだろうか? 即ちコント自身も評価する「ごくありふれた知性の謙虚な歩み」の生成と構造とを明らかにすることが、メーヌ・ド・ビランの思索の主要な一画を占めているのではないだろうか。このような見通しに立ちながら、まずはメーヌ・ド・ビランの認識論の構造を明確な相のもとに齎してみたいと私は考えたわけである。

「だから、私たちの生きる通常の世界 (le monde ordinaire où nous vivons) に降りていく哲学者が必要なのだ。」[2] (J.III, p.209)

メーヌ・ド・ビランは一八二三年に書かれた手帳に記している。この「私たちの生きる通常の世界」という言葉を、コントが言う「ごくありふれた知性の謙虚な歩み」が実現されている世界と考えることはできないだろうか。そしてビランはまずもって、この「通常の世界」で行使されている諸能力の分析を、（少なくともビラニスム期には）自らの課題としたと言えるのではないだろうか。

もう少し考えてみよう。「私たちの生きる通常の世界」、しかし「通常の世界」とはどのような世界だろうか。「通常の世界」とは、「哲学者」がもたらすとされる優れた知から見れば、価値的に貶められる世界ともされてきた。そこへ「降りていく」というよりは、そこから脱出する知恵を指示する者というのが、「哲学者」について流布するイメージではないだろうか。しかしメーヌ・ド・ビランに従えば、例えば、「通常の世界」で行使される能力よりも「優れた」能力をいきなりア・プリオリに立てること自体が、すでに疑惑を呼ぶ。この次第は、ビランの次の言葉に伺うことができる。「私たちは優れているとされる段階の能力のうちに、劣っているとされる段階の能力に於いて既に性格付けられていたものを割り振らねばならない。」(A,III,p.236)[3] 彼は、優れているとされる能力も、劣っているとされている能力のうちにその源泉が捜し求められなければならないと考える。

ビランはこうした事情をまた、次のように述べる。次のテキストは、私たちにとり最も日常的な「話す」営みが、私たちの知的な諸能力や諸概念の発生をいかに支えているかを述べた直後のものである。

「恐らく、高次であるか純粋である諸観念の体系に専ら関心を持ち、天上を向いて根を持たない形而上学者たちは、劣った感官の働きに関する瑣末な（そして純粋ではない）事がらを軽蔑するが故に、発話される記号に固有の諸性格を認めることができないだろう。彼らは知的諸観念並びに諸概念との関係において考察された直接的統覚を、決してこれらの発話された記号に結びつけないだろう。しかし、根源的な諸事実を尋ね求めれば、人々は何らか前もって立てられた理論ないし体系から出発せずとも、これらの事実をより実在的な源泉から汲んでくることができると、私は確信している。」(A, IV, pp.176f)

メーヌ・ド・ビランとて、「優れた」諸能力の存在を否定するわけではない。ただ、これらの諸能力の存在をア・プリオリに主張し、「より実在的な源泉」を見出す努力を怠ることが、彼の疑惑を呼ぶ。「純粋な形而上学の体系は、諸原理をおよそ事実の彼方に位置づけ、抽象的なものを単純なものと見なし、そしてこの単純なものを根源的なものと見なして、実在的なものを可能的なものから導き出してしまい」(A, IV, p.62)「より実在的な源泉」を見失ってしまう。

そもそも、「優れている」とされる知的な諸能力、例えば学問的とされる諸能力を用いる場面と、「劣った」と想定されうる「通常の世界」での能力が用いられる場面とを比較すると、これらの場面には少なくとも二つの共通点を見出すことができると考えられはしないだろうか。

第一に、「優れた能力」を用いるにせよ「劣った能力」を用いるにせよ、能力を用いるとは、これらの能力を用いる〈私〉が経験する諸々の〈現われ〉のうちに、秩序を見出そうとすることではないだろうか[4]。

諸学問において要請される理念が「秩序」の探求であることを見ることは容易い。実際学問とは、方法論的に限定して取り出された諸現象のうちで、これらの現象を構成する諸要素を確定し、かつその諸要素間の秩序を見出すことを理念とする営みといえるだろう(もちろん個々の学問に応じて、要請される秩序の厳密さは異なるとはいえ)。

他方私たちはまた、日常の生活においても、時には明確に、また時には暗黙の形で、秩序を見出すことを要請されている。実際私たちの「能力」とは、まずもってこれらの能力に対して現出する〈現われ〉を経験し、またこれらの〈現われ〉に「秩序」を見出すことを本来の役割とするのではないだろうか。そして能力に関して「優れた」「劣った」といった価値序列が持ち込まれるのは、その能力の対象の側の内部での、人間的な価値に従って樹立される「優れている」

「劣っている」という序列が、能力という場面に持ち込まれるからではないだろうか。

第二に、私たちが用いる能力が、何らかの価値に従って、その優劣が言われるにせよ、いずれの場合も、能力を用いるとは基本的に、〈私〉の実存と結び付けられるべき事柄ではないだろうか。実際〈私〉が〈私〉のものではない能力を用いると主張することは、救いがたい矛盾へと至る。能力を用いるとは〈私〉の実存に対して現出する〈現われ〉に対して、何らか適切な能力を用いることと言える。「優れた」能力にせよ「劣った」能力にせよ、〈私〉が用いる能力であることに変わりはない。

「通常の世界」という言葉を定義するならば、先に述べたような価値が樹立される以前に〈私〉が自らの実存をそこに見出す世界、そこに〈私〉が自らの実存を開きつつ、同時に〈私〉の実存がそこへと組み入れられることが要請される世界ということができるだろう。そしてまずその通常の世界で〈私〉が行使する能力の諸様態、即ち能力とその対象、あるいは能力が秩序を発見し、あるいは秩序をもたらす過程こそが、「実在的な源泉」なのではないだろうか。そしてメーヌ・ド・ビランという「哲学者」は、自身がこの「通常の世界に降りていく哲学者」であったからこそ、今でも私たちに読まれるに値する哲学者であるように思う。言葉を補って言えば、〈私〉が自らの実存を見出す「通常の世界」を織り成す様々な〈現われ〉のありようを、〈私〉の能力とのかかわりの中で、測定し、配分し、概念化しようとした哲学者であるからこそ、ビランのテキストは読まれるに値する。

能力とは、一方で秩序を見出すという広い意味での「学的」な営みと関わるものであり、また、〈私〉の「実存」と結びつくものである。ところでメーヌ・ド・ビランにとってはこの二つの事態は、密接に結びつくものである。

彼はある箇所で「実存それ自身と一致した学の源泉（l'origine de la science identifiée avec l'existence même）」（A, III, p.428）という言葉を発している。〈私〉の実存こそが、学的な営みを開く。両者は厳密な意味で源泉を等しくしているというのがビランの変わらぬ確信である。学の源泉が〈私〉の実存と結び付けられること、そして学の源泉を実存それ自身と結びつける営みそれ自身が、また実存へと結び付けられることこそがビラニスムの課題である。〈現われ〉の秩序を扱い探求する学とは、〈私〉の実存それ自身と一致しうるのである。この言葉の意義が探られなければならない。

本書においては次の手続きを踏むことで、初期の思想からビラニスムに至るまでのメーヌ・ド・ビランの思索の変化を記述し、様々な現われに秩序をもたらす〈私〉の諸能力を巡ってのビランの記述に分析を加えることとしたい。

第一部では、ビラニスムに至るまでの彼の思想の発展を追うこととする。第一章ではビランに大きな影響を与えたカバニスやデステュット・ド・トラシの思想を見ることで、知の統一という主題が彼らの知的営みを推進した次第、またこの主題自身が自ずと彼らの探求を人間の知的諸能力の分析へと向けていった次第を見ることとしたい。この作業の目的は、「観念」あるいは「感覚」という一元的な場面で主体の諸能力の分析を行う不可能性をビランが自覚し、外的な感覚という〈現われ〉とは別種の、〈私〉の意志的運動に対して抵抗する身体という、別種の〈現われ〉を記述するに至るプロセスを追うことでもある。

第二部においては、いわゆるビラニスムにおける主要な諸概念である、根源的事実、固有身体、反省的諸観念の各々に分析を加え、かつこれらの概念の結びつきについて吟味を行うこととする。これは、ビランが西洋哲学史上初めて独自の形で記述しえた内的抵抗としての身体という〈現われ〉にいかなる秩序が見出されるのか、これを可能な限り明らかにする作業である。

第三部においては、メーヌ・ド・ビランの主著、『心理学の諸基礎についての試論』に依拠しつつ、彼が叙述する、認識諸能力の「体系」の進展を見ることとする。第二部におけるビラニスムの主要概念の記述においては、分析される対象は専ら〈私〉と固有身体との関係のみである。だが、私たちは生を送るに当たって、ただ固有身体のみを経験するわけではない。この固有身体の経験に正に対応する形で、「外的」といわれうる世界の様々な〈現われ〉を経験することになる。第三部の目的は、〈私〉が自らを構成する努力の様態に応じて世界の様々な〈現われ〉が現出することを確認し、かつ〈私〉がこの努力に応じて、この〈現われ〉のうちに様々な秩序を見出して行くプロセスを分析し記述することにある。

これまで蓄積されてきた優れた先行研究においても、メーヌ・ド・ビランが提出した「体系」という言葉は、その意義が十分に掘り起こされてきたとは言いがたい。研究者たちは、各々の関心に応じながらビラニスムの様々な側面を抽出してきた。しかし彼らは、ビランの認識能力の諸体系を、既に十分に明らかにされたことであるかのように扱ってきた。しかし、各々の体系において語られうる〈現われ〉の秩序という観点を導入することで、ビランが目指した〈私〉の探求の特徴がより明晰になるのではないかと予想される。本書では優れた先行研究の成果を踏まえつつ、〈現われ〉とその秩序という視点から、ビラニスムの認識諸能力の体系という発想の意義を明らかにすることを目指している。

そのプロセスで明らかになるのは、〈私〉を構成する意志的な努力に応じて世界には様々な〈現われ〉が現出すること、そしてまた、〈私〉の努力の用い方によって、その〈現われ〉に様々な秩序を見出しうること、しかしまた、こうした〈現われ〉は〈私〉が受容するものでありながらも、ある側面においてやはり〈私〉の諸能力が現出させるものである、という自覚の過程である。

註

1 Comte, *Cours de philosophie positive*, in *Œuvres d'Auguste Comte*, édition anthropos, 1968, tome VI, p.650 なお、コントは実証哲学の営みを「日々の成功によって推奨されているこの自発的な智恵を取り上げ』「これを一般化しまた体系化し、様々な抽象科学へと適切に拡大していくことへと専心してきた」ものと規定している (Cf; ibid, p.651)

2 この言葉は、Romeyer-Dherbey,1974 に掲げられたエピグラムでもある。

3 なおここでビランが「優れているとされる段階の能力」として述べているのは、コントが述べるような科学的認識を司る能力ではなく、形而上学的とされる能力である。

4 本書では〈現われ〉という言葉を、およそ〈私〉が経験する限りにおいて、〈私〉に対して現出するもの一般という意味において用いる。即ち、メーヌ・ド・ビランが〈私〉が経験する事がら一般を「印象」『事実」と名づけたことを受け、これらの概念を包括する意味で〈現われ〉という語を用いている。またこの言葉を選択したのは、語感上の意味もある。ビラニスムにおいて〈私〉が経験する事がらは、常に〈私〉の努力、運動に相即して現出するものであるが、この動的なイメージを捉えるためには〈現われ〉という言葉が「現われる」という動詞の響きを残しており、相応しいものであると考えたからである。

また「秩序」という言葉を私は、様々な〈現われ〉が相互に取り結ぶ連関、関係、あるいはこれらが割り振られるべき秩序、論じられるべき順序などといった意味で用いている。〈現われ〉が相互に取り結ぶ連関を述べるための言葉としては、「連合」「論理」といった用語も思い浮かぶ。しかし、本書で明らかにするように、メーヌ・ド・ビランは〈現われ〉をただ〈私〉に対して現出するものとして一元化するだけではなく、それをまず大きく内的なものと外的なものとに分け、その内部でもさらに分節を行っている。さらには分けられた〈現われ〉の内部におけるその相互の相互関係などを明らかにしていく。〈現われ〉相互の関係を肉体という〈現われ〉との関わりの中で記述していくビランの姿勢を学ぶためには、「秩序」という言葉が最もふさわしいと私は考えた。

第一部　ビラニスム以前

第一章

諸学の統一という理念

本章では、メーヌ・ド・ビランの師であったカバニス、デステュット・ド・トラシといった人々の議論を扱い、彼らの課題、方法、ならびにその議論の前提を明らかにし、これらの契機がビランに与えた影響について考察を巡らせることとする。

カバニスやトラシが新たな学として主唱したイデオロジーがメーヌ・ド・ビランに与えた影響を吟味するには、まず「諸学問の統一」という主題から接近することが、両者の議論の違いを際立たせる意味でも有効である。

一八世紀後半から一九世紀前半にかけて活躍したカバニスやトラシは、一八世紀以来の「知の統一」という理念をそのまま引き継いでいる。その事情を、イデオロジーについての浩瀚な書物を著したギュスドルフは次のように述べている。「知の統一という主題は、一八世紀の主導的観念の一つである。これはライプニッツの予感からダランベールやディドロならびにその協力者たちの百科全書的記念碑へと至る道程に位置づけられる。イデオロジストたちは、精神的空間の中に以前からあった、現実的な力をもつ思想を再び取り上げる。ところで彼らは、統一という主題と人間の科学という主題との結合を実現するのだ。この【知の統一という主題の：引用者註】主導権は、認識論的意識を

深く変容する。」(Gusdorf, 1978, p.384)

このギュスドルフの言葉には、重要な指摘が含まれている。イデオロジーにおいては、学問の統一という主題と人間の科学（science de l'homme）という主題が密接に結びついているという指摘である。イデオロジーは、諸学問を、これらを形成する「人間」と切り離して考察するのではなく、人間的諸能力の行使の産物として考察する。

なぜこのような結びつきが可能なのだろうか？　カバニスやトラシの考えでは、諸学問とは人間が自らの諸能力を行使することで形成するものであり、この「諸能力」によって形成されるという一点において、諸学問は統一を得ることになるからである。だとすれば、彼らの目指す諸学の統一は、百科全書的な諸学の秩序付けに留まらず、諸学をこれを形成する人間の諸能力に関する認識へと、さらには諸能力を行使する人間という存在自身を主題とする「人間の学」へと結びつけるという意図に於いて、奥行きを見せるものとなる（実際には彼らの試みは、その存在論的前提によって破産を宿命付けられていたにせよ）。

この点を心に留めつつ、実際のイデオロジストたちの議論を見てみよう。

カバニスの諸学の統一の理念

カバニスは主著『心身関係論』の冒頭で、諸学の統一という理念を高らかに宣言する。

「市民諸君、すべての科学と技芸とを一つの総体、分割できない全体、共通の起源によって結びつき、さらには自らが生み出す果実、つまりは人間の感覚性と幸福によって結びついている、いわば同じ幹から生じたいくつかの枝と見なす理念は、恐らく美しく偉大なものである。」(Cabanis, 1802 → 1956, p.124)

カバニスのこの言葉によれば、諸学はその「共通の起源」である感覚性において結びつき、さらには、各々が「幸福」

を生み出すという点において、より緊密に結びついている。

この言葉をきっかけとして、カバニスの諸学の統一の理念がいかなるものであるのか見てみよう。諸学を統一する「共通の起源」である感覚性とはいかなるものであるのか。また、カバニスの言う「幸福」とはいかなるものであるのか？順序を逆転させて、まずは、カバニスの幸福の定義を見よう。イデオロジストであるカバニスにとり、幸福とはいかなるものであるか？

「幸福の源泉そのものへと立ち戻ると、幸福とは特に、諸能力の自由な行使のうちに、そして諸能力が活動状態に置かれるときの力と容易さの感知とのうちにあることがわかる。【…略…】生は、すべての感覚器官が自然の秩序を逸脱することなく、しかしより強く感覚し協力するほど完全なものとなる。これが肉体的な良き状態を構成するのであり、モラルの幸福もやはりここに存する。というのもこれは肉体的状態の結果、あるいはむしろ別の視点、別の諸関係から考察された同じ良き状態だからである。」[2] (Cabanis, 1802 → 1956, p. 260)

人間の「幸福」とは諸能力を自由に行使できること、そして諸能力が行使されるとき「力と容易さ」とが感知されることにある。そして、諸能力を生み出す感覚器官が「より強く感覚し協力するほど」人間の生は完全なものとなり、この協働が肉体的な幸福を構成し、ひいては精神的な幸福をも構成する（「諸能力」とは感覚器官の行使に他ならないという発想はトラシやカバニスに共通する）。

この「諸能力の自由な行使」として定義された幸福の概念に具体的な象りを与えるため、「幸福」を実現するにはいかなる研究がふさわしいのか、その指針をカバニスは次のように述べる。

「何にもまして有益で自然なのは、人間の肉体的と言われる能力とモラルに関わるとされる能力との諸関係を探求することである。実際、一方で私たちに最も近しい対象とは私たち自身である。そして、私たちのよきあり方は、私たちの実存と結びついた諸能力の善用にのみ基づいている。そして他方、人間の諸能力という言葉は、確かに、そうした能力の諸器官の活動によって引き起こされる諸作用を多かれ少なかれ一般的に表明する。【…略…】実際、モラルに関わる諸能力が生じてくるところの肉体的な諸能力が、これらの働きの総体を構成する。なぜなら、哲学的な言語が肉体的なものとモラルなものという二つの変容を区別するのは、観察者たちがその分析の最初においてすべてを混同してしまうことがないように、生命の諸現象を二つの異なった視点において見ることを強いられるからである。」(Cabanis, 1802 → 1956, pp. 316-317)

カバニスの戦略は次のようになる。諸学問は「共通の源泉」たる感覚性において相互に結びつき、同時に、「幸福」という果実を生み出すという意味でも相互に結びついている。ところで、人間の「幸福」は「諸能力」の自由な行使にあるが、これら「諸能力」は感覚器官の働きによって生み出されるのであり、「モラルに関わる諸能力」もやはり「肉体的な諸能力」から生じるのだから、人間における肉体的な感覚器官の働きが記述され明るみに出されること、諸能力の発展の様態、さらには諸能力に影響を与える様々な要因が明らかにされること、これこそが人間の幸福の増進に貢献することになる。

カバニスにとってこの役割、すなわち肉体的諸能力の進展に関わる諸要因を明らかにする役割を果たすのは「医学」に他ならない。人間の諸能力は肉体的な「諸器官の活動」へと還元されるが、医学こそが肉体的諸能力のありかたを研究することで先の理念に貢献する。

およそ諸々の学問は人間の「幸福」を実現するという意味で一つに結びつくが、他方で諸学が実際に人間の「幸福」を実現するには、「肉体的人間」という存在者の様相が詳らかにされねばならない。論じられるべきは、たとえば「精神」として抽象化され特化されて捉えられた人間の存在様態ではなく、「肉体」としての人間のありかた、肉体的諸能力の様態、さらにはその正常なあり方と逸脱したあり方の記述、肉体としての人間に影響を及ぼす、年齢や周囲の気候、あるいは慣習などといった事柄である。

諸学は「肉体的人間」(l'homme physique) を幸福にするという意味で一つに結びつくものであったが、まさにそのゆえに「肉体的人間」を論じる学問、つまりは医学ないし生理学[3]に依存するのでなければならない。医学ないし生理学に基づいて構想された人間学が幹となり、その知見に基づきながら他の諸学問が発展していくような学問体系の木をカバニスは描き出そうとしている[4]。

諸学は人間の幸福を目指すという一点で結びつくことが要請される。それゆえカバニスに従えば、学の第一の対象は「人間の肉体」となる。そして、この「人間の肉体」を対象とするカバニス言うところの基礎的な学は、冒頭で挙げた、諸学の「共通の起源」である「感覚性」をその原理とすることになる。「感覚性」は、上述の論理に従って「人間の肉体」が焦点となることを理解したときに、初めてその重要性が理解される。

「感覚性 (sensibilité) がなければ、私たちは外界の対象の存在を知らされることは全くないだろうし、私たち自身の存在を統覚する術すらないことになろう。あるいはその場合には、私たちはむしろ存在しない、と言うほうが良いかも知れない。私たちが感覚するまさにそのときから、私たちはあるのだ。」(Cabanis, 1802→1956, p.142: 強調は引用者による)

この「私たちが感覚する」能力、上の文章で言われている「感覚性」(sensibilité) こそが、カバニスの議論を支配するキーワードとなる。カバニスにとっては、この「感覚性」こそが、人間の「モラルなもの」と「肉体的なもの」との間の相互関係（確認しておけば、これを解き明かすことこそが、カバニスの課題であり、ひいては総合的な「人間の科学」の構築のために必要な作業である）を明らかにするための鍵となる。

「感覚性とは、生命現象の研究、あるいはそうした諸現象の真の連なりの方法的探究において到達する最後の項である。これはまた、知的諸能力および魂の情動の分析がもたらす最終的な結果、あるいは一般的な言い方に従えば、その最も一般的な原理である。こうしたわけであるから、肉体的なものとモラルなものはその源泉において混ざり合う、あるいはよりよく言えば、モラルなものは、より特殊ないくつかの視点から考察された肉体的なものに他ならない」(Cabanis, 1802 → 1956, p.142)[5]

カバニスの「諸学の統一」という理念は、「感覚性」を根本的原理とする人間の感覚経験並びにここから発展する諸能力の記述へと具体化される。諸学は「肉体的人間」の諸能力の現実の行使である点で結びつくと同時に、そのすべてが「肉体的な人間」の幸福を目指しているという点でも再び統一を得る。カバニスの言う諸学が結びつく「共通の幹」とは「感覚する人間」という形象であり、この感覚する能力が形成する諸学は、「感覚する人間」の諸能力を発展させその幸福を目指すという意味で再び統一を得ることが要請される。

デステュット・ド・トラシの諸学の統一

続いて「イデオロジー」（観念学）という名称の命名者[6]でもあるデステュット・ド・トラシの学問の統一の理念はいかなるものであったのか、これを確認しよう。トラシが推進した観念学の理念には様々な側面があるが、この側面は大きくは次の二つに分節できる。

第一の側面は、人間が持つ諸々の知のあり方を統一する、より総合的な一般的理論への希求である。トラシによれば、「諸理論の理論」（Tracy, 1804 → 1977, p. 259）である観念学の使命は、「様々な認識を確証し純粋にすること、これらを互いに近づけ、より一般的な原理に結び付けること、そしてついにはこれらがもつ共通点によって、これらを一つに結びつけること」（ibid, pp.259-260）である。

第二の側面は、第一の側面とも深く関わるものだが、社会に関する学問をより確実にすることである。この目標は、フランス革命によって華々しく称揚されながらもいまだ現実の社会生活あるいは政治的場面において実現していない自由の理念、これを可能にするような政治的諸体制を確立するという実際的な目的と大きく関わっている。一八世紀のフランスの様々な思想は、それまで自然に向けていた好奇のまなざしを「社会」へも向けるものであったが、社会諸科学（トラシの言い方に従えば「社会技術」（l'art social））を確立し、数学や自然諸学と同じ程度の確実性、厳密性を与えることこそが、自由の実現という上述の目的に役立つものであった。「諸理論の理論」を練り上げるという理念は、「社会技術」の進むべき道を示すという理念とも繋がっている。

これら二つの課題を一挙に解決する場所を、トラシはいったいどこに求めるのか？　諸々の知を基礎付け、確信をもって歩むためには、いかなる手続きをとるべきか？　コンディヤックを主導者とするフランス経験論の後継者たるトラシにとり、答えは明確である。そのためには、「私たちが自信をもって、私たちはこのことを確信していると述べることのできる、そうした第一の事実に到達しなければならない。結果としてこの事実は、あらゆる確実性の原因であり、また根拠である。そして、(私たちが確信している) この第一の判断が、他のすべての判断の源泉であり基礎であるようでなければならない。絶対的でありうるような判断とは、この最初の判断だけだからである。他のものはすべて、この第一の判断に対しては、条件的で相対的なものにすぎない。」(Tracy, 1805 → 1977, p.183) 錯綜する諸々の知の体系、つまり諸学問は、到達するべき第一の事実と結び付けられることによってこそ、収まるべき場所を得る。逆に言えば、諸々の学問は、この「第一の事実」からの生成の様態が明らかにされることで、実証的なものと確認される。こうした「分析 - 演繹的図式」は、濃淡の差はあるにせよ、トラシの著作を貫いている。

では、この第一の事実はどこに求められるべきか。コンディヤック的感覚論の優等生であるトラシにとって、その答えが求められるべき場所は、疑問の余地なく「私たちが感覚する」という事態、言い換えるならば、諸々の知は私たちに感覚されてこそ知としての立場を得るという事態を見通すことで得られる。「これ【第一の事実：引用者註】は、私たちが備えている特性のうちで第一の最も注目すべきもの、私たちの実存を構成しこれをすっかり包み込むもの、それを越えてさかのぼることはできないもの、私たちの感覚性、私たちが印象を受容し、それらによって触発され、感覚、観念、つまり一言で言えばあらゆる種類の知覚をもち、それらを意識する能力、これによって与えられる。」(ibid., p.185) これ以上さかのぼることのできない臨界点として設定された感覚[7]、トラシによれば「私は感覚する」という最初の経験から出発してもろもろの観念が生成してくるさまを見ること、そしてこれは上述のトラシの理念と関わることであるが、この最初の場面において「自由」の概念を確保すること、これらが、トラシの学問理念である。

ここで改めて強調しておきたいが、諸観念の生成を論じるイデオロジーの使命は、諸々の知の成分をなす観念それ自身の特質をそれだけ取り出して論じることではなく (つまり、たとえば、自然学諸学で用いられる諸観念と、社会系諸学で用いられる諸観念の歴史的系譜を論じつつ両者の差異を際立たせる、あるいは両者の転用のさまを見るといった、例えば現代において科学社会学で推進されているような知の営みではなく）、むしろ観念の生成に参与する知的諸機能のあり方を明らかにすることである。言い換えれば、トラシにとり、諸学問が用いる観念の差異、あるいは特質という問題は、観念が表象する対象の側での差異を探ることによっては解決されない。なぜならばそうした議論に踏み込むと、せっかく確保された諸々の知を回収する「感覚すること」という場面を、再び別の存在論的に未知の領域に解き放つこととなり、それはまた一八世紀の啓蒙思想が追放した「原因」という概念を再び導入することにつながりかねないからである。あくまで感覚される限りの諸観念、これらを形成するに当たって働いている知的機能の働きのあり方を言うことがイデオロジーの課題である。

　トラシにとり知を明晰化するとは、知の成分たる諸観念のあり方とその生成に参与する知的諸機能との関係を言うことに尽きる。「真の形而上学、あるいは論理についての理論とは、従って、私たちの観念の形成、その表現、それらの結合、ならびにそれらの演繹に関する科学に他ならない。一言で言えばこの学は、認識する手段の研究のうちに存する。」（Tracy, 1805 → 1977, p.143: 強調は引用者による）

　感覚するという原初的な事実から出発して諸観念の明晰な秩序を描き出そうというトラシの理念は、次の言葉に端的に表れている。「【…略…】私たちの悟性の諸作用について知っている事柄が、次のような第一の事実、つまり、私たちが感覚によってしか何ものも知ることなく、様々な諸観念は私たちがこれらの感覚について行う様々な結合の産物であるという、この不可疑の第一の事実から演繹された、相互によく関連付けられた諸真理の体系を形成すること。」（Tracy, 1798 → 1992, p.65: 強調は引用者による）

　そして、トラシの言う知的諸機能の分析という意味での観念の生成に関する学は、いかなる意味でも他の諸学を必要としない。上述したようにトラシは、一方で明らかに数学に由来すると考えられる「演繹的 - 分析的図式」を自らの論述に紛れ込ませているが、にもかかわらず、観念の生成の分析においてモデルとなるのは数学ではない。数学だけではなく、現実に推進されている諸学の成果、単純に言えばうまく進んでいる思考の図式をモデルとしつつ思惟諸機能についての学を新たに立ち上げることを、トラシは断固として拒否する。そうではなく逆に、諸々の観念の形成を語ることを使命とするイデオロジーこそが、他の諸学の実効性をも論ずる資格をもつ。たとえばトラシは論理学（トラシにとって論理学とは観念学を一つの側面から捉えたものに他ならない）の諸原理を数学から導き出そうとする人々に、次の批判を加えている。「しかしこれらの諸学【数学的諸学：引用者註】から原理それ自身を引き出そうとしてはならない。なぜなら、原理はそこには存在しないからだ。これらの原理が見出されるのは、知的諸機能の観察のうちにのみである。このようなわけだから、他の諸学におけると同様、数学的推論の成功と過ちとの原因を私たちに示さなければならないのも、知的諸能力の観察に基づいた、論理についての理論でなければならない。」（Tracy, 1805 → 1977, p.163: 強調は引用者による）

そして見出される知的諸機能は感覚、思い出、関係、欲望の四つに還元される。これら諸機能による諸観念の生成を見ることがトラシにとっての課題となる。

トラシが主導する観念学の発想は次のようにまとめることができるだろう。すべての知識はその主題に関わらず観念から形成されており、観念の正確さは、正確な判断を行う能力に依存している。なぜなら、誤謬が生じる過程および正確な判断が形成される過程についての知識が、知識を確実なものとするために利用できる唯一の基礎だからである。観念学が他の諸科学に対してもつ優先性は、この学が知的諸機能の一般的働きを説明することによって、確実性に到達し誤謬を避けるための方法を指摘しているという事実による。

イデオロジストたちの議論が収斂する地点を、改めて確認する。コンディヤックの感覚論の後継者たるイデオロジストたちにとって、あらゆる形而上学的な前提を排し、観察可能な諸事実にのみ基づいて学的言説を練り上げるための出発点は、人間が「感覚する」という事実である。例えばデステュット・ド・トラシは、「感覚するというのは私たちの実存の現象であり、私たちの実存それ自身である」（Tracy, 1804 → 1977, pp. 36-37）と述べる。カバニスも、私たちが「存在する」という事態を、「私たちが感覚する」という場所において定義しようとする[8]。

人間が世界について描き出す様々な秩序は、「観念の体系」という場面に還元され、「観念」には専ら「人間が感覚するもの」としての規定が与えられる。そしてこの「感覚する」能力から出発し、人間が「感覚する」能力から派生する諸能力によって諸観念に操作を加えながら様々な〈現われ〉の秩序を描き出していくプロセスを記述すること、さらにはそのプロセスの規範を確定すること、つまり規範的な能力の用い方を確定することが、イデオロジーの課題となる。

方法の問題

従って、イデオロジーは方法に関する学である。諸々の観念を「感覚する」ことを原理とし、またこの「感覚する」ことから派生する様々な諸能力を用いる人間精神が、いかなる方法に従って諸学において用いられている諸観念を形成するのか、これを観察し、かつ諸学に共通する方法をさらに取り出すことが、イデオロジーの課題となるからである。この理念は、次のカバニスの言葉にはっきりと現われている。「ロック、エルヴェシウス、コンディヤック以来、形而上学とは人間精神の手続きに関する認識に他ならない。これは、私たち自身に向かうものであれ、私たちが関係する外的な存在者ないし物体を対象とするのであれ、およそ真理の探究に於いて人間が従うべき規則を表明している。この学は、自然学にも適用されるし、モラルに関する科学、芸術にも適用される。【…略…】形而上学とは一言で言えば、諸々の方法についての科学であり、形而上学は人間の諸能力の認識に基づいてこれを基礎付け、かつこの方法を様々な対象の本性へと適合させる。」[9]

様々な学問はそれぞれの方法に応じて諸観念を形成する。そうだとすれば、これらの方法それ自体を対象とする学において、諸学も統一を得ることになるだろう。そして各々の学において形成される複雑な諸観念も、抽象、一般化、結合、分離といった精神の諸能力によって形成されるのであり、諸々の学の方法は、結局のところ精神の能力へと還元されることになる。だとすれば、複雑な観念は、人間精神における最も基本的な「感覚する」という場面に於いて受容される単純な感覚から構成されることになり、従って諸観念は、想定される単純な観念へと分析されていくことになるだろう。そしてこの分析という理念それ自身を容れ、諸々の知の統一性を翻って基礎付けることが、イデオロジーの課題となっている。ギュスドルフはこうした事態を次のように述べている。「分析は世界に関する合理的な知覚と知の構築との間に、断絶なき連続性を導入する。これは認識論的一元論（un monisme épistémologique）を肯定する。これが恐らくイデオロジーの最も満足のいく定義である。」（Gusdorf, 1978, pp.372-373）

しかしここで次のように問うことができよう。諸学問の方法は人間の知的諸能力についての学に還元されるにせよ、この知的諸能力についての学それ自身は、いかなる方法に従って構築されるのだろうか？　この問題についてのトラシやカバニスの発想は極めて素朴である。彼らは、問題となっている知的諸機能を捉えるためには、やはり観察という、自然科学と同じ方法を用いなければならない、と考えている。先に引いたテキストで、トラシは述べていた。「これらの原理が見出されるのは、知的諸機能の観察のうちにのみである。」(Tracy, 1805 → 1977, p.163: 強調は引用者による)

しかし、人間の知的諸機能を観察する能力それ自身は一体どのような地位を得るのだろうか。この能力それ自身も「感覚する」能力へと還元されるのだろうか。イデオロジストにとって主体それ自身の基礎である「感覚すること」それ自身はいかに観察されるのか（先の引用文にあったようにトラシは感覚することを「私たちの実存を構成しこれをすっかり包み込むもの」と規定している）。自らの始まりを観察することはできるだろうか。

そもそも「知的諸機能の観察」それ自身は、どのように行われるのだろうか？　ところでトラシは自らのイデオロジーがカバニスの生理学的イデオロジーの知見に基礎付けられることを望んでいるが、そうであるならば、知的諸能力の観察は生理学的な観察に還元されることになる。しかし主体の実存と密接に結び付けられた「感覚する」能力を、その主体の実存と結びつくという契機を保ったままで生理学的観察に還元することは可能なのか？

「能力を観察する」ことの意味が問題となるだろう。例えば私たちは、情報を受容し、加工して出力するコンピューターの「能力」について語るが、こうした視点と同じ視点から、主体の実存と結びついた能力の働きを観察することはできるだろうか。カバニスは次のように述べ、思惟する能力を脳の機能の観察に還元できると考える。「思惟が由来する諸作用についての正確な観念を形成するためには、脳を、特に思惟を産出することを使命とした特殊な器官であると見なさなければならない。【…略…】脳の固有の機能とは特殊な諸印象を知覚し、これらに記号を付与し、様々な諸印象を結びつけ、これらを相互に比較し、そこから判断と決定とを引き出すことであるが、それは、胃の機能が、胃の活動を促進する栄養物に働きかけ、それらを分解し、その分泌するものを我々の本性と同化させることであるのと同じことである。」(Cabanis, 1802 → 1956, p.195) しかし、いかに比喩とはいえ、思惟の観察と胃の機能の観察を同列に語りうるかは問われて然るべき事がらであろう。

イデオロジストたちは、諸学の統一のためには学を形成する主体の諸能力に関する学を構築しなければならない、という理念に到達しながらも、この諸能力に関する理論を、諸能力の基礎（カバニスに言わせれば別の側面）である肉体的諸能力、あるいは肉体的感覚性の観察に還元しようとしている。彼らはこの手続きが可能か否かを問わない。イデオロジーにおいては問われることのないこの隠れた前提、「知的諸機能を観察する」能力それ自身の地位を確定すること、そして「知的諸能力の観察」それ自身の地位が課題として浮かび上がるとき、メーヌ・ド・ビランの独自の思索が始まるだろう。

とはいえ観念学に影響下にあった時期のメーヌ・ド・ビランもまた、諸学問の統一という理念に心惹かれつつ、次の言葉を残している。

「観念学はすべての科学をいわば空から通観する。なぜなら、諸科学は我々の諸観念並びにそれら諸観念間の諸関係だけから成り立っているからだ。これらの諸観念は広大で無限に変化に飛んだ国土のようなものを形成する。この国土は多くの地方に分割され、これらの地方はさらに多数の交通路に横切られている。旅する学者たちがこれらの地方で迷い込み、これらの道を行ったり来たりする間に、観念学者は、高所に不動のごとく位置して、彼ら旅する学者たちの歩む諸方向を観察し、これらを記録し、これらの地図を作成する。このようなわけで、しばしば観念学者のほうが旅人たち自身よりもよく道を知り、彼が彼らに有益な指示を与え、いわば彼らを進むべき方向に関して指導することができる。しかし、これらのすべての道路は一つの基点を持っている。大部分は次いで分岐する前に、一つの共通点から出発しさえする。そして、普通旅人たちには知られないでいるこの起点、これらの共通点こそ、主として観

念学者たちが旅人たちに教えることを引き受けるものである。」(A, III, pp.8-9)

この言葉はイデオロジーの理念を、地図の比喩を用いて見事に描き出している。「一つの基点」たる感覚性から出発して、旅人である学者は様々な知の旅を遍歴する。

しかしこの言葉は期せずして、イデオロジーの前提を明るみに出している。「一つの基点」とはトラシやカバニスに従えば、「感覚する」という経験であり、また彼らの定義に従えば、諸能力を行使して学を構築する主体の実存の始まりでもある。そしてこの基点は、他の諸々の諸観念と同じように、「高所に不動のごとく位置して」いても捉えられるものである。つまり、諸観念を知的諸能力との関わりにおいて確定しようとするイデオロジストは、自らの実存の始まりも、「高所に不動のごとく位置して」観察することができる。

このイデオロジーの前提から離れていくときに、真の意味でのビランの思索が始まる。確かに彼は、諸々の〈現われ〉に秩序を見出すのが〈私〉の能力であるという前提、すなわち学問に関する議論は人間の認識能力に関する議論から出発しなければならないという前提をトラシやカバニスと共有している。しかしビランは、〈私〉の能力を捉えるには、諸観念の地図の「高所に不動のごとく位置して」いてはならず、正に地図の中へ、それも「一つ基点」へと自らを位置づけなければならないことに気づく。そしてさらに地図の比喩を用いるなら、諸観念の地図を構築する、即ち〈私〉に対する様々な〈現われ〉の秩序を発見するためには、「知という大地の高所に」自らを位置づけるのではなく、まず自分がその大地を歩き回ることが必要であることに思い至る。

ビランはこの「基点」を正しく捉える重要性を発見し、この基点を、「感覚する」という審級ではなく、能動的な努力によって目覚める自我に見出すことになるだろう。

この発見は後述するように、一八〇四年春に、デステュット・ド・トラシとの間で交わされた書簡の中で明示的に姿をとる。

しかしこの書簡を見る前に、私たちはまず、ビランの思索の出発点を確認するために、その最初の著作、『習慣論』を見ることとしたい。

註

1　この「破産」とは、後に述べるように、イデオロジストが客観的対象的認識の明証性のみを模範としたために、結果として「認識する人間」という主題をとらえることができないことを指している。

2　ちなみに後年のメーヌ・ド・ビランは、カバニスのこの「幸福」の定義に次のような批判を加えている。「自由に行使されることで幸福を構成すると言われるこれらの能力を持たない存在者にとっても十分に大きな相対的な幸福が存在することは経験が証明するところだ。そして実存の単純な感知は、これを享受する受動的な存在者を、自然と習慣によってより高貴な能力の欲求を与えられた人間よりも幸福にする。」(A, XI-3, p. 81)

3　ここで「医学ないし生理学」と言い換えを行ったのは、当時の医学と生理学とが実質的に切り離しうるものではなかったことを踏まえてのことである。また、肉体に対して環境、年齢、性などの要因が及ぼす影響を明らかにしようとするカバニスの医学は、多分に生理学的色彩が強いものと言える。

4　「合理哲学や道徳に不変の基盤を与えるためであれ、人間性を完成させる手段を発見するためであれ、ともかくも私たちは、さまざまな身体的条件を慎重に研究する必要がある。」(Cabanis, 1802 → 1955, p.164)「イデオロジストたちはその倫理学と政治学とを科学的なものと見なしていたので、倫理的な命題（快楽追求に課される自然的限界や、共感と協働への自然的衝動）と政治的な命題（一七八九年の宣言で神格化された市民の義務）とを、感覚的な人間本性という諸事実から演繹しようとした。」(Staum,1980, p.168)

5　なおカバニスの「感覚性」概念の強調は、生命の基本的な働きが何であるのかという問題系の中で歴史的に論じられるべき事柄であろう。特に注記しておくべきは、「感覚性」概念の強調が、ハラーが立てた「感覚性」と「刺激感応性」(irritabilité) との間の区別に反対する形で論じられている点であろう。この経緯については以下の箇所が参考になる。Azouvi, 1995, p.41sq

また Duchesneau, 1982 の第五章並びに第六章も参照のこと。

6　「イデオロギー」という名称については、トラシの『思惟能力に関する覚書』の第二部第一章に説明がある。「従って私は、イデオロギー、ないし諸観念の学という名称を皆さんが採用してくださることを望みます。」(Tracy, 1798 → 1992, p.71) 彼が、人間の認識能力に関する議論について「形而上学」「魂の学」といった名称ではなく「イデオロギー」という言葉を採用したのは、「この言葉が精神に対してなんら原因の観念を呼び起こさない」(ibid.) からである。

7　なお、トラシは感覚の起源については不可知論的な姿勢をとる。「この生命的な力については、私たちはこれが何に存するのかは知らない。」(Tracy, 1804 → 1977, p.199)

8　ただし、トラシのいう「感覚」とカバニスのいう「感覚性」とは、ほぼ同じ言葉を用いながらも位相を異にしている。つまりトラシの「感覚」概念はどうしても「意識」の概念を要請するのに対して、カバニスの「感覚性」概念は基本的に「意識」の概念の介入を拒否する。「ある哲学者たち、さらには生理学者たちさえもが、印象が明白に意識される場合にしか感覚性を認めない。彼らにとってはこの意識が感覚性の唯一明晰な性格なのだ。しかし躊躇なく言えるが、しっかりと評価された生理学的事実にこれほど反するものはないし、観念学的な諸現象の説明にこれほど不十分なものはない。」(Cabanis, 1802 → 1956, p.535)

9　Cabanis, *Lettre sur un passage de la «Décade philosophique?» et en général sur la perfectibilité de l'esprit humain.* (in Cabanis, 1956b, p.515) なお、コンディヤックの次の言葉も参照のこと。「色々な科学を研究するということは、方法を変えるということではない。これは、同じ方法を様々な対象へと適用することである。」(Condillac, *Œuvres philosophiques*. vol.2, p.381)

第二章　習慣論における〈現われ〉の分節

哲学史においては、外的な状況に導かれた著作が見事な成果を残すことが時にある。ビランの最初の著作、『習慣の思惟機能に及ぼす影響』（以下『習慣論』と略記）も、そうした書物の一つに数えることができるだろう。

本来この著作は、当時イデオロジストたちの強い影響の下にあったフランス学士院の「道徳精神アカデミー」が提出した、「習慣が思惟機能に及ぼす影響を測定せよ」という課題に応えて書かれたものであり、その意味では外的な状況をきっかけとして書かれている。だが、「習慣」という人間の経験にとって本質的な主題を扱うがゆえに、ビランはこの主題に集中することで、それまでの自らの思索を一つの形象にもたらしえた。確かに、ほとんど全ての研究者が一致して認めるように、『習慣論』をいわゆるビラニスムの著作に数えることはできない[1]。しかし、『習慣論』がもたらした成果をビランは後の著作でも利用しているし、後述する運動性と感覚性との区別は、ビラニスムのうちにも引き継がれる。

本章では『習慣論』に現われる運動性と感覚性の区別に重点を置き、ビランが試みた主体の活動の様態の区別と、これに即した〈現われ〉の分節化がいかなるものであったのかを理解することを眼目としつつ分析を行うこととする。[2]

第一節　概念の整備——「感覚」概念の批判とその意味付け

出発点

「誰も習慣を反省してはいない。」(A,II,p.128) メーヌ・ド・ビランは『習慣論』を、習慣を論じることの困難さを指摘した先人[3]の言葉の引用で始める。

習慣は、感覚にせよ思惟にせよ、その機能を容易で身近なものとし、そしてその故に、これらがいかにして生じてきたのか、その由来を隠してしまう。そして、感覚し思惟する〈私〉自身の存在様態も、この単純さによって隠されてしまっている。習慣はすべてのことを、あたりまえのこと、わざわざ問いかけるに値しないものにしてしまう。私たちは習慣の故に、実際は何らかの修練によって獲得された能力も、最初から生得的に備わっている能力であるかのように思い込んでしまう。すべてをあたりまえのものとしてしまう習慣を、誰も反省することはできない。「何よりも最も内密で最も深い習慣をどうやって反省すればいいのだろうか?」(ibid.)

外的な自然に対する私たちの態度を覆う習慣のヴェールを取り去り、「あたりまえのもの」となってしまった自然の秘密を、再び見いだすことに成功した人々はいた。ニュートンを代表とする、自然諸科学の発展を推進した人々である。彼らは外的自然の諸事実に対する習慣的な態度を脱し、これらの諸事実のうちに見出される秩序のいくばくかを明晰な表現にもたらしている。しかし彼らもまた、自分の内側に眼を転じたときには、習慣によって形成された「集塊」(masse)を見いだすことしかできず、実際には諸経験によって既に構成されてしまっているこの「集塊」を、経験の始まりに位置する単純なものだと思い込んでしまった。習慣によって獲得されたものは、それが帯びる自然な相貌のゆえに、第一のものと見えてしまう。経験の根本的な構成のありかたを習慣に逆らって分解することはかくも難しい。

ビランは、習慣を巡る問題をこのように整理する。

もっとも最近は、化学者の方法に従って、人間の経験の内容を分析して仮説的な基本的要因を立て、これらの要因から導き出される「仮説的な結果」を「実際の複合的産物」(A,II,p.129) と比べることで、即ち現代の私たちの用語で言えば、仮説演繹法に従って経験の真の要素を見いだそうとしている人々もいる。

しかし、ビランはこうした人々の功績を評価すると同時に、いわば搦め手で彼らの営みにコメントを付す。つまり、彼らの発見にも、本来彼らが解きほぐしているはずの習慣が、やはり影響を及ぼしていることを指摘する。

「偉大な先達の発見のすべては、習慣からの獲得物でもあれば、私たちの能力を拡大し、私たちの作用を完全かつ複雑なものとすると同時に、その働きを覆い隠してしまうという意味で、習慣がなしうることの証拠でもないか?」(A,II,p.130)

確かにビランの先行者たちは、習慣によって形成される複雑な人間の経験内容を分析し、様々な発見を行った。その成果は、習慣によって「あたりまえのこと」とされたことに、敢えて分析を行うことから得られている。他方、先行者たちがその優れた能力を発揮しえたのは、彼らの能力が習慣によって陶冶されたからである以上、これらの発見はやはり習慣の証拠である。ビランはここまでは先行者(ひいては習慣それ自身がもたらす成果)を賞賛している。しかし、「その働きを覆い隠してしまう」という言葉に込められているのは、先行者への批判であろう。彼らは習慣によって自らが獲得した能力に最後には慣れてしまったために、その能力が行使されるための本来の条件を忘れ、あらゆる事がらの分析にその能力を行使していった。そのため、やはり結局のところ、彼らもまた習慣の犠牲になってしまった。ほんの一瞬発せられた言葉には、先人への批判が込められている。習慣が「私たちの進歩の原因でもあれば、私たちの盲目の原因でもある」(ibid.) という事態を、先人たちの成果とて逃れてはいない。

先人、はっきりと名指せばコンディヤックへの批判は何を狙ったものだったのだろうか。コンディヤックといえば、人間の精神的諸能力の規範的な姿を描き出し、それらがいかに機能すべきかを示すために、彼が言うところの最初の経験、即ち「感覚」を受容するという場面から出発して、そこから諸能力の生成を描き出すという遠大な計画を、まずは成し遂げた人物である。彼の分析のいかなる点が、ビランの批判の俎上に上るのか。

コンディヤックは、あらゆる経験に共通する構造を名指す言葉として、「感覚」(sensation) を選択する。人間的主体にとって何かが「現われる」事態は、すべて「感覚」の語で包括できるのだから、人間の認識経験の内容も、最も単純と想定される感覚を出発点とし、その単純な感覚が他の単純な感覚と結びつくことで、より複雑なものへと生成していくはずだ。諸感覚の錯綜が進む過程の分析が、人間の精神的能力を知る最良の道である、というのがコンディヤックの方法論上の選択である。事実コンディヤックは、人間の精神的諸機能のうちで、最も複雑であると想定されるものさえも、感覚に還元できると想定していた。「判断、反省、情念など魂のすべての作用は、要するに、異なった仕方で姿を変えた感覚自身でしかない。」(Condillac,1746 → 1947,p.326)

確かに、判断を下す場合、例えば目の前にその相貌を見せる果物が腐り始めていると判断する場合、人は、崩れ始めた果物の〈見え〉の単純な感覚、あるいは異臭の単純な感覚を根拠とし、これらの感覚と連合している以前この果物を口にしたときの気分の悪さの感覚を想起して、これらの感覚を総括する「腐る」という (これまたある意味で「感覚」であるところの) 言葉を付与することによって判断を下すのだから、あるいは判断を行うとは「感覚」の変形であると述べたくなるかもしれない。いや、このような具体的な例は不要だろう。人間的経験とは「何かを経験する」ことであり、「何かを経験すること」とは少なくとも何らかの形で「何か」が現われていることなのだから、この「何か」が現われるという事態を「感覚」の名で包括するのであれば、確かにすべては「感覚」であるということになろう。しかし、このように議論を進めて、「感覚」の語をマジックワードとして用いることは、結果的に「感覚」に包括されることどもに分節を与える論理を見逃すことになりはしないだろうか？

もちろんコンディヤックとて、「感覚」を差異化する論理を見いだそうとはしている。具体的には彼は、人間がその身体の外の事物と交渉するための五つの感官へと、感覚を分節化している。そして、この分節に応じた分析、即ち感覚の五感への配分に基づく、嗅覚から始まる立像と世界とのかかわりの分析は、確かに一定の成果を収めている。だがこうした分析からは、やはり何かしらこぼれ落ちるものがあるのではないだろうか？　例えば、私が内臓に感じるこの痛みは、五感のいずれに配分されるのだろうか。この「沈黙」が私のうちにもたらす、安定感と一体となった孤独感といったものは、一体どの感覚に割り振られるのか？　確かに音がないという「沈黙」を感覚しているのは、聴覚であろう。だが、その「沈黙」と共に現われる、いや、その「沈黙」を色づけつつ私の思いに染み入る、「孤独」とでも名づけうる思いは、一体どの感官に割り振られるのだろうか？

恐らく、このような形でコンディヤックの「感覚」の観念から零れ落ちかねないものを拾い上げていっても、終わりが訪れることはないだろう。ともあれ、コンディヤックの感覚の観念は、あらゆる〈現われ〉をすべて包括しようとする意味では広すぎるのであり、他方で、人間とその身体の外にある事物との交渉を司る外的感官を専らモデルにしている、という意味では狭すぎる。

メーヌ・ド・ビランは「感覚」の概念がこのように広すぎる、あるいは狭すぎることに、批判を向ける。メーヌ・ド・ビランは、「広すぎる」感覚の観念の概念に対しては、次のように批判する。[4]

「実際、感覚という同じ術語を、あるときには単なる触発的変容を表現するものとして、またあるときには印象や運動、作用などの複合的産物を表現するものとして用いるなら、表現の同一性のために、全く異なる様々な事柄がしばしば混同されてしまい、私たちがすでに深く陥ってしまっている錯覚を是認させるように働く恐れがありはしないだろうか。」(A,II,p.134)

「感覚」という語はあらゆる〈現われ〉を包括するが故に、結果的にすべてを混同させてしまい、私たちが現にそのうちで生きている〈現われ〉の秩序も説明することができず、これを解き明かすどころか、私たちの錯覚を強化する。あるいはここで先回りをして述べておけば、私たちが自らの生きる世界において秩序を見出し、あるいは構築していくために用いる能力が、その始まりにおいて見失われてしまう。

では、この錯覚から抜け出すためにはどうするか？「感覚」という言葉自体が、習慣の故にあまりに馴染んだものとなってしまっているのだから、コンディヤック以後に精神の能力を改めて分析しようとするものは、この「感覚」という言葉をマジックワードとする習慣を脱し、さらに「感覚」という言葉を原理とする体系を抜け出すために、別の用語法を開拓しなければならない。

ビランは、「感覚」の代りに「印象」(impression) という言葉を用いることを提案する。[5]

「印象」という審級

ビランは「印象」を次のように定義する。

「私は、印象という言葉で、生命体のある部位に対する何らかの対象の作用の結果を理解する。対象とは、印象の何らかの外的あるいは内的原因である。この印象という言葉は、私にとり、通常の意味理解において感覚という言葉

によって理解されているものと同じ一般的意義を持つことになろう。」(A,II,p.132 note**)

いくつかの点に注意したい。

まず、この言葉は「感覚」と「同じ一般的意義」を持つとされているのだから、「感覚」と同じく、〈現われ〉一般を包括することを基本的には目指している。だが、コンディヤックの「感覚」の観念との違いを強調すれば、「印象」という言葉は、〈現われ〉が「生命体のある部分に対するある対象の作用の結果」と想定される場合に用いられる。つまり、人間の能力のうちでも明らかに身体との関わりが深いことが同意されるであろう「知覚」「感覚」といった場面において「印象」という言葉は用いられる。つまりビランは、「感覚」という言葉を判断や反省といった能力にまで拡大しようとしたコンディヤックに抗い、「印象」という言葉を、ある制限された意味において用いようとしていることになる。

次に注意したいのは、対象、即ち印象を引き起こす原因と見なされているものに、「外的あるいは内的」という形容が付されている点である。この「外的あるいは内的」という用語は、後の記述で明らかになるように、身体の内部と外部とを指す。すると、ビランが「印象」という語を提案した背景には、「印象」という言葉に「外的感官に関わる現われ」だけではなく、身体内部に原因を持つと想定される〈現われ〉、例えば胃の痛みや体を動かした後の心地よい疲れなども含めよう、という意図が既に入り込んでいる。ビランは「印象」の観念のうちに、既にコンディヤックの「広すぎる」感覚の観念と「狭すぎる」感覚の観念への批判を、同時に忍び込ませている。[6]

しかしそれでは、「印象」という言葉をビランはどのように分節化するのだろうか？

例えばコンディヤックに従い、「印象」という言葉を五つの感官への現われへと整理していくのだろうか？　あるいはさらに、これに、新しく導入された審級としての、身体の「内部」にある対象を原因とする「印象」への分節を付け

加えるのか？（これはカバニスが行ったことである）

ビランが行う〈現われ〉の分節化には、そういった側面が確かにある。だが、こうした分節を行う以前に前もってなされるべき別種の分析がある。

予め述べておけば、それは、「印象」を構成する二つの成分を顕わにすることで、言葉の単一性に引きずられてただ「二つのもの」として理解されがちな「感覚」や「印象」といった〈現われ〉それ自体が、実はそれ自身としては単純なものではなく、これを構成するより単純な要素を含んでいることを析出する分析である。

第二節　「運動性」と「感覚的活動性」との差異：その取り出しの方法論

知覚と感覚との区別

メーヌ・ド・ビランは「印象」という術語の導入によって、コンディヤック的な「感覚」という観念、並びに、この「感覚」の観念に基づいて織り上げられた体系を脱出しようとする。あるいは、「感覚」という観念によって習慣化された思考・推論のパターンを脱しようとする。次いでビランは、新たに導入された「印象」を成り立たせる二つの成分を析出する。「印象」を成り立たせる二つの成分の析出は、「印象」が、これを受容する主体に対してもたらす〈意味〉を明らかにすることへと繋がる。

もし「印象」があくまで「感覚されること」というただ一つの基準によって捉えられる〈現われ〉に過ぎなければ、「印象」を差異化する論理はありえない。だが、「印象」が二つの成分から成り立つのであれば、その成分の比率の異なりを論じることが、「印象」がこれを経験する主体にもたらす〈意味〉を明らかにすることに、貢献するだろう。

メーヌ・ド・ビランは、「印象」を「能動的なものと受動的なもの」の二つにわけ、前者を「知覚」と、後者を「感覚」と呼ぶ。他方、この印象の分割を可能とする契機、つまり「印象」を構成する二つの要素は、各々「感知」(sentiment) 並びに「運動」と、名指されている。このことが明示されているテキストを見よう。

「感知がある程度支配的であるとき、感知に協力する運動は、個体がこれを意識せず印象は受動的なものに留まるがゆえに、ほとんど無である。私はこうした種類のすべての印象に、感覚という名辞を保持する。もし運動が上位に立って何らか指揮権を持ち、あるいは運動が消え去ることがない程度に感覚性と均衡を保っているとき、個体はその印象において能動的であり、個体は自らの取り分を統覚し、これを自らから区別して、他のものと比較することが出来る。こうした性格を持つすべての印象を、私は知覚と呼ぶ。」(A,II,p.136)

私たちの日常的かつ具体的な経験に照らして言えば、「私が身体の内的なある部分に苦痛やくすぐったさを感じるとき、あるいは一般的に気分のよさや悪さを感じるとき、暑いときや寒いとき、心地よいあるいは不快な香が生じるとき、私は感覚する、私はある仕方で変容を受けている」(A,II,p.134) のだが、他方、こうしたものとは別種の印象が存在する。「私が四肢の一つを実際に動かす、あるいは私がある場所から別の場所に移動するとしよう。そして、私自身の運動から生じる以外のすべての印象を捨て去ってみよう。すると、私は前の場合とは極めて違う形で変容を受けている。まず、私の変容を創造するのは私であり、私はこれを開始することも中断することも、あらゆる仕方で変化を加えることもできる。そして私が自らの活動性について抱く意識は私にとって、変容それ自身と等しい明証性を持つ。」(A,II,p.135) 気分の良さや悪さなどといった、何らか情感を伴う触発的な意味が勝った、私たちが「感知」する印象は「感覚」の名で呼ばれ、他方で、私たちが自分の「運動」を意識している際に現われる「印象」は「知覚」という名を与えられる。

知覚と感覚との区分の方法論

ここで一つ確認しておきたい事柄がある。それは、メーヌ・ド・ビランはここで自らが行う、「感覚」と「知覚」、並びにこれを特徴付ける「感知」と「運動」との割り振りを正当化する論証において、三つの手続きに従っている点である。後のビラニスム期においては、特に「運動」に関する議論は専ら意識の明証性に基づいているがゆえに、『習慣論』における論証手続きの三つの層を明らかにしておくことは、『習慣論』の思索とビラニスムとの違いを理解するためにも意義を持つであろう。

前もって述べておけば、ビランが「感覚」と「知覚」への分節を正当化するために用いている手続きとしては次の三つを挙げることができる。

①客観的（対象的）科学の道具立てのアナロジカルな転用
②意識の明証性への訴え
③仮説演繹法

まずビランは運動する能力が感覚する能力から区別されなければならないことを主張した文章に、次の註をつけている。

「今日生理学者たちが感覚的力と運動的力の起源の同一性ないし原初的統一を認めているにしても、彼らもやはり、それらの力が協力する有機的諸現象においては、この二つの力の産物を注意深く区別する。同じ区別を哲学的分析に導入することで、多くの曖昧さを取り払い、思惟の現象をより明晰な視点において提示することができるだろう。」(A, II, p.137note*) ここでビランは、生命体の機能を分析する学における基本的枠組みである「感覚的力」と「運動的力」との区別を、人間の精神能力の分析である「哲学的分析」に、アナロジカルに導入する。ビランはこの手続きをはっきりと、意識的に行っている。このことは、『習慣論』の結論部でその思索の歩みを回顧する際に、彼がはっきりと、「生理学者たちは生きた力を、感覚的及び運動的なものに区別する。私の主題の素材を省察するうちに、私は同じ区別を印象と観念の分析にも導入するべきだと認め、あるいは認めたと信じた。」(A,II, p.283) と述べていることからも伺える。

ビランが『習慣論』を執筆した時期の生理学においては、ハラーが主張した「刺激感応性」を拒否し、生命体の基本的特性を「感覚性」(sensibilité) に一元化する議論が優勢であったが[7]、こうした議論を採る生理学者たちも、「感覚性」の諸機能がさらに、「運動」と「感覚」という二つのカテゴリーにわけられることを、はっきりと指摘していた。感覚性を生命体の持つ機能の基本的特性として取り出すバルテにせよカバニスにせよ、「運動」という契機を何らか議論のうちに導入している。

例えばバルテは次のように述べる。「生命原理のうちでは、感覚的諸力と運動的諸力とを区別しなければならない。なぜならこれら二種類の力は、全く異なった結果を産出するからである。」(Bartehz,1778,p.43) また、基本的には感覚性を重視するカバニスも、ある箇所で次のように述べている。「感知と運動とのこの区別、そして特にこれら両者に関係する諸能力の区別は、生理学においても必要なものであり合理的な哲学においても不便なく用いることができるが、この区別は、私たちの探究が向かいまた私たちの推論が基づくべき明確ではっきりした諸事実から演繹される。」(Cabanis, 1802 → 1956, p.173)[8]。

改めて確認すれば「感覚的な諸力」と「運動的諸力」との区別は、経験的（実験的）に導出されるものである。つまりこれらの諸力は、生体の観察に対して現われる「全く異なった諸結果」からその存在が想定され、「明確ではっきりとした諸事実から演繹される」、生命原理がもつ特質である。ビランは生理学の基礎的な概念を、人間の精神能力の分析である「哲学的分析」のうちにアナロジカルに導入することで、対象的に観察される生理学にのみならず、意識それ自身への〈現われ〉に対しても、「感覚」と「運動」との分析を導入する可能性を示唆する。

しかし、ビランの論証の特徴は、客観的（対象的）科学たる生理学の概念転用に留まらない。彼の論証は、後のビラニスムを予感させるかのように、意識の明証性に基づいてもいる。

ビランは、先に引いた日常的経験における「感覚」と「運動」との記述に際して、はっきりと、意識の明証性にも根拠を置いている。例えば〈私〉が何らかの触発（affection）[9]を被り、気分のよさや悪さなどを感じるとき、「私は受動的な状態にありあるいはそう感知する、と私は言う。」（A,II,p.134）このときこうした感知を被っていることを正当化するためには、「私はそう感知する」と述べるだけで十分なのであり、それ以上の基準は要求されない。後に詳述するように、私たちの被るこうした触発は、生命体の持つ、物理的な説明には還元することのできない「感覚的活動性」と結び付けられるが、この「感覚的活動性」の存在と機能とは、「推論によって」（ibid.）導かれるのであり、あくまで「感知」によって正当化される経験内容こそが、論証の順序において第一のものとなる。客観的（対象的）生理学の概念として機能する、「感覚的活動性」の働きを導く推論の根拠は、「感知」のうちに見出される。

「運動」に関しても、同様のことがいえる。私が自分の自由になる運動を行使するとき、「私が自分の活動性に対して抱く意識は私にとり、変容それ自身と同じ明証性を持つ。」（A,II, p.135: 強調は引用者による）

〈私〉が何らかの触発を被ることと、〈私〉が何らかの運動を行使することとは、それ自身として取り出せばいずれも、他の審級による正当化を要求しない。事実ビランは、『習慣論』のある箇所で次のように述べている。「今度は生理学から引き出された説明をすべて捨て去ってみよう。お望みなら、感覚的諸力、運動的諸力といった術語を、混同してはならない諸事実の二つのクラスを位置づけるための、(原因といった名辞のような)二つの総称的な名辞に過ぎないと考えてみよう。それでも諸事実は、やはり私たちに対して存続する。これらは確実でありはっきりとしている。これら諸事実に基づく区別はすべて、十分に正当化されるだろう。」(A,II,p.156,note)

ビランは意識の審級に基づく必要性をはっきりと意識している。

ところでこうしたビランの方法論について、最後に一言指摘しておけば、ビランの「知覚」と「感覚」との区別は、最終的には仮説演繹法に基づいてその真価が測られる。

ビランは、「感覚」と「運動」との区別が生理学的な能力とのアナロジーに基づくことを宣言した後に、「私が間違っているかは、この覚書の続きを見ていただきたい。」(A,II,p.136 note*)つまりビランは、「この覚書の続き」に記される、自らの導入した区別から導き出される様々な諸帰結が、現実に観察される諸事実と照応しているかどうかもまた、この区別の正当化を行うための重要な契機であると考えている。

このように、「受動的な印象」と「能動的な印象」、即ち「知覚」と「感覚」の分節は、かなり周到な手続きをもって行われている。改めていえば、彼が用いた方法は、生理学の概念のアナロジカルな転用であり、意識の明証性への訴えであり、仮説演繹法による確証である。

もっともこれら三つの手続きはすべてが同一の価値を持つのではなく、意識の明証性への訴えが独自の価値を持つのであり、他方で生理学の基礎的概念のアナロジカルな転用は、恐らく説明的な価値を持つものである。
このように行われた、印象の「能動的印象」と「受動的印象」への割り振りがどのような意味を持つのか、次にこれを考察することにする。

「能動的印象」と「受動的印象」への割り振りの意義

「印象」を「能動的印象」と「受動的印象」へと分節することを可能とする経験としての「運動」と「感知」は、この分節化を根拠付けるだけでなく、別種の諸概念、私たちの経験を整理するために第一義的な価値を持つ諸概念を基礎付ける。即ち「運動」「感知」といった経験は、私たちがこれから問題としようとしている、学的な価値を持つ諸概念を用いるための必要条件となっている。

ビランは〈私〉が被る触発、つまり「感覚」を基礎付ける経験を記述した後に、次のように述べる。

「私は推論によって、私が感じているものは諸器官になされる活動の機械的結果でもなく、物体の衝突法則のように、必然的で固定的、かつ不変の諸法則に服する単純な運動伝達の結果でもない、ということを知ることができる。また私は、特殊な法則によって自らを導き、調性を受け取るというよりは与えるところの器官、この器官に特有の実在的活動があることを知ることができる。」(A,II,pp.134f)

ポイントはいくつかある。

まず、私が感じている変容は、例えば「物体の衝突法則」のような、同一の条件下ではある現象が常に同一の結果を引き起こすような現象の連なりを記述する物理学的法則に服するものではなく、物体の秩序とは異なった、別種の秩序にある活動によって生じる点である。この、物体の秩序とは別種の秩序に属する活動は、意識によって直接に確証されるのではなく、推論によってその存在が確証される（例えば私たちは胃の痛みを覚えるときに、この痛みを引き起こす胃の活動それ自体を意識するのではなく、意識に直接に現われる「腹部のなんともいえぬ痛み」から、「痛みを引き起こす胃、ないし胃と関連した諸器官の活動」を推論する）。だが、その活動はやはり実在的である。

第二に、これらの活動、即ち、物理学的に記述される物体の秩序とは異なる、別種の秩序に属する器官の活動は、私たちに対する〈現われ〉をいわば色づける「調性」（*le ton*）を、受け取るのではなく、「与える」。つまり、私たちが感じる「気分のよさだとか悪さ」は、これら諸器官の活動によって与えられるのである。これらの器官の活動を被る私たちは、これらによって引き起こされる触発（＝情感）に対して働きかける術を持たず、ただひたすらこれらの〈現われ〉を受容するしかない。「この純粋に内的な活動は自我において自我なく実行される。」（A,II,p.135）「自我において自我なく」、つまり経験する〈私〉はこれらを確かに、自らのうちで生じる事がら、自らが引き受けねばならぬ事柄として了解するが、これの受容は、これに対して経験する主体が働きかけることができないという意味で、「自我なく」生じる事がらである、という了解とも繋がっている。

ビランはこうした「自我において自我なく実行される」諸器官の活動に、「感覚的活動性」（*acitivité sensitive*）という名前を与える。

ところで、ここで取り出された感覚的活動性の二つの特徴、つまり、機械学的な諸法則には還元できないという特徴と、これらの活動は、私たちに対する〈現われ〉に対して「調性」を与えるという特徴とは、それぞれバルテ並びにカバニスを思い起こさせる。

例えばバルテは、「諸器官の生命的運動は常に、【…略…】機械的原因の働きよりも上位にある。」（Barthez,1778,p.28）と述べ、彼言うところの「生命原理」に基づく諸器官の活動性が、機械的原因には決して還元できないことを言う（そして彼は「上位にある」という言葉を用いて価値評価をも行う）。

またカバニスは、「諸観念やモラルな諸傾向は、ただ感覚と呼ばれるもの、つまり本来の意味での感官によって受容される明晰な印象にのみ依存しているだけではない。それだけでなく、いくつかの内的感官の諸機能から生じる諸印象も、多かれ少なかれこれに貢献しているし、ときにはこれらだけが諸観念やモラルな諸傾向を産出しているように見える。」（Cabanis, 1802 → 1956, p.178）と指摘し、コンディヤックが考慮しなかった内的な感覚が、私たちの存在の様態に影響を与えていることを指摘する。

このように見ていくと、私たちの被る触発の原因としてビランが挙げた「感覚的活動性」の概念は、モンペリエ学派の生気論の文脈の中に置かれるものであり、意識とは異なる審級で立てられているにせよ、独自の活動性を持つ、私たちならば恐らくは「生命」と呼ぶであろうものの活動性を言うためのものであると想定される。

ビランは私たちが被る触発を、独自の原理に基づいて働く「感覚的活動性」の概念に結びつけ、私たちが被っている触発に対してその〈意味〉を与えている。

それに対して「運動的活動性」にはどのような〈意味〉が与えられるか？

今しがた見たように、「感覚的活動性」は「生命的」と呼びうる意味が与えられているが、それに対して「運動的活動性」ははっきりと、〈私〉と結び付けられている。既に、「運動的活動性」という言葉が初めて現われたとき、この言葉は「感覚的活動性」以上に「私の内奥感にもっとも明晰に現われる」（A, II, p.135）ものとして特徴付けられていた。

「私の内奥感に最も明晰に現われる」という特徴は、「運動的活動性」の実際の記述に当たって、さらにはっきりと〈私〉の概念と結び付けられている。

「私が自ら動くとき、私の存在は、外へと広がるが、それでも常に自らに現前しており、これはいくつかの点で継起的に、あるいは同時に見いだされ把握される。それぞれの運動、それぞれの一歩は、私を、それ自身並びにこれを決定する働きによって二重に触発する極めて判明な変容である。動かしあるいは動かそうと意志するのは私であり、動かされるのもやはり私である。ここにこそ私はあるという、人格性の第一の判断を基礎付ける必然的な関係の二つの項がある。」(ibid.) 私が自ら動くとは、自らの自由になる「運動的活動性」を行使することであるが、これを行使することは、動かすものが私であれば、動かされるものも私であることを感知する経験である。そしてここには、人が〈私〉という言葉を発するときの第一の経験がある。

『習慣論』はこのあと、印象の内部で区分された知覚と感覚との区別に基づき、これらの反復が人間の思惟能力にいかなる影響を及ぼすかを分析していく。ビランの緻密な記述に関する詳細な研究は別に譲ることとする。[10]ともあれ、ビランは『習慣論』において、コンディヤックの「感覚」一元論と手を切り、「印象」の内部に〈私〉のうちにあり〈私〉に影響を与えながらも独自に働く「感覚的活動性」と、〈私〉の存在を基礎付ける「運動的活動性」とを区別するに至る。

〈現われ〉は、一方では、〈私〉のうちにあり〈私〉に対して情感的な触発を与える「感覚的活動性」の概念と結び付けられる〈現われ〉と、他方では〈私〉が自由に実行し、〈私〉の存在を基礎付ける「運動的活動性」と結び付けられる〈現われ〉とに分節化される。本節の冒頭でも触れたように、『習慣論』をビラニスム期の著作に数えることはできないが、この著作で獲得された〈現われ〉の分節は、以後失われることはないだろう。

そして、この「運動的活動性」、より適切に言えば〈私〉の意識それ自身を構成し、かつ〈私〉が自由にする「運動」を語る適切な視点を見出すことがビラニスムの成立を告げることとなる。

次に私たちは、ビラニスムの成立が見られる、メーヌ・ド・ビランとデステュット・ド・トラシの書簡による論争を見ることとしよう。

註

1　特に、『習慣論』とビラニスムとの差異を強調するグイエは、次のように述べて、ビラニスムを安易に『習慣論』のうちに読み込むことを戒める。「後の発展を知るものにとっては、習慣に関する覚書のうちにビラニスムが存在している。別の言い方をすれば、この後の展開がなければ、ビラニスムはここには存在しない。」(Gouhier,1947,p.155)

2　本章では、主としてコンクールで実際に受賞した、いわゆる『第二習慣論』を主たる対象として扱う。ただし、これに先立つ「草案」「草稿」『第一習慣論』にも、興味深い考察が現われているので、ビランの思索を理解するのに資する限りは、これを引用することを厭わなかった。

3　ミラボー伯爵を指す。詳しくは A, II, p.375 の『習慣論』の編集者註を参照のこと。

4　ということは当然「狭すぎる」感覚の観念への批判も存在する。事実『習慣論』の中には「狭すぎる」感覚の観念の批判も存在するが、こちらの感覚観念批判が完成するのは、ビラニスム期を待たなければならない。

5　なお、カバニスの『心身関係論』においては、「感覚ないし印象」という言葉遣いが見られる。なお次の文章の「印象」という語の用い方も参照のこと。「分析的な哲学者たちはこれまでのところはほとんど、外的な対象から到来する諸印象、そして思惟の器官が区別し表象し結合する諸印象しか考察してこなかった。彼らが感覚という名称の下で意味していたのはこうした印象だけであり、残りの印象は彼らにとって曖昧なままであった。彼らのうちの幾人かは、印象という総称的な名辞に、統覚されることのない感覚性の働きを結び付けようと望んだように見える。」(Cabanis,1802→1956, p.147)

6　なお、コンディヤックの「感覚」概念に向けたビランの批判に、先行する観念学者たちが及ぼした影響を、グイエは次のようにまとめている。「これらの哲学者【カバニスとトラシ：引用者註】は、コンディヤックの学説に新たな諸事実を導入したのだが、これらはその学説に深い変化をもたらしている。前者は感覚性を外的感覚性を越えて拡大して、肉体の内部にまで広げ、また同時に、本能のために、ある種の生得性を復活させている。後者は可動的な触覚を分解し、運動性、並びにこれに固有の諸印象を孤立させて、努力の感官を付け加えることで感覚性を拡大している。【…略…】ビランも、カバニスとトラシの分析によって豊かにされた感覚性をそのまま保持している。」(Gouhier, 1947, p.148)

7　以下のバルテ並びにカバニスの言葉を参照のこと「筋肉の刺激感応性について知られている諸事実の総体も、やはり【…略…】この刺激感応性がこれらの筋肉を刺激する感覚的な原理に依存していることを明らかに示している。」(Barthez, 1778, p.52)「このようなわけで、すべての神経の分枝はやはり印象を受け取るのだが、これは孤立した印象である。そしてついでに言っておけば、いくつかの現象において、刺激感応性はいかに感覚性から区別されるように見えても、これは結局この、生命諸能力に共通する唯一の原理に関係付けられねばならないことが明らかに見て取れる。」(Cabanis, 1956, pp.170-171)「感覚性」概念の強調が、ハラーの立てた「感覚性」と「刺激反応性」(irritabilité)との間の区別に反対する形で論じられているという点を了解しておく必要がある。この経緯についてはAzouvi, 1995, p.41sqの記述が参考になる。

8　もっともカバニスは別の場所で、「この区別【感覚する能力と自ら動く能力との区別：引用者註】が、より厳密な分析においては消え去ってしまうことを隠してはならない。」(Cabanis, 1956, p.172)とも述べている。

9　ここで本書において用いる「触発」の語について一言註を述べておく。「触発」(affection)は一方で生理学において諸器官などが被る触発をいうが、他方でこの触発が主体に及ぼす「情感的な効果」をさす場合もある。いずれのニュアンスが強いかは随時論者が判断し、後者の意味が強いと判断した場合には「情感」の語を添えるなどした。

10　邦語による『習慣論』研究は充実している。北、一九九七の第三章は、「記号」という視点から『習慣論』の綿密な分析を行っている。また中、二〇〇一の第一部は、『習慣論』を発生的現象学として読み解くという解釈を与えている。

第三章　トラシとの「戦い」

概観

アンリ・グイエは、ビラニスムが一八〇四年三月二三日から四月二五日の間に確立されたと指摘する[1]。その論拠の一つは、ビランが友人のドゥジェロンドに送った一八〇四年四月二五日付の手紙に現われる次の言葉である。「私はいくらかの気力と名誉への思いを取り戻し、心の苦しみを紛らわすためではあれ、頭脳を用いたいと思いました。そして自分の書いたものに目を投じ、私の観念と感情とに生じた革命を、はっきりと確信したのです。」(A, XIII-2, p.298: 強調は引用者による[2]) 幸いなことにこの「革命」の具体的な相貌は、ビランがこの時期に師であるデステュット・ド・トラシと交わした往復書簡に、全面的に現われている。本章では、このトラシとの往復書簡に注釈を加えながら、ビランが、自らの立てた学説の射程（あるいはビランがトラシから学んだ概念の真の射程）をいかに自覚するに至ったかをはっきりさせたいと思う。

メーヌ・ド・ビランは哲学者としてのキャリアを開始するに際し、トラシに多くのものを負っていたが、わけても「精神の生における運動性の役割」(Gouhier,1947,p.136) の発見を、ビランはトラシに負っている[3]。ビランがトラシから学んだことを、書簡を分析する準備として概観しておこう。

トラシの学説のうちでビランに最も影響を与えた部分を、グイエは、具体的かつ簡潔に次のようにまとめる。「努力の感覚が、文字通り第一の認識であり、第一の判断を含んでいる。これがどのようにして知的諸能力の起源にあるのかを示すことが、トラシの最初の覚書が素描していたプログラムであり、これはコンディヤックの心理学の完全な改良を意味している。」(Gouhier, 1947, p. 143) コンディヤックが構想した、「感覚」を出発点とする知的諸能力の生成論に、「努力の感覚」が入り込む余地はない。受動的な感覚を出発点とする体系において、人間の知的諸能力の持つ能動的な契機、例えば意志を述べるために、コンディヤックはその体系のどこかに、「能動性」を密輸入しなければならない。ビランはコンディヤックの「感覚」について、「観念と認識との体系の素材でもあり建築者とも見なされているこの感覚の中には、実際はいつでも別の建築者、密かな作動者がいるのであり、これが何処から来たのか、どのようなものであるのかは、言うことができないのです。」(A, XIII-2, p.362) と述べる。トラシは、能動的な契機をはらむ「努力の感覚」をコンディヤックの体系に導入することで、この「密かな作動者」を明らかにしようとするのだ。

ビランもまたこのプログラムに大きな感銘を受ける。事実、上のグイエの言葉を少し変えて、「努力の感覚」という言葉の代りに「努力の感知」という用語を用いれば、これはほぼビランの言葉である。事実『習慣論』の時期のビランの思索は、トラシの影響下にある。

しかしビランは、一八〇四年の春のトラシとの文通を通じて、次第に彼からはっきり距離をとるようになる。あるいは、既にトラシに感じていた違和感を、正に違和感の原因である当事者との議論を通じて、明晰なものとしていく。

両者を分かつものは何だろうか。この対立点の理解のために重要なのは、ビランが、自分がトラシから距離をとり始めたと自己評価しているのではなく、むしろ自分こそがトラシの発想に忠実であると考えている点であろう。先に引いたグイエの言葉を用いて言えば、ビランは自分こそが「精神における運動性」の役割という発想に忠実である、と考えている。ビランに言わせれば、トラシは「精神における運動性」の役割を捨て去ってしまっている[4]。トラシは一七八九年の段階では、「私たちは、動き回る能力がなければ、いかなる判断ももち得ないだろう。」（Tracy, 1798→1992, p.64）と述べ、人間の知的諸能力（「判断」はトラシにとって知的諸能力の一つである）[5]の生成のために運動性が必要であることを強調していた。

ビランは、トラシがこの「運動性」の概念を、さらに展開することを期待していた。しかしトラシはこの期待を裏切る。彼は『思惟の能力についての覚書』で主張していた運動性の能力の重要性を引っ込めて、『観念学要綱』においては次のように主張している。「私は、もし私たちが自らの感覚特性の現実存在しか認識しないのであれば、そして、もし私たちが他の存在者を認識しないのであれば、私たちは印象を感覚するだけであり、私たちは決して諸関係と諸欲望とを感知するには至らないだろうと主張していた。そしてそのようなわけで、この仮定において、私たちは判断も意志も持たないだろう、主張していた。私は自分が間違っていたと確信している。」（Tracy, 1804→1977, p.121）前半の主張は一七九八年の『思惟の能力についての覚書』のものである。もし人間が、コンディヤックの議論で主張されているように、経験の始まりに於いて「感覚特性」をしか持たないのであれば、人間は「印象を感覚するだけ」であり、他の存在者との関係的な生に入ることはない。このような帰結を避けるためにトラシは「努力の感覚」を経験に挿入する必要を覚えていた。しかし今やトラシは「自分が間違っていたと確信し」、努力の感覚を捨て去り、「感覚特性」だけに還元された存在者も、判断や意志といった知的諸能力を用いている、と考えるようになる。トラシは「努力の感覚」を捨て去ってしまう。

このように変化してしまったトラシに、ビランは何を突きつけるのか。ビランのトラシへの批判は単純なものではない。この批判は、単に「運動性」を捨て去ったことだけに向けられているのではない。ビランは「運動性」を語るに適切な「視点」を提出し、トラシがこの「視点」を知らなかったことをも批判する。

一般に、ある議論や論争において何らか有効な概念が見出されたとしても、それを適切な視点から用いるのでなければ、その概念は本来孕んでいた有効性を発揮することはできない。ビランがトラシに提出したのは、「運動性」をいかなる視点から語ることが最も適切であるかという問題であり、かつ、トラシがこの視点を別の視点と混同していることへの批判である。

この批判の萌芽は、一八〇二年の一〇月一八日付のドゥジェロンド[6]宛の書簡に現われている『習慣論』への自己評価、「言葉の失敗、生理学の用語を移動させて形而上学の用語と混同したという失敗を私は自己批判しなければならない」(A,XIII-2,p.180) という評価を下したころから、徐々に意識に上っていたかもしれない。先に『習慣論』について述べたように、ビランは『習慣論』において、生理学の用語のアナロジカルな転用、意識の明証性への訴え、仮説演繹法という複数の方法に依存していた。この方法の複数性、あるいは複数の方法を同じレヴェルで用いたことが自己批判の対象となっている。そして、「運動」を感覚と同じ水準において、つまりは生理学と同じ水準において議論してはならないこと、わけても「運動」によって生成する諸機能を、コンディヤックのようには論じてはならないことが主張される。その結果、運動を「感覚」と同じ水準で論じるトラシは批判の対象とならざるをえない。

この指摘はさらに展開する。一八〇四年春以降の書簡の中では、ビランはこの対立を明確に意識している。トラシとの議論が終わったあと、一八〇四年七月二二日、ドゥジェロンド宛の手紙で、ビランは自分がトラシと様々な議論を取り交わしたことを、その対立点が具体的にいかなるものであったのかを述べつつ、次のように報告している。

「各々の外的感官の働きのうちでの、トラシ氏が不適切に感覚と呼んでいる運動の特殊な様態を私が考察し分析した仕方、私がそこ【運動の特殊な様態：引用者註】から引き出した人格的原因、私がそれに帰属させた諸結果、私がそれに関係付けた能動的能力と受動的能力との根本的な区別のために、トラシ氏の学説と私の学説との間には、一種の戦いが生じるまでに違いと対立が生まれたのです。これは長い間続きまして、色々と興味深い手紙のやり取りをしましたが、いつの日かこれをお見せできることと思います。」(A, XIII-2, pp.390-391)

「一種の戦い」(une espèce de lutte) と呼ばれる議論は、「運動の特殊な様態」から「人格的原因」が引き出されるか否か（そして「人格的原因」を引き出しうる視点を認めることができるか否か）にかかっている。改めてトラシとの書簡を見よう。

論争の重点：運動から人格を引き出す可能性

ビラン言うところの「戦い」は、現行のメーヌ・ド・ビラン著作集の書簡の編者によれば一八〇四年三月一日ごろに書かれたと推測される手紙によって、開始される。これらの手紙では、メーヌ・ド・ビランがデステュット・ド・トラシから何を学んだのかが、ビラン自身の言葉によって語られている。トラシとビランの間で何が伝達され、また何が変化したのかに注意を払いながら、両者の書簡のやりとりを見ていくことにしよう。

メーヌ・ド・ビランはまず、師に対する恩義を確定しようとする。一七九八年ごろにトラシの『思惟の能力についての覚書』を初めて読んだとき、ビランの精神には、「これからもずっとその痕跡を残すだろう革命」(A, XIII-2,p.269) が引き起こされた。ビランは「あなたが知性の諸能力に与えられた全く新しい観念ないし起源についての学のうちに導入した、新しい原理」(ibid.: 強調は引用者による) に、大いに啓発された、とトラシに述べる。

だがビランは次の段において、一七九八年に書かれた『思惟の能力の覚書』から一八〇一年の『観念学要綱』第一巻との間に生じたトラシの思想の変化に、失望を述べる。「私の蟄居にあなたの『観念学要綱』が到着したとき、私はあなたの覚書の最後を読んでいました。私は驚き、また一種の悲しみをもって、あなたが運動性に関する原理を捨て去った、いや、少なくとも大きく制限し、結果としてあなたがコンディヤックによって提唱された専ら感覚にのみ基づく理論に近づいていくのを認めました。」(ibid.p.270)

ビランは『思惟の能力についての覚書』から「運動性」の概念の重要性を学び、他方、トラシが『観念学要綱』第一巻で、「運動性」概念を捨て去ったことを非難する。そして、『思惟の分解論』を執筆しつつ二つの著作を「新たに比較」したビランは、この作業から、「最も重要で最も困難なことは、真の始まりにおいて開始すること」(ibid,p.270) であると確信する。ということは、トラシは「運動性」の概念を捨て去ったゆえに、「真の始まり」を見失ってしまったことになる。

さて、ビランは昨今の哲学に於いて「人格」なき感覚が「真の始まり」の役を果たしていることを批判しつつ、トラシが「努力」の感覚を導入したことを称揚する。「あなたは【…略…】判断がその源泉を運動の感覚、本質的に関係的な第一の努力にもつこと、この特殊な感覚がなければ私たちの知的諸能力は行使されないことを私たちに教えたのです。」(ibid, p.271)

しかしトラシは、「本質的に関係的な第一の努力」が適用されるのは主体が外的物体を認識する場面のみであると考える。努力の感覚がもたらすのは、外的物体がもたらす抵抗に過ぎず、ここで初めて知的な判断が成立する。他方自我は、抵抗を感知しないときは感覚特性として規定される。「もしもいかなる物体も私たちの身体もこの抵抗するという性質を持たなければ、私たちは自らの身体も器官も、他の物体も認識しないだろう。私たちは自らに単純な感覚特性として現れるだろう。」(Tracy, 1798 → 1992, p.116) 自我は運動性を行使しなくても、即ち受動的なままであっても少なくとも「感覚特性」としては自らを認める。しかしそうだとすれば、自我は運動を行使していない段階においても「感覚特性」として規定されることになるだろう。トラシは一方で努力の概念の重要性を認めながらも、人格の起源を「感覚特性」に求めていることになる。だからビランはトラシに「あなたが優れた正確さをもって、非―我の認識の基礎を確立されたとき、【…略…】自我はあなたにとって既に構成されてしまっていたのです。」(A, XIII-2, p.271) と述べ、さらにトラシの前提を次のように明らかにする。「こうした言葉を使うことをお許しいただきたいのですが、間違いはここにあるのです。それは、人格的な自我の感知が感覚的触発と同一であると仮定した点なのです。」(ibid, p.273)

トラシは折角運動性の概念を見いだしながらも、これを専ら外的物体の認識という場面にのみ局限して用いている。だからビランはトラシに対して、「もしあなたが対象的、あるいは外的世界と関係する諸観念の源泉に気をとられることがなく、またあまりに急ぎすぎることがなかったら、あなたは必ずや、あなた自身がその一般的影響を最初に評価なさった運動性の特殊な効果を観察なさったでしょうに。」(ibid, p.280) と批判を向ける。そしてその運動性の特殊な効果とは、努力を行うときに身体がもたらす抵抗である。「絶対的抵抗において吟味する前に身体との関係において抵抗を吟味しなかったことがあなたの誤りなのです。」(ibid, p.276)

視点の混同への批判

後のビランの手紙にはさらに明確な進展が見られる。ビランは既に方法論的には我が物としているものを明示する。ビランはトラシに対する批判をかなり周到な準備をしつつ行っている。

ビランはまず、観念学は一体どのような方法論をとらなければならないかを確認する。「今日観念学的認識の総体を形成するような諸学説においては、最初の出発点からその帰結、最も遠い演繹や応用に至るまで、すべては同質でなければならないのです。」(A, XIII-2, p.355)「同質」という言葉は、本書の第一部で示した「知識の統一」がここでも問題となっていることを示している。知識の総体は、出発点においても、そして出発点から最も離れた知においても同質性を保つことによって、統一されることが要請される。

ではその出発点はどこに存するだろうか？　ビランは同じ手紙の中ですぐにそれを指示している。「それは、私たちが感覚し思惟する主体を理解する最初の観念です。」(ibid.) 観念学は、「感覚し思惟する主体」の諸能力に対応させつつ諸観念の連鎖について論じるのだから、「感覚し思惟する主体」について、正確な観念を手に入れなければならない。ところで観念学の理念は、同質的であることを要請される「観念」の連なりを整理するところにその眼目があるのだから、異質な観念を次々と恣意的に利用して、分析の順序を混乱させてはならない。だからこそ、「思惟し感覚する主体」についての観念も、異質な視点から取られたものを恣意的に用いるのではなく、ただ一つ、唯一の視点から取られなければならない。さもなければ、観念学に要請される「同質性」は崩壊してしまうだろう。そして、恐らくトラシもまたこれに同意するだろう。

ビランはこのとき取りうる出発点として、次の二つないし三つを掲げる。ここで注意するべきは、挙げられている三つの出発点は、実際には二つの視点の取り方に配分されるのであり、さらにはこのうちの一つの視点のうちで二つの出発点が説明されていることである。つまり、出発点の一つは「単純に反省的な」(ibid.) 視点に属するものであるが、残りの二つの出発点は、何らか私たちにとって外的な視点に基づくのであり、両者は生理学的なものと、仮説的なものとに区別される。即ち一方(「生理学的なもの」)は感覚的存在者を構成しうる「実在的で肉体的、かつ必然的に複合的な諸条件」(ibid.) を確定するという視点であり、今ひとつ(「仮説的なもの」)は、思惟する存在者の諸作用ないし諸能力を分析するに際して、「単純な条件の想定」を行い、これら単純な条件から演繹される諸結果を、人間的諸能力の現実の働きと比較することで、当初想定された「単純な条件」の正当性を確証する、という仮説的な方法である。

これらの方法の先行者たちの名前を挙げておけば、最初の反省的方法はロックのものであり、二つ目の生理学的方法は知的諸作用、ひいては観念の成立のための生理学的条件を探究するカバニスやビシャの方法、そして最後の仮説的方法は、「感覚する」という場面から、人間の知的諸作用をすべて引き出そうとする、コンディヤックのものである。ところで私たちが先に見たように、『習慣論』における印象概念の分節化において、ビランはその論証を正当化するために、ここで挙げられている三つの方法を交互に用いていた。しかしここでビランは、これら三つの方法を厳密に区分することを提唱する。多少長くなるが、重要なテキストであるのでそのまま引用しよう。

「これらの方法は交代に利用することが出来るし、人間の学を構成する様々な諸部分についての可能な限り正確な認識に向けて、これらを近づけていくこともできます。ただ私は次のことは危険だと信じるのです。これらの方法の一つにあまりに優先的な支配権を与えてしまうこと、それぞれの方法に従って形成された観念をよく見分けないこと、方法を互いに競わせること、そして、ただ一つの同じ現象の種類を説明するために、これらを対立させたり一緒にしてしまったりすることです。最後の点がなぜかといえば、各々の種類の現象は、それぞれ独自の現象への対応の仕方、説明の仕方があるのであり、様々な類が同じ言葉を用いることがあっても、これらは同じ秩序に属する諸事実ないし概念を実際に含んでいるわけではないのです。」(A, XIII-2,p.356)[7]

この指摘は極めて重要である。まずビランは、人間の学がただ一つの方法に拘るだけでは完全なものではないことを主張する。例えばカバニスが強調するように、生理学的な方法それ自身を人間の学に於いて用いることが問題なのではない。「各々の種類の現象は、それ自身の現象の対応の仕方、説明の仕方があるのであり」、これらを混同して用いることが問題なのである。各々の現象の類には、その類に応じた秩序があるのであり、その秩序に応じた「対応の仕方、説明の仕方」がある。これらを混同したとき、現象の秩序を建立しようとする学は、出発点から混乱に陥ってしまう[8]。

ビランがここで区別している三つの視点の役割を評して、アズヴィはここで視点の各々の利用法を支配する規則を、「有効性の規則」と「完全性の規則」と名づける（Azouvi, 1995, p.75）。前者は、「各々の視点は他の視点と混同されない限りで正当性を持つ」という規則であり、後者は「人間の学において完全な知識を主張することができるのは、これらの視点を順番に用いることによってである」とする規則である。

学的分析の手段を通覧することで、ビランはトラシへの批判をより明晰に行うこととなる。ビランは自らが練り上げ、さらにその有効性の規則まで定められた「諸視点」という発想を、そのままトラシに向けて批判を行う。

「あなたの『最初の諸覚書』とあなたの『観念学要綱』とを比較すると、前者のうちには、それだけが見られるのではないけれども、この論文を支配しているものとして、ロックの反省的方法が見出され、後者には、特に（私がそれを仮説的と呼ぶことをお許しいただきたいのですが）コンディヤックの【仮説的：引用者註】方法と生理学者たちの方法とが結びついたものが見出されます。」（A, XIII-2, p.356）

このビランの言葉をさらに掘り下げてみよう。一七九八年の『思惟能力についての覚書』においては、トラシは基本的には反省的方法に従っているのだが、しかし彼は、自身の体系における第一の感覚のうちに「絶対的認識」を導入してしまっている。本来トラシが導入した「運動性」は、関係性をその本質とするものであったが、その可能性は最後まで掘り下げられていない。一七九八年のトラシの学説は、一方で先にまとめたように、運動感覚を新たなものとして立てながらも、同時に、反省的視点においては論じることのできない「絶対的認識」を導入してしまい、自らの体系を結局は首尾一貫しないものにしている。

他方、一八〇一年の『観念学要綱』においては、今度は運動感覚の独自性を切り捨てることによって、生理学的分析並びに仮説的方法が結びついた方法を採用するに至ったのであるが、これによってトラシは、もはやビランが求めている反省的方法を深める方向性からは離れていってしまう。

先に挙げた方法の混在がいかに生じるのか、つまりビランに従うならば避けるべき学的方法の混在、これがいかに生成するのかを手際よくまとめたテキストは、以下のものである。

「絶対的な触発的要因から出発しつつもそこに人格的現存を移し入れてしまえば、それと同時に、人格的現存と同質的な諸機能、諸作動をも、移し込んでしまうことができます。つまり、諸作動や諸機能が、意識、存在の関係的感知の外部に置かれるのです。そうするとこれらの諸機能は、外から統覚されたある種の諸結果、諸運動、あるいは諸行為に従って性格づけられるでしょう。それらの諸結果、諸運動、諸行為に、我々が通常は我々の反省的諸行為に帰属させる名称が恣意的に与えられるでしょう。そして、私たちの諸能力はすべて、内的変容、ないし感覚性の純粋な触発のうちで構成されている、と言われることになるでしょう。」(A, XIII-2, p.360)

言葉を補いながら解釈していこう。ビランに従えば、絶対的触発的要因とは、観察者が自らの外部に観察する諸事実を分類するためのカテゴリーの一つであり、この観察されている諸事実のうちに、自らを〈私〉と名指しうる「人格的現存」は存在していない（この「人格的現存」は、本来ならば運動性に根拠を持つが、トラシはこの概念を切り捨ててしまっている）。生理学者は、観察されている現象が、何らか観察されている動物の触発の徴候であるという図式に従って現象を読み解いていくこともあろう。しかしこれらの触発に、反省的にのみ知られるはずの、つまり〈私〉と述べることができる存在者にとってのみ意味のある言葉である「人格的現存」を移し込んでしまえば、本来この人格的現存と共に行使されている諸機能、諸作動もまた、この触発のうちに見てとられることになる。ところで諸機能、諸作動とは何かと言えば、それは正に反省的に自らを統覚している人格的実存にとっての諸機能、諸作動に他ならない。そうすると、あくまで外的観察を分類するために用いられていたカテゴリーの一つである「触発」が、正に、これらの諸機能、諸作動の徴候と見做されるに至る。仮にこうした過程が自覚されているのなら、これでもまだいい。現に生理学者たちの行う方法は、観察可能な事実を、諸能力の徴として扱うことを前提とする。問題は、今度は「触発」を観察する際に与えられる「諸結果、諸運動、諸行為」に対して、本来反省的諸行為にのみ与えられていた能力の名称が与えられ、しかるのちに、触発を観察することだけが、これらの能力を説明するための唯一の試金石とされ、最終的には触発的な状態のみが諸能力の生成のためには必要である、とする、論理の転倒が生じてしまうことである。

先に引いたアズヴィの言葉を用いれば、ここに見いだされるのは「有効性の規則」を無視した、諸方法の転倒のプロセスに他ならない。

だからトラシは、折角運動性を見出しながらも、自我の定義を行うにあたって、「その延長は空間においては、全体として感覚する諸部分、そして同じ意志に従う諸部分から構成されている」(Tracy, 1798 → 1992, p. 60 note) という記述を行ってしまう。この定義を構成する二つの要素、即ち、「全体として感覚する諸部分」という構成要素と、「同じ意志に従う諸部分」という構成要素についての記述は、異なった視点からなされている。ビランはこのトラシの言葉を明確に批判することができる。「この定義の二つの部分には、極めて判明な二つの視点が含まれているのです。」(A, XIII-2, p. 358)

前者の記述、即ち自我を「感覚する諸部分」として記述する視点は、例えていえば、私の身体に対して薬を与えてその反応を見る医者の視点である。医者は私の身体の諸部分を観察し、薬がそれら諸部分に引き起こす反応を観察する。このとき私の身体は確かに医者にとって、「感覚する諸部分」として現われている。

他方、私の身体を「同じ意志に従う諸部分」として語ることができるのは、専らこの能力の実際の行使を語ることができる〈私〉の視点以外にありえない。二つの部分は、対立する視点からとられている以上、全く異なったことを記述している。

トラシは認識における「運動性」を発見するという大きな一歩を踏み出しながら、結局はこれを見失ってしまっている。これを指摘するビランの言葉は厳しい。というのも、トラシが貴重な始まりを見失ってしまったのは、体系全体との整合性のため、即ち諸視点の悪しき混合のためだったからである。

こうした諸視点の混同の告発は、さらにはビラン自身の「抵抗」概念の洗練とも関係をもつだろう。トラシの「抵抗」の概念からは、その可能性が十全に引き出されていない。そのため、もし自我が運動を行っても、この運動が身体以外の障害物に出会うことがなければ、私たちは固有身体を認識することは無い。そもそもトラシの「抵抗」概念は、あくまで外的物体の判断のために提出された概念であった。トラシは外的物体に拘り、「余りに急いで」外へ向かったがために、真の始まりを見失ってしまう。

運動性概念はさらに磨き上げられる必要があったのだ。私たちが運動性を行使するときに出会うのは、まず、私たちの身体に他ならない。そうすると、最初の判断は身体性を含みこむものになる。運動の概念が出会う最初の「抵抗」とは、私の身体が努力に対してもたらす抵抗であることを定式化したとき、ビラニスムが始まる。

註

1 Gouhier,1947,pp.168-169　ビランはこの前の年に、学士院から提出されたコンクール課題である『思惟の分解論』に取り組んでいたが、一八〇三年一〇月二五日の妻の死のために意気消沈し、このコンクールに論文を提出できなかった。しかし一八〇四年三月一六日、学士院はこのコンクールについて受賞該当者なし、と決定し、同じ課題が再度コンクールに提出される。その結果、ビランは以前自分が書いたものを再度吟味することとなり、自分の思想に生じた「革命」を自覚するに至る。なお、現行の全集においては、該当する手紙の日付は四月二四日付けとされているが、ここではグイエの記述の日付をそのまま引用した。

2 なお、「心の苦しみ」とは、前年一〇月の妻の死によるものを指している。

3 トラシが、コンディヤックが外的対象の存在を認知するために触覚に見いだした役割を、運動性の役割として洗練していく過程は、特に Gouhier,1947,pp.139-141 で簡潔に記述されている。グイエはトラシの議論を要領よく、次のようにまとめている。「しかし彼【コンディヤック：引用者註】の説明が明晰になり決定的なものと見えるようになるのは、彼が触覚の感官に自ら動く能力を結びつけてからのことである。そうすると、どうして対象の存在を私たちに教えるものが、触覚それ自身ではなく自ら動く能力であるということを認めないわけにいくだろうか？」(Gouhier,1947,p.141) また、触覚を行使することによって外的物体を認識するときに、必ず私たちが運動性を行使していることに着目したトラシのロジックを、マディニエは、トラシの独創性は「運動を内在化したことである」と述べ、コンディヤックが対象的なものに拘ったがゆえに捉えることの出来なかった「関係性」を捉えることに成功したと述べている (Madinier,1937,pp.51-52)。

4 さらに言えば、トラシの運動性概念は、そもそも他の感覚と比して独自性を兼ね備えたものではなかった。「運動性」の概念は、その独自性が絶えずあいまいなものとされ、他の感覚と同じ位置に並べられてしまう傾向がある。デルボは、この事態を次のように簡潔に纏めている。「実際トラシにおいては、運動性と他の感官との間に、はっきりとした決定的な区別を見いだすことはできない。運動性は他の感官と根本的に異なるというよりは、これらに付け加わるものなのだ。運動性は、【感官とは：引用者註】全く逆の側面を明らかにするのではなく、感覚的存在者としての私たちの本性を豊かにする。」(Delbos,1930,p.86)

5　なお、トラシが考える基本的な知的諸機能は「感覚すること」「(諸観念の関係を)判断すること」「(思い出を)想起すること」「(欲望を感覚する)意志」の四つである。

6　ビランとドゥジェロンドとの親密さについての簡潔なコメントとしては、Gounier,1947, pp.161-162 が最もよく纏まっている。

7　この書簡の前後に書かれたと推測される『思惟の分解論』では、より簡潔に次のように述べられている。「一方に属する対象を他方によって扱うといった仕方で、両者の諸限界ならびに諸結果を混同してしまうこと、ならびにその適用、使用の順序を逆にしてしまうことは、極度に危険なことである。」(A, III, p.49)

8　ここでメーヌ・ド・ビランからヴィクトール・クザンにいたるフランス・スピリチュアリスムの系譜について一言歴史的な註を述べておく。コントは、クザンの行う内的観察に基づく心理学還元主義を批判をするが、この批判はメーヌ・ド・ビランには、明らかに当て嵌まらない。現象の類の差異に応じた視点、方法の区別、というコント的な発想は、メーヌ・ド・ビランにも十分に見て取られる。「外的観察の方法を内的観察に適用する」と無邪気に述べてしまうクザンは、少なくとも方法論に関してはビランの思索を見失っている。

第二部　ビラニスムの基本的諸概念とその連関

第一部で私たちはビラニスム以前のビランの思索の進展を、カバニス、トラシといったイデオロジストとの対比の中で確認し分析してきた。メーヌ・ド・ビランは彼らの影響の下、学的な主体とはいかなる存在者であるかという問題に思索を集中させる。この思索の途上で見出されたのは、「主体」である〈私〉を捉える適切な視点の重要性、つまり〈私〉の視点から諸能力の生成と機能について語る重要性であった。そして、既に『習慣論』においても萌芽的に見出されていた適切な「視点」の重要性は、デステュット・ド・トラシとの往復書簡において明確な表現を得ることが確認された。運動を行使し〈私〉の身体の抵抗を感知する〈私〉が真の始まりなのである[1]。

第二部では、いわゆるビラニスムにおける重要な諸概念を吟味する。つまり『思惟の分解論』から『心理学の諸基礎についての試論』に至るテキストに現われる中心的な概念を選び出し、その相互の連関を探ることとする。この作業は、ビランが独創的な形で記述する〈私〉の固有身体という〈現われ〉に、いかなる秩序が存在するのかを分析することを主たる目的とする。

選ばれる概念は、ビラニスムの核心に位置する「根源的事実」であり、また「根源的事実」における〈私〉の経験を指示する為に用いられる「努力」の概念並びに、「根源的事実」における〈私〉の関係項である「固有身体」である。さらに両者の関係の表現として、主体が様々な〈現われ〉を構造化し了解する際に用いられる「反省的諸観念」も考察の対象となる。

言うまでもなく、これら諸概念は個々独立して別々に理解されるのではなく、それらが相互に取り結ぶ連関のうちで了解されなければならない。そして私たちはまた、このこれらの諸概念が〈私〉の実存と切り離しえないものであることを、絶えず心に留めておこう。

註

1 アズヴィはこの「視点」の重要性を特に強調する。Azouvi, 1995, pp.71-81 を参照のこと。「「超有機的」因果性としての努力の哲学は、「諸視点」の認識論的理論と切り離すことができない。」(ibid. p. 71)

第一章　諸事実の分類と根源的事実

第一節　諸事実の分類

ビラニスムの成立と同時に、学がその秩序を探求するべき事がらは、明確に「事実」として規定される。隠れた原因 (cause occulte) を持ち出す論証と手を切り、明証的に与えられる観察可能な事実のみに基づく自然科学を模範とするのであれば、ビランの目指す哲学もまた、「事実」のみに依拠しなければならない[1]。

ところで、事実の尊重は一八世紀以降の経験論的哲学にとり、当然受け入れるべき準則である。ビランの師であるカバニスやトラシも、次のように述べていた。「私たちは常に事実から出発しなければならない。なぜならこれらのみが、存在するものについて私たちに教えを与えるからだ。最も抽象的な真理ですら、諸事実の観察の結果に他ならない。」(Tracy, 1804 → 1977, p. 21)「私たちは人間という種において観察される諸事実の外には、決して出ないだろう。」(Cabanis, 1802 → 1956, p.193) ビランもまた、カバニスやトラシと同じように、観察可能な事実を尊重する。

だが、ビランが尊重する「事実」は、カバニスやトラシが尊重する「事実」とは位相を異にする。「人間的諸能力、その起源ならびに生成についての学」(A, VII-1, p.24) を構築し、「実存それ自身と一致した学の源泉 (l'origine de la science identifiée avec l'existence même)」(A, III, p.428) を記述するには、「私たちの外的感官に現われうる現象とは別の現象、見られるものや触れられるものの実在性とは別の実在性を認める必要はないだろうか?」(A, VII-1, p.105) カバニスやトラシが専ら注意を向けたものとは別の秩序に属する新しい「事実」の領域を指示する適切な表現が見出されねばならない。そしてまた、この新しい「事実」の領域と、カバニスやトラシが尊重する観察可能な事実との関係が記述されねばならない。「事実」をいかに分節するかが問題となる。

事実の概念の定義　根源的二元性

『思惟の分解論』や『直接的統覚』においても、「事実」の概念並びにその分節は重要な役割を果たしているが、『試論』や『心理学と自然諸科学との諸関係』では、「事実」という言葉の意味ないし広がりの定義によって議論が開始される。まずその定義を見よう。

「私たちに対して事実が存在するのは、私たちが自己の個的な現存の感知と、この現存の感知と協力しつつこれから区別されあるいは切り離される対象ないし変容の感知とをもつときのみである。心理学において自己意識 (conscium sui,compos sui) と呼ばれるこの個的な現存の感知がなければ、認識されていると言われ得る事実は存在しないし、いかなる認識も存在しない。なぜなら事実は、認識されていないのなら、即ち認識する個的で恒久的な主体が存在しないのなら何ものでもないのだから。」(A, VII-1, p. 2)

「思惟しあるいは感覚する存在者が、自己自身かあるいは自己の外部に、何らかの外的あるいは内的な感官を用いて現実的に統覚しあるいは感覚するものはすべて、この存在者にとって、一般に事実と呼ばれる。」(A, VIII, p. 6)

「事実」が存在する、あるいは「事実」が認識されるのは、「認識する個的で恒久的な主体」が存在するとき、つまり、〈私〉が「自己の個的な現存の感知」を持つときのみであり、そして、この個的な現存の感知があるときに、これと「協力しつつこれから区別されあるいは切り離される対象ないし変容の感知」が、「事実」と呼ばれる。『心理学と自然諸科学の諸関係』においてはより具体的に、「事実」が指示する事がらが定義されている。ここでは、「自己自身か自己の外部に」、そして「何らかの外的あるいは内的な感官を用いて現実的に統覚しあるいは感覚するものすべて」が事実であるといわれる。

ところで一般に「事実」という言葉は、ある指定された時に空間内のある場所で生じた（生じる）出来事を指すのであり、その事実を認識する主体という条件は必要とされないと考えられている。「事実」は「事実」なのであり、これが認識されるか否かは偶然にかかっている、というのが私たちの通常の「事実」の理解である。もちろんビランとて、こうした理解が全く間違っていると考えているわけではない。後述するようにビランは、後に論ずる「外的事実」に関しては、「認識する主体」が無視される傾向にあることは認める（この点に関しては本書九三頁の註5を参照のこと）。

しかしビランはこうした傾向とは別の道をとり、「認識する主体」の存在を「事実」を語るための必要条件とする。まずこのことを確認しておきたい。

さて、「事実」の概念が「自己の個的な現存の感知」を一つの構成要件とし、他方でこれと関係する「対象ないし変容の感知」をもう一つの構成要件とするなら、これは優れて関係的な概念である。「すべての事実はそれと共に、結合して与えられる二つの項、ないし二つの要素の関係をもたらすのであり、これらのどちらも他方から切り離してそれ自身で考えられることは出来ない。」(A, VII-1, p.4)「事実」の現出は、「事実」それ自身と、それを感知する〈私〉とが、共に与えられることを意味する。ビランは「事実」が持つこの関係性、二つの項(そしてその一方は必ず自我の自己感知でなければならない)を必ずもたらす「事実」の性格を、「根源的二元性(*dualité primitive*)」(ibid.)と呼ぶ。事実の現出は関係性を条件とする。その関係性とは、〈私〉の自己感知と現出する事実との関係性である。

このことの意義を考えよう。

「関係性」を学の出発点である「事実」の条件とすることで、メーヌ・ド・ビランはコンディヤックから観念学に至るフランス経験論と異なった地盤に身を置くことになる。

「事実」の概念に内包される関係性の強調は、コンディヤックが着手した、「感覚」から出発して人間の認識能力の生成を記述しようとする試みを不可能にする。感覚から出発するコンディヤックにとり、〈私〉とは、ある場面で突如として出現する審級[2]、あるいは諸感覚の集合であり、感覚に後続して出現するのだから、ビランの言う事実を構成する〈私〉とは異なる。「認識の生成原理と見做された触発的感覚から出発する学説の必然的帰結とは、自我を集合的統一あるいは部分的諸感覚から生ずる結果と見做すものである。これは意識の事実に絶対的に対立する視点である。」(A, VII-2, p.211 note)

〈私〉は、諸々の断片的な感覚が幾度か受容されるにつれて、徐々に析出するわけではない(これはトラシの見方である)。ビランに言わせれば、何かしらの感覚の存在を述べることは、〈私〉がそれを経験していること、つまり〈私〉の現存の感知を前提している。現時点での記述においては未だ〈私〉の存在様態が厳密に確定されていないとはいえ、最初の一歩は踏み出されている。諸々の事実は、〈私〉が自らの現存を感知しつつこれを知覚しあるいは感覚するとき、〈私〉にとっての経験の内容としての意義を受け取る。諸々の事実と〈私〉との決して分離できない結びつき、事実とは〈私〉にとっての事実であることが、ビラニスムにおいて語られるべき第一の秩序である。

内的事実と外的事実との区分

ここで一つの問いが生じる。事実の性格が根源的二元性という言葉で特徴付けられるとしても、このとき関係項である〈私〉自身の存在はいかに規定されるのだろうか？　上に引用したテキストの「心理学においては、自己意識（*conscium sui,compos sui*）と呼ばれるこの個的な現存の感知がなければ、認識されていると言われ得る事実は存在しない」という言葉を素直に読む限り、「自我の個的な現存の感知」とは「事実」が現出するための必要条件ではあるが、しかし「事実」とは別種の事柄であるように解釈する方向にも誘われる。だがそうした解釈は、ビランの言葉に明らかに反している。[3] ビランは同じく『試論』のある箇所で、「自我の感知が認識の根源的事実である。」(A, VII-1, p.73) と述べる。「自我の感知」も事実であると名指されている以上、やはり関係性を持つ。すると、諸々の事実は、自我の現存の感知と言い換えられる（ただしそのうちでやはり自我の感知を関係の一つの項とする）「根源的」と名指される、これまた関係的な事実に接木される事柄であると想定される。このことには予め注意を払っておこう（この「根源的事実」の性格については、次節で詳しく見ることになる）。

あらゆる「事実」は、「自我の感知」との関係のうちで与えられることで、「事実」という規定を受け取る。そしてこの「事実」の概念と、コンディヤックの「感覚」の概念との違いを確認したわけだが、にもかかわらず、この「事実」の概念は、その内部において適切に分節されなければ、コンディヤックが用いた「感覚」の概念と、自我の感知がある、という一点を除けば、すっかり同じ外延をもつことになりはしないだろうか？　つまり、「事実」という概念をその内包に於いて差異化する論理が与えられなければ、それは単に〈私〉の自己感知と共に与えられる〈現われ〉という規定を受けるだけであり、従って、コンディヤックの「感覚」の観念との違いが〈私〉の感知を必ず伴うという規定を除けば）明確なものとならなくなる。

実際にはビランは、「事実」を、「表象されるのみの外的事実」と「反省される内的事実」という二つの枠に分節している。重要なことは、前者の外的事実を捉える視点と後者の内的事実を捉える視点が異なることである。

まず、「表象されるのみの外的事実」と「反省される内的事実」との関係がいかなるものであるのか、これを了解することを試みよう。

諸事実が二つに分類されることを、『思惟の分解論』の時期以降のビランは絶えず繰り返す。「私たちの本性の故に、私たちは事実の二つの秩序、一方は外的に観察可能か表象可能な、他方は純粋に反省可能な、二つの事実の秩序を認めなければならない。」（A, III, p.118）ビランは後者の事実を「内的」とも特徴付けている。従って、一方に「外的に観察可能か表象可能な」事実、他方に「内的な純粋に反省可能な事実」の二つの事実の対を想定することができる。またそれぞれ人間の認識能力である、「表象」と「反省」という言葉が加えられていることから、両者は人間が用いる認識能力に対応して、即ち〈私〉がそれに対して取る態度に応じて差異化されることになる。

実際のところ両者の関係はいかなるものであろうか。

まず、ビランがこれら二つの事実の異質性を強調していることを確認しておきたい。「専ら反省されうる諸事実が表象される諸事実と異なるのは、たとえば視覚が、聴覚や声と異なるのと同様である。」（A, III, p.46）私が耳を閉ざしてひたすらに目の前でヴァイオリンを奏でる人を眺めたところで、本来聴覚に現われるヴァイオリンの〈音色〉は、私の視覚には決して現われない。視覚と聴覚とは、その行使に対する〈現われ〉を根本的に異にしており、それぞれへの〈現われ〉は交換不可能である。これと同じく、「表象的な事実」は決して反省されえないし、逆に「反省可能な事実」は決して表象されえない。両者は徹底的に異質である。「諸事実の二つの秩序の間には、絶対的な異質性があり、アナロジーは決してありえない。」(A,VI,p.48)

すると、今論じている内的と外的との二種類の事実とは、〈私〉の自己感知と関係的に現出するという規定を受ける「事実」の集合に共に含まれながらも、互いに排斥しあうものなのだろうか。だが先を急がずにもう少し考察を進めよう。

実際のところ、「外的事実」という概念の了解はそれほど困難ではないだろう。外的事実とは観察並びに表象可能な事実として規定されており、また、本章の冒頭で引用した事実の定義のうちには、「自己の外部に」「外的な感官を用いて」という言葉が並べられていた。すると、外的事実とは通常「外的感官」と呼び習わされる諸器官、例えば視覚器官や聴覚器官に対して現われてくる事実であると考えることができる。「私たちの外的感官に現われうる現象」(A, VII-1, p.105) が外的事実として規定される。これらの事実が、私の身体の外側で生じている事がらであると想定されていることに注意しておきたい[4]。「外的事実」と呼ばれるのは、私たちが通常暗黙裡に想定するある広がりのうちに、〈私〉の身体と身体の外（あるいは皮膚の外部）の事物とが共存することを知の内実とする段階に於いて、私の身体の外で生じ、私の外的器官を通じて受容される事がらとして規定されうるだろう。

ところで「外的事実」が、ある諸器官の作用（「外的な器官を用いて」）に対して相関的に現出する事実であることを考えれば、今度はその作用が「私の個的な現存の感知」に対して現出することこそが、内的事実と呼ばれるのではないか、という見通しを立てることができる。実際、「私が見る」という働きは、見られている事柄（つまり外的事実）にのみ回収されるのではなく、私が「目」と名指す器官を用いることに他ならない。

こうした見通しを確認するテキストが『思惟の分解論』のうちに見出される。ビランは次のように述べる。ここでは「感覚性」という言葉の理解を巡って議論が進められる。

「感覚性という術語には別の個的な理解がある。この理解の仕方においては、生理学者は対象的事実の秩序から純粋に内的な事実の秩序へと、すなわち表象から反省へと移行し、後者から正確な個体性の感知を借りてきて、これを外部に現実化し、有機的諸現象のうちにこれを移動させる。

感覚性とは第一部でカバニスに触れた際に述べたように、観察される限りでの生体の諸現象を統一的に表現する第一の原理であった。生体が外部の刺激に対し何らか（物理的な法則には還元できない）独自の法則に従って反応する事態を、「感覚性」という言葉は一括して狙っている。ところで上に引いたテキストでは、外的に観察される現象である「感覚性」という言葉に、内的で反省的な事実から借りてきた「個体性の感知」を移動させることができる、と述べられている。ということはつまり、外的事実に関しては「個体性」の感知は存在し得ないのであり、逆に内的事実においてのみ「個体性」が語られうるということになる。

この「内的な事実の秩序」から汲み取られる「正確な個体性の感知」を伴う認識についてビランは次のように述べる。「私たちの諸作用についての認識のみが、私たちが自我と呼ぶこの主語にこれらの作用を帰属させうる、そしてその名前は何であれ、自我のうちで、あるいは自我によって生じる諸作用を直接に確信するための唯一の基礎なのである。」(A, III, p.34) だとすれば「自我のうちで、あるいは自我によって生じる諸作用」がやはり内的事実に割り振られるということになろう。例えば「見よう」「触れよう」としつつ目を動かす、あるいは腕を動かすといった「諸作用についての認識」は、これらを〈私〉が行っているという認識を必ずやもたらすだろう（「正確な個体性の感知」）。従って、〈私〉が自らの諸作用を行使しつつこれを認識する際の対象が「内的事実」という規定を受けるだろう（このとき「私が見る」とは「私が見ていることを知っている」ことと同義である)。内的事実とは「主体が決定する働きの行使、あるいは自らが統覚する能動的様態」(A, IV, p.10) である。

またここで、「自我のうちで、あるいは自我によって」と注意深く言い換えられていることに注意したい。「自我のうちで」という表現は、未だに「うち」と「外」との規定が明確ではない段階においては適切ではない。むしろ「自我によって」生じることがまず内的事実の本質的な規定なのであり、然る後にこれが「内的」という規定を受けると考えることが整合的である。このことの意義は第二章に於いて「内的空間」という概念が現れる際により明確になる。

内的事実における原因概念の重要性

学の対象たる事実は、内的事実と外的事実に分けられる。そして、「事実には二つの秩序があるのだから、方法も二つなければならない。」(A, III, p.49) 内的事実と外的事実を扱う学の方法の違いはいかなるものであろうか。ビランは外的事実と内的事実との区別を、両者を取り扱う学問の方法の区別に照らし合わせて次のように説明する。

「外的諸事実に関する科学における、結果から原因へと遡る、という例外なき賢明な格率は、内的に反省される諸事実の意識においては適用されないことがわかる。なぜなら、もし力がその直接の産物においてのみ自らを認識するのなら、少なくともこの直接の産物は、問題となっている認識においては、力以前、あるいは力なしには存在し得ないからである。」(A, III, p. 47)

外的事実に関する科学は「結果から原因へと遡る」ことを格率とするのに対して、内的事実の探求にはこの格率が適用できないことが主張されている。[5] この事情を少し詳しく見ることとする。外的事実に専心してその秩序を見出そうとする自然科学においては、現象それ自身の連なりのうちには決して見出されない実効的な原因の概念は捨象されなければならない。外的事実の秩序を見出すとは、外的事実を産出する実効的原因を規定することではなく、外的諸事実が相互に継起する秩序を見出すことである。従って外的事実に関する学における原因の探求とは、実質的には、ある外的事実に先行すると想定される事実の確定、並びに両者の関係の記述に還元される。つまり、ある外的事実Eが知覚されるとき、この事実Eが何らか別の事実に後続する結果であるという評価を受け（なぜそのような評価を受けるのかについては種々の場面を想定できる）、あくまで外的事実の枠内において、この事実Eに先行する事実の探求が要請され、然る後に、事実Cが事実Eに先行するものであるという規定を受ける。こうした手続きを経て、事実Cは、結果として規定されている事実Eの（実効的ではなく）経験的な原因であるという規定を受ける。

原因の概念を法則の概念と同一視しても、同様のことが言えるだろう。なぜなら法則とは結局のところ、継起の秩序の表現をより一般化したものであり、従って、法則の探求は、結果としての規定を受ける諸現象の観察に後続するのであり、その意味でやはり結果から原因へと遡るという手続きの結果獲得されるからである。

従って、外的事実の秩序を見出す探求においては、結果から原因、それも実効的ではなく経験的な原因へと遡る、という格率が尊重されなければならない。

しかし内的事実においては実効的な「原因」の概念は捨象されえない。なぜなら内的事実は、私の諸作用についての認識であったわけだが、これは先に述べたように「自我のうちで、あるいは自我によって」現出する事柄である。つまり内的事実とは、「見よう」「動かそう」とする意志によって諸器官を働かせることであり、このときこの「見よう」「触れよう」という意志は正に原因に他ならない。従って、内的事実の秩序の探求は、この内的事実を産出する実効的原因である〈私〉の現存を不可避的に前提する。「内的諸現象の分析においては、原因を抽象することは許されていないし、可能でもなく、そしてこの原因は未知なものであるどころか、感知の事実として優れた明証性を持つ」(A, IV, p.27) が、この内的諸現象を扱う反省的学においては、「この原因は、主体ないし自我それ自身に他ならない。」(A, IV, p.25) つまり内的事実の領域においては、「結果から原因へ」という探究の道筋が要請されるのではなく、「原因と結果」とを同時に確認することが要請される。言い換えれば、ある作用が〈私〉によって生じることを確認することが要請される。

外的事実における秩序の探求は、常に結果から原因へという道筋を要請するのに対して、内的事実における秩序の探求は、原因と結果との同時的確認を要請する。二つの事実は、秩序の探究の手続きからして異質である。「諸事実の二つの秩序の間には、絶対的な異質性があり、アナロジーは決してありえない。」(A,VI,p.48) この異質性とはまずもって、各々の事実の秩序に於いて、実効的原因を捨象できるか否かを指している。

あらゆる事実はやはり事実であり、かつ、認識において第一の「根源的事実」である「私の個的な現存の感知」と関係しつつ現出する事がら[6]として定義される。そしてこの「事実」は内的事実と外的事実へと分節されるが、これまでの記述に従えば、両者は相互に排斥し合うように分節されるのではなく、内的事実が外的事実の条件となるような形で分節される。なぜなら、〈私〉が観察する事柄である限りの外的事実は、「見る」「聴く」といった内的事実に相関的に現出する以上、内的事実を条件としない外的事実はありえないからである。言い換えれば「内的事実」と「外的事実」とは、ある同一の事態を論ずる視点の違いを現わす言葉であるとも言える。例えば私が今リンゴを見ているとき、リンゴがあることは外的事実であるが、他方で〈私〉は、他のものを見ることを通じても確認される、しかし今はリンゴを見ているこの〈私〉が見るという作用を内的事実として取り出すこともできる。そしてビランの立論に従えば、〈私〉

がリンゴを見ているという一つの事態に関して、リンゴがあることは外的事実なのであり、他方で〈私〉が正にそれを見ることが内的事実なのであり、かつ後者は前者を語るための条件なのである。

ところで私たちは既に、〈私〉の自己感知たる「根源的事実」の特異性を指摘しておいた。外的事実にせよ内的事実にせよ、〈私〉の自己感知である根源的事実を根本的な条件とするのであるから、この根源的事実がいかなる性格を持つのかが吟味されなければならない。そして「学の起源と一致する実存」の探求のためには、この根源的事実が学的な性格をいかなる意味でもたらすのかも吟味されなければならない。

次節では、この根源的事実の性格について吟味することとする。

第二節　根源的事実

根源的事実の諸性格

「根源的事実」とはビランの哲学の要であり、ここから出発して人間的経験のすべてが記述される。「根源的事実」とは認識の秩序において第一のものであり、認識と〈私〉の現存とが一致するビランにとっては、〈私〉のはじまりを構成する事実でもある。「この事実は、全くもって根源的である。なぜなら、私たちは認識の秩序においてこれより先にはいかなるものも認めることが出来ないし、私たちの外的感官自身も、私たちの最初の認識、最初の感覚観念の道具となるためには、努力をなす同一の個的な力によって活動状態に置かれなければならないからである。」(A, VII-1, p.10: 強調は引用者による)

「根源的事実」の内実を明らかにするために、この言葉が現われるテキストを、時間的な順序に従っていくつか見ることとする。『思惟の分解論』では次のように言われる。「主体はその内的直接的統覚において、ただ抽象的に構成されるのではない。言わば、主体が意識の根源的事実において自己を関係付ける肉体的な条件が存する。」（A, III, p295）

根源的事実において確立される主体、つまり〈私〉は、「内的直接的統覚」を持つものとして規定される。「統覚」の定義は次のように与えられる。「私は、自我が自らをその活動が決定する感覚的結果から区別しつつ自らを産出的原因として認識するすべての印象を、統覚と呼ぶ。」（A, VII-2, p.206）〈私〉が統覚するとは、〈私〉が自らを原因として感知することであり、また、〈私〉が原因であるという感知と同時に、その「結果」として認識されるものが統覚の対象となる。従って〈私〉が原因として自らを感知しつつ、「自己を関係付ける肉体的条件」が存在するとき、即ちこの「肉体的条件」が〈私〉を原因とする「結果」として存することがまずもって「根源的事実」である。

ところで上に引用した『思惟の分解論』のテキストは、自我の概念が経験の諸様態から抽象されるとする考えや、自我を経験の諸様態の集合とする考えに対する批判を明らかに含んでいる。例えばデステュット・ド・トラシの次の言葉が批判の対象となるだろう。彼は、「イデオロジーの流儀では、自我とは、総体をなしている感覚する諸部分の全体から抽象される観念である。自我とはこれらから生じる結果なのだ。」（Tracy, 1798 → 1992, p.60. note）と述べる。トラシ（そしてコンディヤック）にとって、自我は、観念学的探求の出発点である感覚の各々に内在するものであり、諸感覚から事後的に抽象されるものである。

ビランの立場からすれば、トラシのこの言葉には二つの問題があるだろう。

第一に、〈私〉が個々の感覚的諸部分から抽象されるのだとすれば、この抽象を行うものは一体どこに見出されるだろうか？　第二に、〈私〉が抽象されるものであるなら、いくつかの赤い個物から「赤さ」が抽象されつつもこの「赤さ」

それ自身は経験それ自体において見出されないように、〈私〉もまた経験それ自体のうちに見出されないというパラドックスに陥るのではないか？つまるところ、「抽象される観念」である自我とはどのようなものか？　根源的事実からの出発が、このような問題の発生を避けるためにも必要である。

ビランの言う根源的事実とは、経験の諸様態から抽象されるものではなく、個々の経験において〈私〉が感知される事実を指示しており、それゆえ、各々の経験を経験の名に相応しいものとする第一の経験である。〈私〉は、各々の経験からの抽象によって獲得されるのではなく、各々の経験を成り立たせる「根源的事実」において、その肉体的条件と共に具体的に確認されなければならない。

『直接的統覚』では「根源的事実」は根本的な説明原理となり、使用の頻度も高くなる。根源的事実は自我の能動的様態とされ、次の説明が与えられる。「この能動的様態は私が努力と呼ぶ様態であり、これは、自由に実現され私たちが後に決定することになるある条件に従いながら、これを絶えず産出する生きた力の直接的統覚のうちに、必然的かつ根源的にこの力の外部にその力の項として、自我の外部にその対象として知覚される、そうした相関的な有機的あるいは物質的抵抗を含んでいる。」(A, IV, p.57)

ビランは、〈私〉が「原因」「力」として規定される具体的な経験を「努力」と名指す。「根源的事実」とは努力、つまり私たちが自らの体を動かそうとする努力として規定され、このとき〈私〉は自らを生きた力として統覚する。この統覚は有機的抵抗、つまりは自らの固有身体をその対象とする。この身体とは、例えば視覚的感官に与えられる見られる限りでの身体でもなければ、触覚的感官に与えられる触れられる限りでの身体でもない。なぜなら、外的事実において、例えば視覚に対して与えられる身体は、その前提として、「見る」という内的事実を前提するからである。この身体は、自我が意志的に身体を動かそうとする限りで感知される身体、その意志に抵抗の感知をもたらす身体である。この身体の規定は厳密に受け取られなければならない。そして、意志的に自分の身体を動かそうとする経験は、「意志された努力」(effort voulu) と呼ばれる。「内奥感の根源的事実とは、有機的抵抗、あるいは自我が原因である筋肉感覚から切り離し得ない、意志された努力の事実に他ならない。」(A, VII-1, p.125) 身体へと意志された努力の経験こそが、自我の個的な存在を根拠付ける。「直接に統覚される意志された努力こそが、個体性、自我、内奥感の根源的事実をはっきりと構成していると私は言う。」(A, VII-1, p.118)

〈私〉のはじまりは根源的事実において確証されるが、これまでのテキストから明らかなように、この〈私〉は抽象というプロセスを経てその存在が確保されるのではなく、はっきりと実効的な原因、力としての規定を受ける。「私たちは、自身のうちに原因や力の概念が深く刻みこまれていることを見出している。ところで、概念以前に直接的な力の感知があるのであり、この感知とは、私たちの能動性の感知と切り離しえない私たちの現存の感知に他ならない。なぜなら、私たちは有機的身体のうちに生み出される何らかの結果、ないし運動とかかわる原因として自己を感知するときのみ、自らを個体的人格として認識するからである。」(A, VII-1, p.9) 先に内的事実について吟味したとき、私たちは、内的事実においては原因が捨象されることはなく、むしろ原因とその結果とが同時に確認されることが重要であることを指摘した。根源的事実においてはこの、自我が原因である、という規定が明確に表現されている。実際私たちが見よう、聴こうと意志するとは、その対応する諸器官に、これを緊張させるにせよ実効的に動かすにせよ、何らかの形で働きかけることに他ならない。

根源的事実における自己感知において、〈私〉は自らを、身体に働き掛ける能動性として、力として、また原因として、一なるものとして感知する。この感知から身体の感知を切り離すことは出来ない。結果なき原因、働き掛ける相手のいない力は存在しないからである。「運動的な力はそれ自身において自らを統覚するのではなく、抵抗する器官、あるいは動かされる項への適用において、自らを統覚する。」(A, IV, p.162 note)

この事態を逆転させて言えば、〈私〉の自らの存在の感知は、内的に与えられる身体の感知を必要条件とする。身体なき天使的な知性は、ビランにとっては抽象的な構築物に過ぎない。身体の現存も〈私〉の現存と同じく、確実な所与である。「この同じ統覚が、唯一にして同一である根源的事実のうちに、単純で根本的な関係という本質的な形式の下、不可分な形で自我と現象的対象とを含みこんでいることから、私たちは努力の主体としての自我の現実存在と、有機的なものであれ外的なものであれ、ともかくも同じ努力に対して抵抗しかつ努力の統覚のうちに含まれている身体あるいは対象項の現実存在とを、全く同じように確信していることになる。」(A, IV, p.156)[7]

デカルト的コギトとビラン的コギト

これまで述べて来たように、ビランの根源的事実とは〈私〉の経験の始まりであるが、あらゆる経験の「はじまりの探究」という意味では、ビランの営みはデカルトのそれに相通じる。では、ビランが定立する自我とデカルトのコギトとは何が異なるのか。両者を比較してみよう。[8]

ビラン研究者が頻繁に指摘するのは、デカルトが思惟主体を実体化したのに対し、ビランは（少なくともビラニスム期は）あくまで現象の領域に留まり、コギトの実体化を徹底的に忌避した点である。この論点を理解するために、ビランが『試論』の中で集中的にデカルトを批判している箇所を見ることとしよう。

「私は考える、故に私はある」という命題は単に批判されているだけではなく、一定の評価を受けてもいる。ビランは「自我」の概念と「思惟」の概念との関係について次のように述べる。「この関係は内奥感の事実のうちで直接に与えられる。」(A, VII-1, p. 77) 従って、「私は考える」はそれ自身で自足した命題であり、ここから自己の現存を導き出すために推論の形式を取る必要はない。しかしこの命題がさらに「私は考える、故に私はものであり思惟する実体である」という命題へと拡張されるとき、ビランはデカルトを徹底的に拒否する。なぜなら、命題の前件の「私」は現に自らの現存を感知している限りでの自我であるのに対して、後件の「私」は実体としての自我であるが、自我が実体として感知されることは決してないし、またこの実体が現象の世界に現われることもないからである。実体の概念は「根源的諸事実から随分と離れた推論物」(A, VII-1, p.9) であり、〈私〉の始まりである根源的事実において直接に与えられてはいない。デカルトの命題に現われる二つの「私」は同じものを示しておらず、それぞれ別の秩序に属している。だが、別の秩序に属する全く異なったものが、「私」という記号の同一性のゆえに易々と同一視されてしまっている。ビランによれば、「デカルトは、個的な現存の事実、あるいは自我の感知と、思惟実体という絶対的概念とを隔てる差異を突如として踏み越えて」(A, VII-1, p. 79) しまった。

　また、ビランは努力の関係項として感知される身体の存在に、努力する〈私〉の実存の感知と同等の確実性を与えている。「内奥感の基礎においては、抗うことのできぬ明証性が、同一の事実の二つの要素、同じ関係の二項、つまり力と抵抗とに結びつく。そして、思惟が存続する一方で身体は無化されると想定するデカルトの懐疑は、私たちが考察しているような根源的事実とは絶対的に矛盾する。」(A, VII-1, p.151) ビラニスムにおいて、身体の現存は、懐疑によって括弧に入れられた上で思惟する自我の存在の確立の後に回復されるのではなく、経験の第一の所与として原理的に懐疑を逃れている。しかしデカルトに従えば、ビランが自我の現存と同じだけの実在性を付与した内的に感知される身体の運動は、すべて思惟の規定、即ち観念の地位しか受け取らず、それ自身としては実在性を奪われてしまう。ミシェル・アンリはこの事態を簡潔に述べている。「私たちがもはや本来の意味での概念(conception)とは関係せず、欲望、行為、運動と関わりをもつときも、デカルトによるコギトの規定に従えば、実際は私たちには常に、観念、即ち欲望の観念、行為の観念、運動の観念のみが問題となっていると言わざるを得ない。それ自身で考察された行為や運動について言えば、これらは決してコギトの領野に属しておらず、思惟の規定でもないし、逆に延長の観念なのだ。」(Henry, 1965, p. 71)〈私〉の身体の運動は、〈私〉とは疎遠な延長をその規定とする表象の次元での位置の移動へと還元されてしまう。つまり身体の運動は、根源的事実において得ていた、〈私〉によって意志されたもの、という固有の意味を剥ぎ取られてしまう。ビラン自身も、デカルトの体系において、意志が延長と関係するときに生じる困難を指摘する。「事実、デカルトの体系において意志は、運動がなされますようにという魂の単なる願いに過ぎず、この運動は魂にとって何かしら外的である。」(A, VII-1, p.186)

デカルトの思索においては、強烈な懐疑を梃子として、「私は考える」という規定を受ける限りでの自我が獲得されるが、この成果が得られるのは、自我の現存以外のすべてを観念として位置付けるという代償を払ったうえでのことである。メルロ＝ポンティの言い方を借りれば、「デカルトは自我以外のものすべてを放棄するという代償を払って確実性を贖った。私が創造した空虚が確実性を測る。確かにコギトが私にすべてを失わせているわけではないとも言える。私は、懐疑が遠ざけたものを思惟たる限りで再び見いだす。しかし、私は思惟ではないものとの接触を失ってしまう。」(Merleau-Ponty, 1968, p. 62) 実際、あくまで思惟するものとしてのみ見いだされたコギトは、自らの様態である観念が狙うものが真に存在することを確信するために、神という審級に頼らねばならなかった。

改めてビランの場合を見てみよう。実在的なものから出発するビランにとり、そもそも懐疑という消極的な経験は、出発点として選ばれるに値するものではない。〈私〉が自らの現存を感知するものである以上、その「感知」の純粋な経験を直接記述すればよいのであり、これに到達するために懐疑を迂回する必要はない。ビランは、懐疑それ自身を可能とするような、懐疑に先立つ確実な経験を確証すれば、それで十分だと考えている。そして根源的事実がそうした経験である。「この直接的で根源的な判断があらゆる熟考に先行し、また懐疑のあらゆる可能性を排除する。この秩序に属する諸真理に関しては、懐疑のフィクション自身が精神と折り合わない。」(A, XI-1, p.33)「この事実を証明することは問題とならない。この事実はそれ自身であらゆる証拠、あらゆる真理の基礎として役立つのであり、この事実をその始源において確認することが重要なのだ。」(A, VII-1, p.73: 強調は引用者による) 根源的事実に関するビランの記述は、現在において意志的に努力する自我と、努力がかかわる関係項としての身体の現存を確認することに専ら関わっており、この秩序に懐疑の入り込む余地はない。「つまるところ、もし内奥感が私たちを欺くのだとすれば、真理はどこにあるのだろうか?」(A, VII-1, p.147)[9]

従って、これまでの叙述から明らかなように、ビラン的自我は自我の他なる何ものかと出会うために策略をめぐらす必要はない。「その始原において確認」された根源的事実において、〈私〉の存在と〈私〉ならざる身体の存在が同時に確認される。ヴァンクールなどもそのことを強調する。「ビランは初めから観念論的解釈を不可能にする。なぜなら、その根源的事実のうちに、彼は物質、対象を挿入しているからである。現存は思惟の活動に還元されることはない。思惟がそれに対立しつつ配慮することになる何らかのものの実在性が一挙に確認される。」(Vancourt, 1944, p. 77) ビランの問題は、確実なものに到達するために身体や身体に外的な事物の存在を懐疑に付すことではなく、根源的事実において〈私〉の存在と身体の存在とを確認すること、そして(少し先回りして言えば)身体、並びに身体に外的な事物を〈私〉がいかに経験するのか、そしてこれらの織りなす秩序をどのように見出して行くのかを、根源的事実と照らし合わせつつ記述することである。

根源的事実において、自我は自らが意志的に肉体のうちに生み出す運動と、その肉体が与える抵抗との関係の中で感知されるのであり、両者の現存は共に確認される。このとき自我は自らを力として、あるいは原因として、一なるものとして感知する。そして、この意志された努力のうちでこそ、人格性が基礎付けられる。そして、自我が存在するとは自我ならざるものとの関係のうちに既にあるという事である。

根源的事実の二項の連関を否定する議論　マルブランシュとヒューム

だがそれでも、意志するとは一つの独立した事実であり、運動を意志することと、肉体において感知される運動ないし抵抗は、別の次元における事実ではないのかという疑念を発することも、論理的にはできる。〈私〉の意志と、身体の側に定位される運動ないし抵抗が根源的に結び付いているというのは誤りではないか。両者は絶対的に異なるのであり、ただ同時性によって結び付いているか、あるいは精神が因果性の概念を両者に付け加えているだけではないか[10]。こうした議論を見ることは、ビランの根源的事実の独創性を確認すると同時に、彼が忌避しようとした議論の形式を明らかにするものであるので、その内実を確認することとしよう。

根源的事実の二項の絶対的異質性を主張し、「超有機的な意志」の感知と「有機的な」身体に定位される感覚の間にはいかなる実在的関係も存在しないことを主張し、あるいは両者の間に内的に感知されている因果性は精神が付け加えるものとするこうした批判は受け入れられるものだろうか。

意志と筋肉運動の間に感知される因果関係の実効性については、ビランがこれを根源的事実として確立する以前に、既にマルブランシュやヒュームが、それぞれの視点から批判を行っている。

マルブランシュは身体を動かす意志と実際の身体運動との間に私たちが感知する連合は、結局のところ幻想に過ぎない、と述べる。ビランは自身の言葉で、彼の機会偶因論を的確に次のようにまとめる。マルブランシュによれば、「私たちが身体を動かすために現実的に適用される実在的な力の実効性について持つ内的な感知は、純粋な幻想に過ぎない。真実は、至高の力である神が、意志的な場合も、物理的あるいは有機的な場合も、神が創造したすべての運動についての唯一産出的な原因である、ということになる。魂はしたがって、自らと神との連合の内的な観念によって、自らの運動を〈欲求する〉ことしかできず、そのときに至高の起動者が介入し、その結果活動が生じるのであり、魂あるいは自我は、欲望の結果として運動を感知するが、これは一方から他方への実在的な影響についての必然的な幻想を採用している。」(A, IV, p.90) ビランが主張する運動の意志と実際の運動との必然的な連合が「幻想」であり、両者を実効的に繋げているのは真実のところは神である、と、こうマルブランシュは考える。こうした議論に対して言うべき二つの事柄がある。

一つには、マルブランシュが意志と運動との関係を「幻想」であるというとき、彼は何らかビランが言う根源的事実とは別の審級を「真理」であると想定し、その上でこの関係を「幻想」であるとするのだが、しかしこの「真理」自体はいったいどのようなものだろうか？　最も実的な内的経験を否定してまで擁護される真理は、実のところ何処にあるのだろうか。恐らくマルブランシュにとっては、延長に関する知が真理の典型であろう。彼にとり、延長を属性とする物体並びにその運動に関する知は、知の規範である明晰判明性に与るものだが、運動しようとする意志の感知は、物体に関する知と比較して不分明であるとされ、従って両者の関係を実効的に立てることは「必然的な幻想」とされる。だがこうしたマルブランシュの前提には、ビランがリニャックに向けた次の批判が当て嵌まるだろう。「この問題に関する幻想は、運動がある物体から別の物体に伝達される仕方を理解することには何ら困難がないと思い込みながら、他方で、魂の身体への働き、あるいはこの働きの手段を神秘的なものだと見なすものである。」(A, XI-2, p.61)

マルブランシュは確かに偉大ではあるが、意志の感知、ならびに意志と運動との関係について彼が言うところの不分明さと、物体の運動に関する知識、さらには運動に関する知識が還元される延長に関する理念的な認識の明瞭さとを、根本的に混同していることになる。「マルブランシュは、私たちが区別することに関心を持っている対象的と主観的という二種類の認識の種類を混同している。」(A, XIII-1, p.116) だが、対象的認識の位置づけと主観的認識との位置づけを明確に行わず、両者の異質性を立てた上でその結合の不可解さを言い立てることは、ビランにとっては視点の混同に他ならない。

ヒュームが意志と筋肉運動の間に感知される因果関係の実効性に向ける批判のポイントも最終的には、対象的な科学の知の明証性を、あらゆる知の明証性の専らのモデルとするところにある。確かに構成された知の段階においては(ということは純粋な根源的事実の段階においてではなく、ということを意味する)、私たちの腕の運動が生じるときには腕の筋肉や神経の運動の諸様態を、私たちは知識として知っている(生理学者ならさらに詳しい知識を持つだろう)。ところがヒュームは、このような成熟した段階の知の状況を、あらゆる知の確実性の条件へと転換する。ヒュームによれば、「能力や原因を認識するとは、原因のうちにその諸結果を産出することを可能とする諸条件を発見すること」である。従って、意志が固有身体を動かすことを示すには、この肉体が動くための神経や筋肉の動き(つまり諸条件)の認識が要請される。しかし私たちは、「意志が私たちの四肢の運動の際に動かし始めると見做されている諸々の神経や筋肉の内的な活動について、いかなる認識も持たない。」(A, VII-1, p.163) 従って、意志と固有身体の運動を結びつける知の内実は、実は両者が同時的に生じる事態が反復されることで獲得される習慣の効果に過ぎず、何ら実在的なものではない、というのがヒュームの結論になる。

しかしこうした批判もやはり、ビランが言うところの視点の混同に基くもの、と判断せざるをえない。これらの批判は分析的な視点に身をおき、ビランが正にそれがなされたときに記述している意志的行為を事後的に記述して分析し、分析の結果得られたもの、あるいは作られたものを、今度は論理的にも時間的にも優先させてこちらの方が根源的であると主張し、しかる後に両者の関係が不可解であるとしている。根源的事実の記述を支える論理を見て来た私たちは、こうした発想を受け入れることは出来ない。自我の感知と身体の感知とは、区別されはするが切り離せない事実である。

ビランも、外的事実の視点に立てば、意志的行為に二つの契機が存在することを認める。「この行為を生理学的な関係のもとで考察する場合には、私はそこに二つの要素、ないし二つの瞬間を区別する。」(A, VII-1, p. 122) だが、内的な視点に立てば、意志的行為は、この現在において意志的に身体に働き掛けることによって、確かなものとされる。そこにはいかなる分割も疑いも介入する余地がない。

ビランはまた、自然科学の説明形式を知の必要条件へと転換するヒュームに、次の批判を向ける。「ところで、ヒュームの奇妙な断言に話を限って言えば、もし彼が意志作用の実効性の実在性を、これを実行するために活動状態に置かれる手段や器官についての可能的な知覚に依存させているのであれば、それは、彼が我々の外部にある色の知覚の実在性を、光線の無媒介な視野やこれを私たちに見させる原因に依存させているようなものである。」(A, IV, p.121) だが、私たちが見る色の知覚の実在性を、網膜や水晶体についての解剖学的知識、あるいは光線についての物理学的知識に依存させることは、やはり奇妙なことではなかろうか。概念の発生の順序を正しく見るなら、前者の経験、即ち色を見る経験こそが、後者の知の領域、つまり「見る」ことに付随して生じると想定される解剖学的、あるいは物理学的現象に関する知識の探究を動機付けている。概念の発生の順序からいえば、後者が前者に依存するのであり、逆ではない。それと同じく、四肢を意志的に動かす経験が直接的な所与としてあるからこそ（そしてある病に陥った場合にはこの働きがなされないからこそ）、四肢の運動に際して観察される筋肉や神経の動きについての解剖学的な知の探求が動機付けられる。後者の水準の知における無知は、前者の知の実効性を損ないはしない。根源的事実における意志的な努力を論じる際に、「外的な諸事実、あるいは私たちが外的な諸原因について作り上げることの出来る一般的な諸概念のアナロジーを求めても無駄である。」(A, IV, p.120)

二つの知、つまり内的視点において得られる知と外的視点において得られる知、つまり内的事実と外的事実との異質性を見極めることが重要である。二つの知の水準に同時に位置して、一方の知の水準から他方の知の水準を判断することは、ビランが確立した「視点」の考えに抵触する。ビランは二つの知の水準の異質性と、視点の問題を関係付けて次のように述べる。多少長いが、重要なテキストである。

> 「解剖学者や生理学者が認識しうるような諸器官の位置、活動、諸機能についての表象的認識と、諸機能に対応する実存の内密な感知、先ほど私たちが述べた抵抗連続体のうちに局所付けられる諸部分の内的な認識との間にいかなる種類のアナロジーがあるにせよ、やはりここには二種類の認識の間に生じる対立が見て取られるのではないだろうか？　この対立とは、意志が四肢の一つを動かそうとする際に、運動性の道具が内的に感知ないし統覚される代わりに表象されうるのなら、意志は結局生じえない、そういった対立である。同様に、もし私たちが網膜の神経と光をもたらすものを表象するなら、私たちは決して色を見ることはないだろう。どうしてそれ自身の内部を見るように組織された目が、外部にあるものを見ることができようか？　このようなわけで、固有の意志作用の隠された機構を対象的に認識するには、同時に自己自身でありかつ他者でなければならない。」(A, VII-1, pp. 163-164)

ビランが根源的事実という言葉で指示するのは、認識の秩序において第一のものであり、ゆえに〈私〉のはじまりたりうる経験であり、かつその経験に現前する身体の感知である。あらゆる活動において、自我と身体は共存する。「自我は自己自身に対して現存する限り、その身体の共存の内的直接的統覚をもつ。」(A, VII-2, p.287) もしも〈私〉がこのときに身体の運動について抱く知が、対象的科学における知の明証性に支えられるのであれば、〈私〉はそのとき、〈私〉自身でありかつ〈私〉以外のものとしてある、という矛盾した要請を引き受けなければならない。

ビランはデカルトの精神と延長との二元論を批判するに際し、次のように述べる。「私は問おう、身体の運動における私の力あるいは私固有の因果性の明証性は、二つの実体の性質の本質的差異ないし異質性の明証性より優れた、あるいはこれに先立つ秩序ではないかどうか、と。」(A, VII-2, p.189) これに対する答えは徹底的に肯定的である。〈私〉の第一の経験である根源的事実における意志する自我と実行される運動の感知との直接的な関係が、〈私〉が存在する、ということに織り込まれている第一の秩序である。対象的な科学の知において見出される秩序（解剖学の知識など）は、この第一の秩序から見れば二次的であり、第一の秩序との関係においてその位置が確定されなければならない。

註

1　「心理学を内的諸事実についての学として考察すると、この学が、ベーコン以来あらゆる自然科学で用いられ、多くの素晴らしい成功によって正当化される方法とは異なった方法に基づくようには見えない。個的な諸現象を観察ないし研究し、これらを分類し、法則を立て、その原因を探求する、これがすべての諸事実の学における精神の手続きの規則的な順序である。」(A, VII-1, p.26) もっともこうした言い方は、自然科学の方法とビランの心理学の方法との差異が見失われると、危険なものとなりうることには注意せねばならない。事実ビランはこの後で、心理学の方法と自然科学の方法との差異を強調する。

2　「コンディヤックは【…略…】、自我が匂いの記憶から出現しうるかをどのように理解しているかを積極的に述べていますが、これは原因と結果とを取り違えているものと私には見えますし、問題となっているものを前提していると見えるのです。」(A, XIII-2, p.362)

3　ビランはフィヒテについて次のように述べる。「自我の感知を活動の行使に依存させながら、他方でこれを絶対的なものとして考察することには大きな矛盾があると私は見て取る。」(A, III, p.108)

4　もっともここで「自己の外部に」という言葉を「自己の身体の外部に」と、準備なく解釈することには問題が残る。なぜならビラニスムにおいて身体はやはり自己ならざるものだからである。最終的にはこの言い換えは妥当なものであるのだが、この言い換えにいたるためには、〈私〉の固有身体とはいかなる身体であるのか、そしてこの身体が他の事物と共存しているという了解にいたるためには、いかなるプロセスを経るのかが記述されなければならない。

5　もっともこのテキストを理解するためには、ビランが余り明示的に述べていない一つの前提を明らかにしておく必要があるだろう。改めて確認しておきたいのだが、外的事実もまた事実を「事実」たらしめる条件、即ち自我の現存の感知との関係性という条件を必要とする。外的事実もまた、〈私〉が見たり聴いたりすることで、事実たる資格を得るのであるから、その意味では〈私〉がこれら外的事実の〈現われ〉の原因である、といえる。だが実際のところは、外的事実について論じられる場合には、〈私〉がそれを現出させるという側面は殆ど重視されず、むしろこれが消去されうることに外的事実の本質がある。「この学【外的諸事実に関わる自然科学：引用者註】においては諸事実は、まずはそれ自身において、つまりこれらの諸事実が単純かつ絶対的であり、これらを知覚する主体やこれらが内属する実体、あるいはこれらを産出する実効的な原因とは無関係なものであるかのように考察される。」(A, VIII, p.12) 従って、本文でも論じているように、外的諸事実を論じるに当たっては、実効的原因の捨象が要請されると同時に、これらを「知覚する主体」も捨象されることが要請される。ビランは、自然科学においてなぜ「実効的原因」が捨象されなければならないかは、ベーコン以降の自然科学の発達を歴史的に確認する形で説明しているが、なぜ「知覚する主体」が捨象されなければならないかは、ほとんど説明していない。ビランはしばしば外的事実を観察する際には、主体は観察されている対象に没入して、自分がその現われに対して参与している部分を忘却する、と述べているが、これは観察する主体の態度のとり方の問題であって、「知覚する主体」が捨象されることの必要を説明するものではない。恐らくこの事態を説明するには、外的事実が「自己の外」において知覚される事柄であるが故に、私ならざる他者にとっても「知覚」される事柄であることが要請されていることを明示化する必要があるだろう。とはいえビラニスムのうちに他者構成の問題はほとんど存在しないがゆえに、ビランがこうしたことを明示的に述べているわけではない。私がここで述べていることは、あくまで仮説であるが、外的事実がこれを現出させるために感官を作動させる原因である自我とは切り離して論じられることを説明するためには、こうした仮説が必要であろう。

6 「この現存の感知と協力しつつこれから区別されあるいは切り離される対象ないし変容の感知」(A, VII-1, p.2)

7 外的な対象項の確実性については、本書第三部第三章で論じる。

8 ビラン自身がデカルトを主題的に論じているところは多々あるが、A,VIII, pp66-105 ; A,XI-1, pp.2-105 などが纏まっている。またビランとデカルトとを巡る研究者たちの比較は、以下の箇所で主題的になされている。Baertschi, 1982, p. 14-24 ; Henry, 1965, p.58-62 ,p. 75-79 ; Vancourt, 1944, p. 56-66 また、邦語によるものとしては、山形、一九九三(特に二二九〜二三九頁)、増永、一九九六を挙げることができる。

9 ビランは、内奥感においては〈現われ〉と実在とが一致すると述べる。「私たちの内奥感のうちでは、現象ないし見かけと実在との間に必然的な関係がある。」(A, III, p.65. note) なお『人間学新論』では次のように言われている。「現象と実在、存在と現われることとは従って、意志によって働く力、あるいは原因の直接的感知と同一の自我の意識においては一致する。」(A, X-2, pp.78-79)

10 例えばブランシュヴィックは次のようにビランの「根源的事実」を批判する。「根源的事実が一つの事実であるということは不可能である。なぜなら、これは根底において二つの事実だからである。」(Brunschvicg, 1922, p. 44)「一つの事実の統一とこれを構成する要素の二重性を和解させるのは【…略…】矛盾がある。」(ibid. pp. 44-5)

第二章

努力の二つの様態と固有身体の経験

第一節　努力の二つの様態の区別

努力を志向的努力に限定する困難

前章で確認したように、自我の存在は、身体との関係性の中でこれに意志的に働きかける努力という、根源的事実によって確認される。つまり、自我は固有身体への働きかけにおいて、〈私〉と自ら名指しうる存在者となる。「自我は、抵抗する項との関係において主体として確立される。」(A,IV,p.154)

ところでビラニスムの理解に際しては、ビラニスムのうちに二つの努力の概念があることを銘記する必要がある（この二つの努力の概念は、強度において異なるとビランは主張する[1]。しかし実際にはこの二つの努力は、強度の差異に留まらない違いを持つ。なぜなら、区別される努力のうちの一つが〈私〉を開くと同時に〈現われ〉それ自身を開き、もう一方の努力は、この〈現われ〉のうちの秩序を志向的に現出させる働きを果たしているからである）。この区別は、ビランが「努力」という言葉に込めた意味を明確にするためにも重要である。

この区別を理解するために、まず予備的な考察を行っておこう。

一般に「努力」を身体との関係で理解する場合、自我と関係する身体は、ある局所化された身体の一部位という意味で捉えられる傾向がある。例えば人が自らの身体との関係において「努力する」のは、あるスポーツを楽しむために必要な身体の型を獲得しようと決まった運動を繰り返して修練を積むときであり、ピアノを弾けるようになるために同じパターンの指の動きを繰り返すときである（そして一般にこうした場合に「努力」という言葉を用いるのは、このように身体を用いて運動を行う経験が、何かしら「苦痛」をもたらすからであるようにも見える。だから「努力をして乗り越える」という言い方がなされる。しかしこれはビラニスムの「努力」概念とは異なる）。だが、「努力」という言葉には、一方でこのように志向的な意味もあれば、他方で、より全体的とでも言いうる意味もありうる。例えば私が今目覚めつつある姿勢を保とうとするとき、私は肉体の全体に対して努力を行使している、とも言いうる。ビランが区別しようとしているのは、身体の局所的な一部分に働きかける努力の様態と、全体としての身体に働きかける努力との、二つの努力の様態である。

この努力の二つの様態の区別が、ビラニスムの理解には極めて重要である。「ここでは私たちがすでに一般的な仕方で確立した、一なる原理ないし原因によってではなく、もたらす結果ないし効果によって互いに異なる二つの努力の間の区別をはっきりさせる必要がある。」(A, VII-2, p.239) 区別されるべき努力の二つの様態は、ビランによれば原因を同じくするものであり質的な差異は持たぬものであるが、それでも人間的経験において果たしている役割は、大きく異なっている。

もし、二つの異なった努力の概念を認めず、「努力」という言葉で、上で述べたような局所的な努力の行使しか認めなければ、ビラニスムは大きな矛盾に陥ることになろう。なぜならビラニスムにおいては、努力することで原因としての自己を感知する「根源的事実」において〈私〉が確立されるのだから、もし局所的な努力の行使の様態しか認めないのなら、〈私〉は目覚めている限り、常に何らか志向的な形で、局所的な身体の一部分に働きかけていることになる。しかし、これほど現実の経験に反したことはない。〈私〉は、朝まだ目覚めたばかりのとき、身体の一部分に志向的に働きかけずとも、やはり「同じ」〈私〉として自らを見出すし、あるいは湖畔で一人なすこともなく座り、その姿勢を保ち、身体に志向的に努力を行使せずとも、やはり〈私〉として、あり続けている。「努力」の概念をもしも局所的な努力としてのみ理解するのなら、私たちの経験の直接的所与である自我の同一性は消え去ってしまうことになる。ミシェル・アンリの表現を借りれば、「もし主観性が、特殊な運動的志向性（intentionnalité motrice spécifique）に従って行為するように規定されるときにしか実際には現前しないというのなら、こうした志向性がかすんだり中断されたりするたびごとに、この主観性は、私たちの実存そのものがそれと一体となっている極めて実在的な経験であることを止めなければならず、実のところ、実存の経験であることを止めなければならない。主観性はもはや無でしかない。」（Henry, 1965, p.232）

もし、身体への意志的な働きかけである努力において〈私〉が構成される、というビラニスムの主張を理解するに際し、「努力」を局所的な努力としてのみ了解するのなら、目覚めている限りにおいて自らを同じものとして見出し、また眠りから覚めたときに、眠る前とやはり同じである〈私〉を見出す、そうした〈私〉の存在を語ることは著しい困難に陥ってしまうだろう。

内在的努力

しかし実際のところメーヌ・ド・ビランは、トラシとの書簡による論争、ならびに『思惟の分解論』以来、つまりビラニスムの最初期から、身体のある一部位を志向するのではない、身体全体を緊張させることをその役割とする別種の努力の概念を唱えている。この努力は、たとえば「内在的努力」[2]と呼ばれ、あるいは「一般的努力」[3]、「非志向的努力」(A, VII-2, p. 239)、「共通の努力」[4]などと呼ばれる[5]。

ビランは、トラシとの書簡において、〈私〉が動物的生のみを享受している段階から意志的な運動を行使するようになる段階への変化を捉える作業を「微分計算」(A,XIII-2,p.278)と表現し、この変化を把握する困難さを論じていた。ビランが「内在的努力」と名指す経験によって把握しようとしていたのは、いわばこの一点、私たちの経験の始まりであり、さらには諸々の志向的努力が出現するための条件とも言える、より根本的な努力の経験である。

ビラニスムにおいて、触発的状態に没入する存在者は、自らを〈私〉と名指すことはできない。「まず、このシステム【触発的な諸力のシステム：引用者註】においてすべて均衡がとれていると、つまり現実には新しい印象の外的原因も存在せず、何らの特殊な触発が支配的であるわけでもなく、すべてがいわば唯一つの一般的触発のうちで混ざり合っている、と仮定しよう。そのときには、ある種の内的実存についての曖昧な感知があるのみであろう。ここでは認識を行い統覚することのできる人格、ないし自我は存在しないのだから、これを非人格的、と呼ぶことができる。」(A, VII-2, p.211) このような存在のあり方から、根源的な努力が構成している「自我」の感知まではほんの一瞬の差しかない。しかしこのほんの僅かな差は、決定的なものだ。この決定的な審級を追及することとする。

なお、努力の二つの様態の解釈に関して、テキスト上の注意を述べておく。

先に述べたようにビランは、トラシとの書簡による論争、『思惟の分解論』においてもこの努力概念に注目していた。これらのテキストでは、「目覚めに内在し常に同一であるこの努力を取り去ってしまうと、人格性をどこに関係付ければいいのか、私にはわからなくなります。」(A, XIII-2, p.309)「自我の目覚めはこの内在的努力(effort *immanent*)により構成される。」(A, III, p.141)という記述が見られる。とはいえ後述するように、この「内在的努力」の概念は、『思惟の分解論』の時期においては十分有効な役割を果たしているとはいえない。この努力の概念が、人間的経験を記述するための十全な意義を発揮するのは、『試論』を待たなくてはならない。この理由を二つ述べておく。

第一に、ミシェル・アンリが注目するようにこの「自我の目覚めを構成する」「内在的努力」は、自我の受動的な様態を経験するのであるが、『思惟の分解論』においては、「内在的努力」において構成される自我を受動的な自我と捉える視点が欠けているからである。『思惟の分解論』においても、さらには『直接的統覚』においても、「内在的努力」を記述する意図の重点は、人格的同一性の確証にあり、自我の受動的様態を記述することには置かれていない。[6]

第二に(これは実のところ第一の点とも深く関係するが)、本書の第三部第二章で詳述するように、この「内在的努力」によって構成される〈私〉は、「直観」という〈現われ〉を経験の内容とするが、『思惟の分解論』において「内在的努力」によって構成される〈私〉の経験内容は、いまだに『習慣論』を引きずる形で、触発と自我の運動性という二項対立の図式の中で思考されており、この「直観」の概念が、〈私〉が経験する事がらとして、優れて有効な意味を担っていないからである。別の言い方をすれば、『思惟の分解論』において、「内在的努力」が構成する〈私〉は、触発をもたらす諸力とのかかわりで論じられる傾向が強く、この〈私〉が積極的にはいかなる経験内容を持つかが十全には語られていないからである。ヴァンクールの言葉を借りて言えば、「『思惟の分解論』の第一部においては一般的純粋触発のみが問題となっており、メーヌ・ド・ビランは直観について十分に考えているようには見えず、この時期には直観の概念が

十分に展開されていないことには注意を払う必要がある。」(Vancourt,1944, p.33)

以上の点に注意しつつ、内在的努力の特質を見ることとする。

人格的同一性について

内在的努力は、自我の同一性が端的に見出される経験様態である。同一性とは、現在において〈私〉が一なるものとして自らを感知し、かつ過去の諸行為のうちにも〈私〉を感知することを言う。内在的努力は、「目覚め」を定義する努力として『思惟の分解論』において既に導入されていたが、『試論』においては、この「目覚め」の内実が、自我の人格的同一性と結び付けられて具体的に記述される。「随意筋の全体に広がるこの志向的ではない努力が、自我ないし同一の人格の持続とともに、関係あるいは意識の生に協力する様々な諸器官の目覚めの状態を構成する。このようなわけで、視覚の感官も闇の中で目覚め、触覚の感官は偶然的な触圧がなくとも、また聴覚の感官は沈黙のうちでも働くのである。」(A, XII-2, p.239)

人格的同一性を問題とし、これを記憶に基礎付けて説明しようとしたのはロックであった。だがビランの立場からすれば、ロックの議論はこの点に限って言えば、経験の諸様態から〈私〉が抽象できると考えるトラシなどの議論と同質的なものとなるだろう。ロックの議論は、自我の記憶が過去の様々な記憶に内属しており、これらの諸記憶から自我の同一性が抽象される、という論理をとる。しかしビランによれば、〈私〉が過去の記憶を持つのは、個々の特殊な記憶に人格的同一性が先行しているからであり、個々の記憶から人格的同一性を導く論理は、実際の順序を転倒したものである。「ロックが考察したような想起、あるいは記憶は、人格的同一性の基礎としては役立たない。なぜならこれらは逆に人格の同一性を前提しており、後件が前件に関係するように人格の同一性と関係するからである。」(A,

VII-1, p. 178) 人格的同一性が先行する所与であるからこそ、個々特殊な過去の事柄の記憶が可能となるのであり、この順序を間違えると、悪循環に陥ることになる。「私たちの人格的実存の同一性ないし持続は、思い出ないし記憶（この言葉の通常の理解における）の基礎であるのだから、ロックが、私たちの同一性が可変的で継起的な私たちの存在様態についての記憶ないし想起に逆に基づいている、と述べたとき、彼は悪循環に陥ったのだ。」(A, VII-2, p. 240) 人格的同一性とは、記憶によってその構成が説明されるような契機ではない。これを直接に把握することができる経験を指示することが問題なのだ。[7] つまり、〈私〉が構成される根源的事実において、「人格の真の同一性を作るのは、同じ有機的項と根源的かつ恒常的に関係する同一の主体の保存である」(A, VII-2, p. 176) ことを確証することが重要である。

人格的同一性を努力する主体と結びつけるときにも、先の引用文からも明らかなように、人格的同一性を構成する努力が志向的な努力ではなく、「随意筋の全体に広がるこの志向的ではない努力」であることに注意を払わなければならない。

ところで努力の行為の一つ一つは、それを意志と身体との関係性においてのみ取り出せば瞬間的なものである。ビランはこの点を絶えず繰り返す。「あらゆる意志の働きは、内奥感の事実においては不可分で瞬間的なものである。」(A, VII-1, p.121)「努力の決定と実際の努力とは、感知できるいかなる媒介によっても分離されておらず、完全に同一視されるものであり、意識の瞬間的働きにおいては分離できないものである。」(A, XI-3, p.343)「意志の行為とその結果の間に、ほんの少しでも感覚しうる間隔があると認めてご覧なさい。そうすればあなたはこの行為の本性を破壊することになります。」(A, XIII-1, p.133)

『思惟の分解論』におけるビランは、この努力の、意志と身体運動との同時性から人格的同一性を派生させようとしているように見える。彼は連続的な時間の生成を記述する際に、瞬間的な働きの非連続的な系列からこの連続的な時間を生じさせようとしているように見える。「私と言うことで、運動的主体は一と言う。同じ結果を生じさせる同じ働きを反復しても、主体はやはり一という。事態はこのように続いていく。時間が主体に対して生じる。時間はカント主義者が言うように、主体が自己を統覚し常に同じものとして自らを見出す、純粋な形式である。」(A, III, p.166)ここでのテキストは瞬間的な努力を扱っているように見えるが、瞬間的な努力の発動が間歇的に反復される際に、各々の努力に感知される人格的同一性が後からつなぎあわされているようである。さらに言えば、ここで言われている「同じ結果を生じさせる同じ働き」という言葉に託されているのは、志向的な努力ではないだろうか。『思惟の分解論』のビランは、志向的な努力のうちに見出される同一性をつなぎ合わせて人格的同一性を派生させることで満足している。

別のテキストも見てみよう。「この想起【人格的想起：引用者註】はそれ自身、有機的抵抗に対する最初の力の展開に内属する同じ原理によって、また同じ条件に従って常に実行される展開のうちで連続的な人格性（統覚あるいは自我の感知）に他ならない。」(A, III, p.158) だがここで言われる「最初の力」も、やはり瞬間的なものと規定されているように見える。この力はあくまで「意志的に反復される働き」(A, III, p.159: 強調は引用者による)である。従って主体が構成されるのも、連続的な努力の働きのうちにおいてではなく、反復される、即ち断続的に繰り返される努力のうちにおいてである。「同じ運動的力が恒常的に反復される、そうした展開のうちで、【…略…】主体の活動に抵抗する惰性的な有機的項との関係の中で、主体が構成される。」(A, III, p.158) そうすると、瞬間的な努力の反復から連続的な自我が構成される、という事態を証明しなければならない。反復される、という言葉が何を意味しているのかを、ビランが詳らかにしているとは言いがたいが、仮に素直に「反復される」という言葉を間歇的な努力の行使を形容する言葉として捉えるなら、そのとき自我の同一性はやはり、間歇的に生じる瞬間的な努力から構成されなければならないことになるだろう。

『試論』の段階で明らかにされる二つの努力の様態の区別を用いれば、こうした説明は不要となる。自我の連続性の感知は、内在的努力、非志向的な努力のうちの「人格的実存の同一的で無媒介の感知」である。そしてこの感知をビランは数学の比喩を用いて、「数学的な線が流れる点の軌跡であるのと同じように、均一に流れる努力の軌跡として考察されうる持続」の感知である、と述べる（A, VII-2, p.240）。内在的努力において〈私〉が構成されるとは、〈私〉が時間において連続的なものとして自らを感知することでもある。志向的で断続的な努力は、この連続的な人格的同一性のうちに記載される。私の同一性が、目覚めつつ問いを発する私の第一の所与であり、諸々の志向的な行為はこの同一性を、様々に彩ることになる。ビランが「反省についてのノート」で次のように述べていたとき狙っていたのは、正にこうした事態であろう。

「私が無媒介に統覚する持続が存在するが、それは、それ自身としては均一で、あらゆる均一性の恒常的な規範となる自我の持続である。私がそこに位置付ける諸知覚は、これらを不等な諸部分に分割する。」（A, XI-2, p.257）[8]

内在的努力が経験する身体の様態の区別

「内在的努力」は〈私〉を構成する基本的な努力の様態であるが、「内在的努力」によって構成される〈私〉が、根源的事実のもう一つの項である「有機的身体」についていかなる経験を行うのかが当然問われる。ここでは二つの様態を区別する必要がある。

第一の様態は、全体としての身体を経験する様態である。内在的努力において構成される〈私〉は、純粋な形で取り出せば、〈私〉の有機的身体の全体を統覚しており、身体の諸部分は区分されて統覚されてはいない。そして身体が区分されていない以上、この身体の諸部分にはいかなる価値区分、ないし意味も介入してこない。この意味で、身体は全体として享受されているといえる。[9] 後述するようにこの内的に感知される身体は「抵抗する連続体」と呼ばれるが、ミシェル・アンリの言葉を借りれば「〈私はできる〉の内在的な自己運動における抵抗する連続体の純粋な感受のうちには、いかなる意味作用も、いかなる理念性も介入しない。」（Henry,2000,p.212）抵抗する連続体を動かすことができる、という意味での〈私はできる〉においてのみ純粋に感知される身体には、いかなる意味作用も介入しない。固有身体の存在は意味作用が介入する以前に語られるべき事柄なのだ。第三部の第二章において私たちは、この身体の純粋な自己感知を、朝まさに目覚めた〈私〉のうちに見出すだろう。

第二の様態は、移動する限りで感知される全体としての身体を経験する様態である。内在的努力は、（強度が高まれば）身体を全体として一塊のものとして動かすことになり、これに付随して、固有身体の位置を変えることをその主要な役割とする（本書一一五頁の註5で述べたように、このときには「共通の努力」という言葉を用いることとする）。そしてこの身体の位置の移動も、ビランによるならば何ら固有身体の外部に想定される物体を志向するのではなく、身体の運動それ自身を志向するものである。[10]

ビランはこのことを次のように述べている。「連帯して動くただ一つの塊として考察された身体の一般的移動のうちには、共通の努力がある。」（A, III, p.432）「移動は必然的に、意図、つまり身体全体を動かすという実在的な意志を前提します。【…略…】意図が運動自身において完結する（se terminer）こともありうるのです。意志と実行される働きは混ざり合い同一化されるのであり、もっとも内密な反省もこれを分離できません。こうしたことが、認識されるかないし決定される外的な目的の観念がないときに生じるのです。」（A, XIII-2, p.314）[11] 身体の位置の移動について考察を行う場合、一般には、身体の移動によって到達される地点の存在、そこに到達するための意図が第一に論ずべきこととされる。位置の移動は志向的な枠組みで語られるのだ。しかしビランはここで、「身体を動かす」という意図が、その運動によって到達される場所ではなく、全体としての身体の運動それ自身を志向する場面を想定している。[12] そしてこのように、全体としての身体に努力が行使されて身体がその位置を変えるとき、この自我を構成する努力を「共通の努力」と呼ぶことにする。

ここで見出された「内在的努力」並びに「共通の努力」が経験する全体としての分節化されていない身体の経験について、私たちは第三部第二章で再び論ずることになるだろう。

受動的経験様態を基礎付ける内在的努力

「内在的努力」について今ひとつ述べておくべきことがある。ミシェル・アンリはその優れたビラン論で「詳細な調査にかけた、受動性に関する積極的理論の不在」(Henry, 1965, p.240) を批判するが、他方で彼はこの「不在」を補完するものとして、「内在的努力」を積極的に評価している。

後の第三部第二章で詳述することとなるが、この内在的努力は志向的な努力ではないがゆえに、「能動的な自我」ではなく、自我の受動的な経験の様態、ビラン自身の言葉を用いれば、自我が様々な〈現われ〉に対して専ら「受動的な証言者」に留まるような経験を説明する。例えばビランは「意志し活動し自らの活動についての判断を下し、受動的感覚性の強制された様態と、自らが意志によって産出する様態とを区別する人格」(A, III, p.138) について述べる。だとすれば人格は、感覚性が受動的な状態にある様態をも、これを能動的様態とは区別しつつ、やはり経験しているのである。志向的な努力の発動と対照的に論じられる受動的感覚性を経験する人格の存在を論じるためには、個々具体的な志向的努力以前に「人格」の基礎を求めなければならない。その基礎は内在的努力に求められる。この「受動的証言者」である自我についての詳しい記述は第三部第二章に譲ることとするが、ここではミシェル・アンリの、ビランの内在的努力に関する美しい記述を引用することとしたい。

「メーヌ・ド・ビランが私たちに内在的努力（effort immanent）の状態について語り、私たちの自我の統一性をこの状態に基づけるとき、おそらく彼は、私たちの身体の根源的存在についてのこのような考えに高まっていた[13]。実際ここで問題とされているのは、もはや任意の運動の遂行や任意の感官の能動的行使を導くべき決定されている努力ではなく、私たちの絶対的身体の存在そのものと一体となっているような、一種の潜在的な緊張である。この緊張は、言うなれば、私たちの有機的身体と、そして恐らくは世界へのすべての現前一般の実効性とを、それ自身の生の統一性のうちに保っている。また、この潜在的な緊張は、運動的努力の本質をなすのと同様、感覚することや触発―され―うることの本質もなしている。この緊張は、知が生であって死んだ知でない限りで、知の固有の内的な震えなのである。この緊張は覚醒の状態を、つまりメーヌ・ド・ビランにとっては経験の顕在性と実在性とを定義する。そして真に根源的なこの水準においては、まだ能動性と受動性とを区別する余地はないのだし、いわんやそれらを対置する余地などないのである。」(Henry, 1965, p.230)

内在的努力において〈私〉が目覚めるからこそ〈そしてこれ自身はビランによれば一つの原初的な能動的様態であるが〉、私たちはあるときには志向的な努力を行使して能動的に振舞うことができ、またあるときは受動的であることを感受する。目覚めるというこの貧しい事がらが、その貧しさにもかかわらず、能動的であれ受動的であれ、諸々の経験を〈私〉の経験として語ることを可能にする。

〈私〉は内在的努力に於いて持続する自我の同一性を感知し、またこの状態において「世界へのすべての現前一般の実効性」を、生の統一性のうちで保っている。先回りして言っておけば、内在的努力における〈私〉とは、ビランが倦まずその必要性を繰り返した、真の始まりに相応しい事実なのである。この目覚めている〈私〉は、やがて志向的に世界へと向かうことで、新たな次元の秩序に関する知を我が物としていく。しかしそのことを巡る記述は、第三部第三章を待たなければならない。

第二節　固有身体

「内奥感の根源的事実とは、有機的抵抗と切り離すことのできない努力の事実に他ならない。」(A, VII-1, p.125) ところで前節では、〈私〉が構成される根源的事実において、自我の努力に二つの様態が区別されることを確認した。本節においては、「根源的事実」を構成する今一つの項である「有機的抵抗」、即ち「固有身体」の様態について詳しく見ることとする。努力の様態に二つの区別がなされるべきであるのなら、当然根源的事実の今ひとつの項である「固有身体」にも、その経験のされ方に区別が見出されるからである（なお、前節と多少記述が重複することを予め断っておく）。

本節では、このことに注意を払いながら、ビラニスムにおける固有身体を巡る議論を見ていくことにしよう。

前提としての固有身体の認識の独自性　コンディヤックとの差異

ビランの身体論の独自性は、〈私〉の身体たる固有身体の認識を巡る議論に、「表象的な認識」ではない次元の認識を導入した点にある。ビランはその思索において内的事実と外的事実とを区別し、さらに、〈私〉が構成される最も原初的な経験として「根源的事実」を見出したが、彼は「根源的事実」から出発して、〈私〉が自らの身体について抱く知の内実を説明しようとする。

〈私〉が身体を持つことは、明らかに〈私〉の知の内実をなしているが、メーヌ・ド・ビラン以前の、感覚論や観念学を標榜する人々は、自らの理論の前提に忠実に表象的感覚から出発して、〈私〉が固有身体について抱く知を説明しようとしてきた。しかし、表象的認識を出発点にとるという選択自体が、実は重要な動機を隠し持っている。その動機が明らかにされなければならない。

彼らが固有身体に関わる知について探求したのは、〈私〉の身体を対象的な認識が織り成される地平に位置づけるためである。彼らは、〈私〉の身体を、対象的に認識される物体と同じ地平に位置づけようとしている。つまり彼らは、対象的事物についての科学の明証性を理念とするがゆえに、この科学の描き出す秩序のうちに〈私〉の固有身体も挿入されなければならないと考えているわけだ。確かに私たちの身体についての日常的な知は、自分の固有身体が他の事物と交渉しうること、つまり他の事物と〈私〉の身体とが何らか同じ地位を持ち、何らかの形で交渉しうることを内実として含む。だがビランは、この段階の知に到達する過程の説明を対象的認識の場面だけで行う不可能性、特に、固有身体の認識を対象的認識にのみ基礎付けることの不可能性を指摘し、そのゆえに、新たな認識の様態（根源的事実に集約される内的事実）を導入する。

ビランの議論を見る前に、対象的な外的事実の秩序に基づいて固有身体に関する知の生成を描き出そうとする議論を見よう。

例えばコンディヤックは、〈私〉が自らの固有身体を認識し、〈私〉の身体が他の事物と共存している事態を理解するに至るプロセスを記述するに当たって、触覚の重要性を強調する。「従って彫像は自らの身体を認識し、そしてこの身体を構成する諸部分のうちに自らを認めるようになる。というのも、彫像がそれら諸部分の一つに手を置くや否や、同じ感覚的存在者が一方から他方に対して応答するからである。これは私だ、と。彫像が自分に触れ続けるとしよう。固体性の感覚はあらゆる場所で、互いに排斥しつつ同時に隣接している二つのものを表象するだろう。そしてまた、あらゆる箇所で、同じ感覚的存在者が一方から他方へと応答するだろう。これは私だ、これもまた私だ、と。」(Condillac,

1754 → 1984, p.105) コンディヤックは、〈私〉の手が〈私〉の固有身体の別の部分に触れるときには二重の応答があるという事実から、〈私〉の身体の認識を説明しようとする。コンディヤックは固体性の感覚（la sensation de solidité）という表象的認識の地平の中で、固有身体の認識を解決しようとする。[14]

しかしメーヌ・ド・ビランはこのコンディヤックの議論に、決定的な批判を投げかける。「確かにここには、諸対象を認識し測定するのに役立つ普遍的な尺度、道具が見て取られる。しかしこの道具それ自身は、最初はいかに認識されるのだろうか？」(A, III, p.137)「ある運動的な器官はどうしたら、認識されることなくして常に導かれるのだろうか？」(ibid.)[15] コンディヤックの議論では、彫像の手とその固有身体の諸部分との接触が、彫像がその固有身体を認識するための必要条件とされている。しかし、固有身体の認識の条件である手それ自身はいかに知られるのか？「触れる手」それ自身はこの段階では未だ触れられていない以上、手によって触れられることで「彫像の身体」であることが確定される諸部分と同じ意味で「彫像の身体」であるのではない。すると、「触れる手」が「彫像の身体」に属すると語ることを可能にする経験は、いかにして彫像に与えられているのか？ この問いに対する答えが明らかにされないとすると、コンディヤックはその議論に暗黙のうちに、既に彫像が獲得している「触れる手」についての認識を紛れ込ませていることになる。しかし彼は、彫像に対して対象的な認識しか認めないために、この前提を明らかにできない。「コンディヤックは、自我が諸器官についての内的認識をいかにして直接に獲得しうるのかを、決して探求しなかった。彼は固有身体の外的な形態に関する、対象的で二次的な認識にしか関心を払わなかった。」(A,III,p.140 note) ビランが探究しようとするのは、対象的ではない、固有身体についての一次的な認識である。

ビランは身体について語る条件を、根本的に改変しようとする。あるいはこういってよければ、「外的で表象的ではない、ひたすら反省可能な事実」、つまり私が原因である、という感知を伴う〈現われ〉のみに基づいて身体を語る可能性を追求しようとする。

そしてビランはその可能性の道具立てを、「内的事実」あるいは「根源的事実」という言葉に見出している。実際、内的事実において認識されるのは、〈私〉が対象的に認識する身体ではなく、個体性の感知を伴いつつ〈私〉が動かす限りでの身体であった。

そもそも「内奥感の根源的事実とは、有機的抵抗と切り離すことのできない努力の事実に他ならない」(VII-2,p.125)ビラニスムにおける固有身体の探求とは、〈私〉の現存知から切り離しえない身体に関する認識について、いかに諸概念が分節化されていくのか、これを明らかにすることと言える。

内的空間

根源的事実において自我と直接的な関係にある「有機的な身体」の経験は、努力の様態が二つに分けられる以上、やはり二つに分けられると解釈するのが妥当であろう[16]。既に前節で述べたように、一方の「内在的努力」に対応するのは一塊の身体を巡る経験であり、この努力の故に〈私〉は、常に身体を意識しながら目覚めている。だが他方で局所的な努力も存在する以上、〈私〉は自らの身体の諸部分に志向的に働きかけることができる。

ビランの議論の独創性は、「表象的ではない認識」、つまり内的事実に基づきながら、この二つの努力の様態が経験する身体の分節化を言葉へともたらしている点である。

ビランの身体論の独創性は、次のテキストに現われている。

「私たちが努力の感官と呼ぶ内感は、筋肉系あるいは運動系の諸部分に行き渡っており、これらの諸部分は意志の活動に従う。この感官の活動性の領域に含まれるもの、あるいは直接的に、あるいは連合によってその感官の行使と関係するものはすべて、意識の事実の領域に入ってくるのであり、媒介的であれ無媒介なものであれ、内的統覚の固有の対象となる。」(A,VII-2,pp.139-140) 筋肉系ないし運動系の諸部分には努力の感官が行き渡っており、私たちはこれらを自らの意志に従わせる。つまり、〈私〉は自らがその原因であると感知しつつ、筋肉を動かす。別の言い方をすれば、努力の感官が行き渡りこれと直接に関係するものはすべて、「内的統覚」の固有の対象となりうる。

ところで前節でも述べたように、この「内的統覚」の対象としての固有身体は、「内在的努力」においては全体として一塊のものとして捉えられるのであり、このとき身体は全体として緊張させられている場合もあれば、全体として動かされ、位置を移動させることもあるのであった。このとき固有身体は全体として一なるものとして捉えられている。

しかし他方、上のテキストに現われる「諸部分」という言葉は、この「内的統覚の固有の対象」の複数性を示唆している。事実私たちは、一方で〈私〉の固有身体を全体として一塊のものとして動かすこともできるが、他方で二本の腕を動かし、さらには一〇本の指を動かすことで、「内的統覚の固有の対象」の複数性をごく容易に知ることが出来る。

ビランは上のテキストの直後で、この複数性を問題としながら、新たに「内的空間」という言葉を提出する[17]。「この努力の主体は一かつ単純であり、あるいは個的であるが、抵抗する直接的な項はその本性からして多様であり、あるいは並置され隣接する諸部分からなる複合体であるのだから、自我が自らをそれから区別する抵抗に関しての一般的感知は、既にして必然的に、無媒介の統覚ないしこの統覚の条件自身に固有の対象に属する形式として、ある種の内的空間を含んでいないだろうか？」(A,VII-1,p.140)「内的統覚の固有の対象」が複数であるのなら、それらの対象が共存する一つの〈場〉が必要であろう。彼はこの、意志に服する可動的な諸部分が共存する〈場〉を「内的空間」と名づける。

この「空間」は、やはり空間である以上、外的な空間と同じくそのうちに諸部分が共存するのだが、しかし外的空間のように、そこにある事物が相互に排斥しつつ場所を占める「空間」ではない。「努力の項のこの多様性ないし構成は、実際には私たちにとって、私たちの最初の習慣のゆえに、隣接しあるいは並置する諸部分のイマージュ、私たちが空間、物質的延長と呼び、外的表象の形式であると言われる協働の様態でしか了解されない。しかし、視覚、あるいは触覚の対象である外的な空間ないし広がりの形式は、努力の本質的項、自我がそこから切り離すことのできない内的統覚の対象を構成する空間とは本質的に異なっている、と私は言う。」(A, VII-1, p.141 note.)「内的空間」の秩序は、外的空間の秩序を記述する言葉を用いて語ることはできない。

ビランは「内的空間」をさらに、ライプニッツが用いた「抵抗する連続体」(continuatio resistentis) という言葉と重ねる。「ライプニッツは延長を見事にも、抵抗する連続体 (*continuatio resistentis*) と名づけた。この定義はライプニッツの考えでは、連合した触覚と視覚という諸感官に現われる外的抵抗に適用されるものであったが、さらには、内的かつ直接的な統覚の対象をも捉えるものである。」(ibid.)[18] ライプニッツが用いた「抵抗する連続体」という言葉は、ビランが論じる「内的かつ直接的な統覚の対象」としての身体をも包括する。そしてこの「抵抗する連続体」という言葉は、ビランにとって重要な意味を持っている。というのもビランは、「この言葉は、私が固有身体に関する第一の認識を考察するところの全く新しい視点をも、完全に表明している。」(ibid.) と付け加えているからである。

私は身体のあらゆる部分の緊張を脱落させ、身を横たえる。それまで身体が分節されていた感覚は次第に溶解し、身体の諸部分は相互に溶け合っていくかのようだ。内的にはもはや、「右手」であるとか「左足」などといった言葉で名指すことができる場所はなくなっていく。だがそれでも、全体としての身体の感知は、〈私〉が目覚めたものである限り、決して消え去ることはないだろう。〈私〉が身体に対してなす様々な志向的努力、この志向的な努力が書き込まれる〈場〉のごときものが「内的空間」「抵抗する連続体」と名指されている。そして先にも述べたように、内在的努力に於いて、あるいは共通する努力に於いて構成される〈私〉は、この内的空間を一塊の全体的なものとして経験する。

内的空間の分節化

ところで今ひとつ明らかにされるべきは、内在的努力に対応する一塊のものとしての身体と、志向的努力の対象項である固有身体の諸部分が織り成す関係である。
次のテキストがこの関係を全面的に明らかにしている。

「一つの塊に統一され、同一の生きた力、あるいは唯一同じ意志の衝撃に服するものとして、身体の可動的諸部分を考察した場合、惰性によって抵抗しまた運動的な権能に従うこの複合体から自らを区別する現実的努力の主体は、この抵抗連続体、つまり内的ではあるが未だに制限や諸部分の区別を持たない内的な広がりを統覚するだろう。さて、外部からの諸感覚が外的空間においてそれぞれの正確な位置に位置づけられ置かれるのは、この空間が、触覚の感官、あるいは継起的で反復される運動によって制限され計測される限りにおいてであるが、これと同様に、諸印象が固有身体という内的空間の諸部分に位置づけられるためには、諸部分が、それに固有の直接の感官の行使によって、区別されいわば互いに外に置かれていなければならない。ところで筋肉系一般は、いくつかの部分的項に自然に分割されており、またそれだけの明確な項を同一の運動的意志に与える。これらの分割点が多様になるほど、直接的内的統覚は自らを照らし自らを区別するし、努力の恒久的主体の個体性、あるいは統一性は、可動的な項の多数性と多様性との対立それ自身によって、さらに自らを顕わにする。自我は各々の外部に自らを置くことで、これらを互いに別個に置き、共通の限界を認識し、かつそこに諸印象を関係付けるようになる。」(A, VII-2, p.143: 強調は引用者による)

身体の諸部分に向かう努力は、全体としての身体ではなく、その「自然的に分割された」諸部分を経験する。努力の働きの一つは、諸部分を分節することにある[19]。志向的な努力は、行使されればされるほどに、内的身体の「自然的に分割された」部分的項を判明なものとしていくだろう。「抵抗する連続体はかくして、同一の努力の諸様態の継起ないし反復によって、離散的な諸部分に分けられる。」(A,IV,p.126,note) 具体的な例としては、ごく単純だが、ピアノが弾けるようになる場合を考えればいい。最初は上手く操れなかった一〇本の指も、私がこれらに対して志向的な努力を働かせれば働かせるほどより判明な諸部分に分割されていく。そしてこれらの諸部分が判明になればなるほど、〈私〉の個体性も明らかなものとなっていく。

〈私〉と固有身体は、努力と関係する項が多様になればなるほど、〈私〉が感知する個体性が増していく関係にある。〈私〉が自由にできる固有身体の諸部分が増すほどに、〈私〉が自らの感知を高めていく構造をビランは指摘しようとしている。先にも述べたように、努力は強度を持つが、この強度は単純に量的なものではない。確かに努力は一方で、例えばピアノの鍵盤を強く、あるいは弱く叩くときのように、量的な契機を持つ。これは筋肉の運動の感知の側に割り振られる強度であろう（もちろん筋肉の運動の感知の強度も自我の現存の感知の強度も強める）。しかし他方で努力は、関係する項が増えることで、やはり強度を増していく。この強度は自我の感知の側に割り振られるだろう。自我の感知の強度は、関係する項の多数性によるのである。〈私〉は身体を開発できるのであり、身体の開発を進めることによって、自己の現存の感知を高めていく。

先に私たちは、根源的事実においては、外的秩序に於いて求められる秩序の場合とは異なり、因果性が絶対的な所与であることを強調した。続いて今〈私〉と固有身体との関係においては、多様性がいわば自我の個体性の感知を高めるという関係が見出され、〈私〉と固有身体とが織り成す秩序はさらに豊かなものとなる。

註

1　「私たち自身が創造する筋肉感覚のうちで考察される努力は、強度においてしか変わらない。」(A, III, p.363 note)

2　A,III,p.141;A,IV,p.138; A, XIII-2, p.309;A, X-2, p.16. p.169;A, XI-3, p.261 などを参照のこと。

3　A,III,p.148; A, XIII-2, p.344 などを参照のこと。

4　A, III, p.432; A, IV, p.124; VII-2, p.239, p.263 などを参照のこと。

5　なお、これらの努力の概念の重要性は、多くの研究者たちに指摘されている。自我の同一性の問題におけるこの努力概念の重要性は、Gouhier,1947,pp.204-207 において指摘されている。またミシェル・アンリは、この努力概念を用いて、ビラニスムにおける受動性の問題について見事な分析を行っている (Henry,1965, p.230*sq*)(なおアンリはここで、『思惟の分解論』で用いられた「内在的努力」の語を引いているが、アズヴィの指摘によれば、「ミシェル・アンリの洞察に満ちた分析は、『思惟の分解論』の内在的努力よりは、『試論』の非志向的努力によりよく合致するように見える。」(Azouvi,1982,p.89 note))。アズヴィ自身は、「志向的な努力」と「共通の努力」の区別を通じて、ビラン解釈にいくつかの成果を齎している (Azouvi,1995,p.228*sq*)。なお、「内在的努力」「非志向的努力」「一般的努力」「共通の努力」といった諸術語は、「自我の目覚め」や諸器官の目覚めを構成し、自我の人格的同一性を基礎付けるという意味で、ほぼ同じものとして扱うことができる。ただし、「共通の努力」については、「内在的努力」「非志向的努力」と共通する意味と、それとは別の、身体の位置の移動のために全身の筋肉を用いる努力、という意味を持つ。このことについては後述する。従って本書に於いては、自我の目覚めを構成する努力の場合には「内在的努力」の語を用い、身体の位置が移動する場合に行使される努力については「共通の努力」の語を用いるようにした。

6　このことはアズヴィが明確に述べている。「恐らく【『試論』の：引用者註】非志向的な努力は、『思惟の分解論』が既に述べていた内在的努力にとってかわるものである。だが『思惟の分解論』においても『直接的統覚』においても、重点は自我の現前の受動性にではなく、この努力が人格的同一性に与える基礎に置かれている。」(Azouvi, 1982, p.89 note)

7　「能動的な自我と抵抗との二重性を含む根源的事実の発見の後では、メーヌ・ド・ビランは自我の同一性を説明するため

に記憶に訴える必要はない。」(Gouhier, 1947, p.204)

8　なお、ビランのうちには後年になってもやはり断続的な努力から自我の持続を構成しようとする発想が見られる。これは「トラシ氏の観念学についてのノート」に見られるが (cf; A, XI-3, p.20)、私たちの見るところ両立は不可能な二つの発想のうちで、ここでは『試論』の記述に従ったことを明記しておく。

9　なおここで「享受」という言葉を用いているのは、本書でも幾度か引用しているミシェル・アンリがその主著『顕現の本質』において見出す自己性の構造としての自己享受が、ビランの内在的努力の記述と近いと考えてのことである。以下のテキストを参照のこと。「自己の経験をもつもの、自己を享受し、この自己享受、この純粋な自己経験に他ならぬもの、それは生である。」(Henry,1963,p.354)

10　もちろん事柄それ自身を捉えれば、人間という存在者は肉体の位置を変える場合も、各々の肉体的条件に従って、何らかの部位（例えば腰であり膝であり、場合によっては手であるかもしれない）に志向的に働きかけなければならない。ただし本書に於いてはこうした条件はあえて考察しなかった。ビランが身体の位置移動は「共通の努力」による、と述べているのは、彼が、身体の位置移動を肉体を持つ存在者一般について考察し、そのときに各々の存在者が身体の全体を用いているという事態を強調しているからであると私たちは解釈したからである。

11　次のテキストも参照のこと。「だが、活動する動機がある以前に、運動ないし活動の権能が確かに存在するし、この運動が道具となる前に、運動はそれ自身で意志の固有の目的ないし項であったのだ。」(A, VII-1, p.124)

12　ビラニスムを多少越えることになるが、メーヌ・ド・ビランがここで、体を動かすことそれ自身の快について語っていれば、さらにビラニスム全体の整合性が増したのではないだろうか。この議論において固有身体を動かすことが何ら外的な対象により動機付けられてはいないにせよ、やはり固有身体を動かす動機は必要だからである。

13　「このような考え」とは、身体を、アンリ自身が依拠する「根源的な内在の場」における主観的現象として理解する考えを指す【引用者による補足】。

14　本文にあるように、ビランは、固有身体の認識に関するコンディヤックの議論を批判しているが、固有身体の対象的認識（「手に取ることが出来、可視的で、描かれている延長への私たちの身体の諸部分の整理」）については、コンディヤックの分析を評価する。「この問題【固有身体の対象的認識の問題:引用者註】について私たちが詳細を述べることも出来るが、コンディヤックの諸分析の後ではそれも無駄なものだろう。彼に欠けていたのは、彼が考慮することのなかった内奥感の諸事実から得られる基礎だけである。」(A,VII-2,pp.288f)

15　なお、ビランの身体論に対して卓越した研究を捧げているミシェル・アンリは、これらのテキストを極めて重視している。Henry, 1965,p.81 並びに Henry, 2000, p.202 を参照のこと。後者では、次のコメントが加えられている。「私たちの根源的な身体性とは、手が移動することによって諸部分が限界付けられる、そのような身体ではない。そうではなく、触れて輪郭を確定するために私たちの固有身体上を移動する限りでの、手それ自身である。」(Henry, 2000, p.202)

16　ヴァンクールが既に、この必要性を指摘している。「この有機的空間がいかなるものであるかを私たちは説明しなければならないが、これは二重の形式で現れているように見える。あるいはむしろ、これは二つの段階から構成されている。」(Vancourt, 1944, p.183)

17　なお、この「内的空間」という言葉は、『思惟の分解論』の改訂稿で初めて現われる(「意識の事実が完成するために自我がそこから自らを区別する固有身体の内的空間」(A, III, p.432))。アズヴィは次のように述べている。「『思惟の分解論』の第二並びに第三セクションを改訂しようという目的で一八〇五年を通じて書かれた草稿に見られる少なからぬ新しさの一つは、内的空間の登場である。」(Azouvi,1995,p.228)

18　ビランが引用したライプニッツのテキストをラテン語原文で掲げておく。**"cum dico extensionem esse resistentis continuationem, queris, an ea continuatio sit modus tantum?"** (Leibniz au P. Des Bosses du 21 juillet 1707, Gerhardt, t.II,p.339) その後の部分も重要であると考えるので、併せて邦訳を掲げる。「私が延長とは抵抗する連続体であると言うと、あなたは、この連続体は様態に過ぎないのかとお尋ねになるでしょう。私は次のように言います。この連続体は、連続するないし反復される事物に対して、数が数えられるものに対するように振舞うのです。恐らく単純な実体は、たとえこれが延長を持たなくても、少なくとも一つの位置を持つのであり、これが延長の基礎なのです。なぜなら延長とは位置の同時的反復であり、これは私たちが線は一点の流れから生じると述べるようなものなのです。というのも様々な位置が、この点の痕跡に見出されるのですから。しかし能動的なものは、能動的ではないものの反復ないし連続からは生じません。」

19　アズヴィはこの身体の分節を行う機能と、言語の機能との同一性を見出している。「従って、意識は、自らが時間的継起のうちに記入するより判明な諸部分へと連続体を分割するのに応じて、増加していく。こうすることで、意識は言語の機能と同じ手続きを踏んでいる。私たちは、意識のこの本質的能力が集中している能動的能力を、分節化と呼ぶこととしよう。」(Azouvi, 1983, p.477)

第三章 反省的諸観念

原理の必要性と、その源泉を外的経験にのみ求めることの不可能性

諸々の知の統一を目指し、かつこの統一を自己の現存と結びつけることを課題とするメーヌ・ド・ビランにとって重要なのは、諸々の〈現われ〉の秩序を構築する諸概念を、〈私〉の始まりの経験たる「根源的事実」のうちで捉えることである。

私たちは日々の生活を送るに当たり、様々な〈現われ〉を経験しながら生きている。ところで、これらの〈現われ〉は、一つ一つがばらばらの繋がりを持たぬものではなく、その相互の間に何らかの秩序が見出されるものである。もしもそうした秩序がなければ、私たちは一つ一つの〈現われ〉をただ、それだけのものとして見るのであり、その各々はひたすら相互に無関係なものとなるだろう。ビランはこの次第を、因果性の概念を採りあげつつ次のように述べる。「もし事情が別様であり、この関係【因果性：引用者註】が存在しなければ、人格的個体性も現実存在せず、そのとき諸印象は単純で純粋に触発的なものとなるだろう。」（A, IV, p. 117）だが実際には、私たちは諸々の〈現われ〉の間に秩

序を見出しながら生きている。そしてこれらの秩序が存するからこそ、私たちの生はやはり可能となる。そうであるならば私たちは、私たちが諸々の〈現われ〉の秩序について語る際に用いている諸概念（ビランはこれを反省的諸観念と呼ぶ）の存在論的な地位がいかなるものであるのか、これを明示しなければならない。

当然のことであるが、経験論の要請に従って超越的な審級を認めないビラニスム期のメーヌ・ド・ビランにとり、これらの諸概念をア・プ・リ・オ・リなものと想定し、経験に現われない審級にこれらの諸概念の起源を求める（そしてさらにはこれらの諸概念の地位に相応しいように自我の存在論上の地位を改変する）観念論の議論を受け容れることはできない。「何らか生得的なものを想定することは分析の死であり、哲学者の絶望の一撃だ。」（A, VII-1, p. 154）ビランにとっての問題は、諸概念がよってくるべき経験を指示し、この経験における諸概念の生成を確証することに他ならない。

しかし他方でメーヌ・ド・ビランは、これらの諸概念の根拠を専ら外的経験に求める経験論にも反対する。彼らは「経験」の範型を専ら外的な経験に求め、外的経験の連なりが、経験を司る諸概念を人間に告げ知らせるとする。もちろんここには、ビランが容易に非難しうる矛盾が潜んでいる。彼は経験論者たちの試みを次のように批判する。「後者の経験【外的経験のこと：引用者註】に完全に基礎付けられた学説を主張する哲学者たちは、生得的ないしア・プリオリな諸原理を、正当に追放した。そして、人が原理という名で呈示する諸概念を、記号に関する理論がそれらの形成について一切の秘密を解明しうるような類的な諸概念と見なし、これに基づいて、彼らはこれらのカテゴリーを科学の最終的な結果として位置付けたのであり、これらを科学の基礎と考えはしなかった。」（A, VII-1, p.15）

この批判の射程は大きい。

経験論者たちは諸原理を、「記号に関する理論」に基づく類的な諸概念と同列のものと見なしている。しかし、一般的な類的抽象概念が成立するとき、類的抽象概念はそれ自身のみで存在しえない以上、この概念の実在性はこの概念に付けられた名辞の実在性に依存している。つまり類的抽象概念は、記号が付されることで初めて思考可能なものとなる。観察され、比較と類似性とに基づいて抽出された類的抽象概念は、名前を付されて初めて実在性を得る。だからこそこれらの概念は、「記号に関する理論」によってその形成の過程が明らかにされることになる。

また、類的抽象概念は、原理的に恣意的に形成されうることに注意しなければならない。即ち、類的抽象概念の形成には複数の個物の観察が必要だが、この観察が拠って立つ視点により、類的抽象概念は恣意的に形成されうる（これはもちろん、あらゆる類的抽象概念が同列に恣意的である、と述べているわけではない。類的抽象概念に潜む原理的な恣意性を指摘しているだけである）。

また彼らは上記の第一の見方（諸原理を経験的な類的抽象概念と同列とする見方）に基づいて考察を行ったために、諸原理を、経験の結果獲得されるべきものとしている（これは例えば、「賢明に一般化された諸現象」（A, III, p.316）としての、引力や磁力といった、物理学の主要な諸概念が、長期に渡る経験と実験との結果獲得されるように、ということである）。だが、経験論者たちがあらゆる知識の源泉として理想化する外的経験のうちには、最初から諸原理は入り込んでいないのだから、結局のところこれを何度繰り返し経験しても、諸原理は決して生じないことになるだろう。

つまり彼らは、すべての知性的な存在者に原則的に了解可能であることが要請される諸原理を、その実在性が名前の実在性に依存するような、そして原理的に恣意性を孕んだ、経験の結果獲得される概念と同列のものであると主張していることになる。

ところで私は今、「すべての知性的な存在者に原則的に了解可能であることが要請されている」と述べたが、もし諸原理がすべての知性的な存在者に了解されるものである（少なくともそのように要請されうる）とすれば、それらの諸原理は、これらの存在者が正にその存在を汲み取るような経験に、その源泉を求められるのが相応しいだろう。なぜならば、諸々の〈現われ〉の秩序を了解するということは、存在することによって確立される〈私〉の能力の行使であり、そしてビラン自身が「実存それ自身と一致した学の起源がある。」(A, III, p.428) と述べているからである。

では、この反省的諸観念の源泉は、どこに求められるべきであろうか。今しがた引用した『思惟の分解論』のテキストを、その前半部を含めて改めて引用しよう。

「私が脳の一点に位置づけることも、これと混同することもできない、また自我の外において了解すればその観念を歪めてしまうこの力、私はこれを潜在的で働きを待っている状態においては魂と呼び、この力がそれ自身の感知と共に活動を開始すれば、自我と呼ぶ。そして、この始まりをしっかりと捉えることが大切なのだ。私にとっては、ここにおいて、そしてここにおいてのみ、存在論的ないし抽象的ではなく、実在的ないし感知される、実存それ自身と一致した学の起源がある。」(ibid.)

〈私〉が力を感知し活動を開始すること、つまり〈私〉の実存が確立される根源的事実のうちに、〈私〉の実存それ自身と一致した学、つまり諸原理の体系の源泉が求められなければならない。

反省的抽象という方法

だがこれら諸原理は、根源的事実からいかに導かれるのだろうか。先に引いたビランの経験論者に対する批判から明らかなように、いわゆる一般的な類的抽象によってこれらの概念を獲得することは出来ない。問題は、根源的事実を論じたときと同じく、論証することではなく確認することである。「原因、一、同一、【という諸原理：引用者註】がその源泉において内奥感の事実に一致するなら、これら問題になっている諸原理の起源を認め、これらがア・プリオリな概念ではないことを見るには、問題はもはや、この事実の性質を確認することだけである。」(A, VII-1, p.14)

そしてこの確認の手続きこそが、ビランが「反省」と名指す手続きである。だからこそ、反省と名指される手続きによって取り出される諸原理は、反省的諸観念とも呼ばれるのである。そしてこの反省的諸観念は、「あらゆる思惟の条件であり、学の基礎に位置づけられる。」(A, VII-1, p.153)

　これらの諸原理を取り出す手続きを巡る決定的な言葉は、既に『直接的統覚』に現われている。反省的諸観念、つまり諸原理の存在論的な地位は、自我がいわゆる一般的な抽象の手続きによって取り出すものではなく、根源的二元性を常に孕む諸事実、これのうちの必要条件である自我の現存の感知、即ち優れて存在するといわれうる「自我」の感知である根源的事実の構造から、自我が自らを抽象することによって獲得される。そもそも根源的事実における自我の概念からして、これは抽象されるものではなく、自らが抽象するものである、ということになる。根源的事実において確認される〈私〉、即ち、「一にして単純、同一にして実体的である現存する自我」とは、「抽象されたもの (*abstractus*) というよりはむしろ、抽象するもの (*abstrahens*)（あるいは自らを抽象するもの (se abstrahens)）である。」(A, IV, p.22 note)[1]

　〈私〉とは、感覚論や観念学の人々が主張したような諸々の経験の諸様態から抽象されるものではない。先に論じたとおり、ビラニスムの枠内では、対象の属性から通常の意味で「抽象されたもの」（個々の事物の属性の比較を前提とし、それら事物に共通する属性として抽象された上で記号を付けられたもの）が持つ実在性は、これに与えられた記号と同じ程度のものでしかない。[2] 複数の赤い個物から抽象された「赤さ」は、この「赤さ」という言葉と同じ程度の実在性しか持たず、それ自身としては存在し得ない。あるいは諸々の物体の落下現象を、これを取り巻く諸条件を考慮しつつ観察する事で獲得される「賢明に一般化された諸現象」(A, III, p.316) としての重力には、学問上の要請からしてもまたその取り出しの手続きからしても、実在性を認めることはできない。そして、もしも〈私〉が抽象によって獲得されるのだとするならば、〈私〉の実在性は上で引いた「赤さ」や「重力」と同じ存在論的地位しか得ないことになる。しかしこの帰結は、〈私〉が実在的に確証されるとする根源的事実の所与と明らかに矛盾する。

また、外的現象に関して行われる類的抽象との差異を述べれば、類的抽象を行う場合には、観察される個物の数が多ければ多いほど、取り出された抽象概念への信用が高まるだろう。つまり、外的現象から取り出される概念への信用は、観察の回数に依存する。それに対して反省的抽象においては、取り出される反省的概念への信用は、これが確認される回数には依存しない。抽象するものとしての〈私〉の存在は、根源的事実において自らを確認することで定立されるのであり、一挙に自らの存在を確認する（ただし前章末尾で述べたように、自我と関係する身体の項が増加すればするほど、〈私〉の現存の感知がより高まるという構造はある）。

そしてこの自己の現存を抽象し確認する手続きの中で取り出された自我の存在の諸様態こそが、反省的抽象観念と呼ばれる概念である。

次のように言い換えてもいい。反省的抽象とは、自我が自らを根源的事実から自己抽象し、このときの自我の存在性格を純粋な形で取り出すことで、諸概念を獲得する手続きであり、ビランの言葉を借りて言えば、「反省の作用はいわば、自我の感知から属性の諸観念を浮き上がらせる。」(A, XI-2, p.79) 問題は、私たちが様々な〈現われ〉のうちに秩序を見出すときに用いる反省的諸観念を、根源的事実と照らし合わせて確認することなのだ。「存在、実体、原因、一、同一、これらの観念を持つには私たち自身を熟視するので十分であれば、これらの諸観念の各々は従って、その直接の起源を自我の感知のうちに持つ、ないしこれらは表現において一般化され、言語の様々な形式においてはいくつかの側面において呈示されている自我に他ならない。これらの観念の各々は、それが内奥感において保持している個的で普遍的範型へといつも連れ戻されることが出来る。」(A, VII-1, p.154) ヴァンクールの言い方を借りれば、「何にもまし

3 て問題なのは、自我の直観のうちに、実存的な実在性が提示する諸側面を意識することである。」(Vancourt, 1944, p.147)

反省的抽象と一般的な類的な抽象との違いについてビランは次のようにも述べる。

「精神がそれぞれ逆向きに進む二種類の手続きを観察する必要がある。一方では、精神が感官に与えられた対象ないし外的事実の表象から出発して、類、法則、諸現象の一般的原因へと徐々に進んでいく。他方では、精神は内的観察によって与えられた事実から出発し、そこから、同じ段階に属する諸事実を演繹し、あるいはこれと関係付ける。

後者の場合、諸観念ないし事実は単純になり、原因ないし活動する力の意識と同一の自我の意識にまで同一化する。前者の場合、すべては一般化され複雑になって、これまた自然学者たちがやはり原因と呼ぶ、より一般的な観念へと到達する。」(A, VII-1, p. 55: 強調は引用者による)

反省的諸観念の源泉に至るには「原因ないし活動する力の意識と同一の自我の意識までに同一化」することが要請される。ここでは「同一化」という言葉に注目しよう。

ビランにおける「同一化」という言葉は、後述するように自我が自我ならざる触発の影響に服するときの存在の様態を特徴付ける(第三部第一章参照)。このとき、自我は自我ならざる触発を引き起こす力と同一化し、その存在の様態は混濁する。

だが上の文章で発せられる「同一化」という言葉の意味は全く異なる。ここでは〈私〉は、触発ではなく、〈私〉を構成する力それ自身に同一化している。反省的抽象においては、自我は自我ならざるものを捨象し、自我自身と同一化し、その自我が持つ諸能力を確認する。そして、自我が自らを構成する力と「同一化」して、自らの個的な感知を確認するからこそ、反省的諸観念は獲得されるに際して、個的であると言われる。そして、このようにして取り出された自我、偶然的な要因を切り離し、固有身体との関係性の中で純粋化された自我が、一体どのような側面を持つのか、これを取り出すのが、反省的抽象の営みである。

外的経験に適用される反省的抽象概念

ビランが反省的抽象によって取り出すのは、『試論』の記述に従えば[4]「力」「実体」「原因」「一性」「同一性」「自由」「必然性」の諸概念である。〈私〉は自らに同一化すればするほど、これらの属性を持つ存在者として自らを見出すことになる。

「原因」の概念を始めとする諸々の反省的諸観念は、根源的事実のうちで確証されるのであり、この概念の起源を存在の別の領域に求める必要はない。根源的事実とはビランにとって人間の「知的でモラルな」(passim.) 生が始まる領域であるが、この始まりに、因果性の構造も力も含まれているから、自我は世界と出会うときにもそこに原因や力を見いだすことが出来る。ビランは外的諸現象に反省的諸観念を適用する人間の能力を「信憑」(croyance) と名づけ、次のように述べる。「私が自らを、原因、力、主体的に一であるものとして認識する、つまりそのようなものとして自分自身に対して現存する限り、自然の中に、原因、力、統一性があると私は知る。いわば学の確実性と意識の要請とによって、つまり内奥感の根源的諸事実が私たち自身の現存、つまり同じことだが私たちの原因性を明らかにするのと同じく余儀なく抗いがたい仕方で、外的な原因と実体への信憑を要請する帰納の第一の能力の権威のみによって、私たちはこのことを知る。」(A, VIII, p.164) ビラニスムにおいて解釈の困難なこの「信憑」の概念について詳述することは避けるが、ただし「因果性」の概念が帰納に基づく信憑によって外的事実の了解のために適用される過程については、第三部第二章で再び取り上げることになる。[5]

ビランが「反省的諸観念」と呼ぶこれらの観念を、アンリはカテゴリーと名付けるが、彼は「カテゴリーとは決して観念ではなく、世界を生きる様式、自然的な生の構造である」(Henry, 1965, p.45) と述べる。〈私〉が生きる様式が既に因果性の構造を含んでいるからこそ、私たちは何らかの事象についてその原因を探求することが可能になる。〈私〉は他なるものとの出会いの中で、あるときは自己を原因として認め、あるときは自我ならざるものが原因となることを感知し、この原因を求めることになる。自我は、その生きる様式に従ってのみ世界と関係するのであり、その存在の構造と照らし合わせて、世界を解釈する。[6]

註

1 以前にも触れたが、観念学派は「感覚すること」を原理とし、かつその様態を明示化することなく各々の触発に自我の存在を想定しながら (cf.「感覚するというのは私たちの実存の現象であり、私たちの実存それ自身である。」(Tracy, 1804 → 1977, p.36))、然る後に自我はこれらの様態から抽象されるものであると述べる。以前にも引用したが、次のトラシの言葉を参照のこと。「イデオロジーの流儀では、自我とは、総体をなしている感覚する諸部分の全体から抽象される観念である。自我とはこれらの結果なのだ。」(Tracy, 1798 → 1992, p.60:「抽象される」の強調は引用者による)

2 次のビランの言葉を参照のこと。「すべての一般観念は記号、純粋な名辞に過ぎない。」(A, VII-2, p.327)「人間という術語によって表現される類の観念を形成するために、ピエールとポールのうちに類似して認められる感覚的質をすべて抽象するとき、この観念が対応する実在的な存在者はない。」(A, VII-2, p. 331) もっとも、ビランが一般的抽象観念に記号に付与される以上の実在性を認める箇所もある。「一般的抽象観念には、実在論者が想定したよりは少なく、唯名論者が想定したよりは多くの実在性が含まれている。」(ibid.) このような場合にはビランは、一般的抽象観念の形成の前提とされる「一性」

などが、実的な反省的諸観念を前提していることを考慮していると考えられる。次の記述を参照のこと「一般的術語とは事物やイマージュの記号ではなく、抽象することや一般化するという作用の記号であると認めることで【…以下略…】」(A, VII-2, p.386)

3　アンリはこの事態を次のように表現する。「ビランの諸カテゴリーの演繹は、実のところ演繹ではなく、【…略…】むしろエゴの現象学的諸性格の単純な読解である。」(Henry, 1965, p.32)

4　『試論』第一巻第二セクション第四章「内的統覚並びに根源的事実と、実体、力ないし原因、統一、同一性などの諸観念との関係について」(A, VII-1, pp. 153-200)

5　ただし、〈私〉が自己抽象することで取り出される反省的諸観念が、抵抗を本質とする外的物体（第三部第三章第二節参照）について得られる諸概念と類比を持つことを指摘する次のテキストは引用しておく。「ここ【能動的触覚の行使：引用者註】では、外的な力、原因、統一、同一性、実体といった対象的に了解される能動的触覚の感官の諸概念と、私たちの活動の内密な反省から取られた単純な諸観念の間に、極めてはっきりとした類比(analogie)が支配している。」(A, III, p. 219)この類比が、反省的諸観念を外的現象へと適用する動因となっていると想定することも可能だろう。即ち私の行為の一様態である能動的触覚は、世界の様々の事物が〈私〉と類比的な構造を持つことを明らかにし、〈私〉の諸属性が世界のうちの様々な存在者にも見出されるという信憑を促進すると想定することができる。ただしビランはここで「信憑」の言葉を用いてはいない。

6　ベルッシはこの構造について、「世界は私にならって考えられる。」(Baertschi, 1982, p.137)と述べる。またアンリは、「あらゆる事物はその存在の中心に人間の運命のイマージュを孕んでいる。世界は私のものたる生によって縦断されている。私は世界の生なのだ。」(Henry, 1965, p.44)と述べる。

第三部　ピラニスムにおける認識の諸体系

第二部において私たちは、ビラニスムの理解に必要な基本的諸概念を整理してきた。その過程で絶えず確認されたのは、自我の能動性の契機と有機的身体との関係性であり、この関係性を集約して表現する「根源的事実」が、人間的認識の構造のうちに不可欠の契機として含まれていることであった。

この第三部では、第二部での整理を踏まえた上で、メーヌ・ド・ビランが記述した認識諸体系の記述を見ることにする。即ち、第二部で確認された諸概念が、現実の人間的経験の様々な段階において具体的にいかなる役割を果たしているのか、これを見ることが、第三部の課題となる。

これは、次のことを意味する。第二部において私たちは、努力に於いて構成される〈私〉を、専らその意志的努力の対象項である身体との関係においてのみ分析してきた。しかし現実に私たちが自らの実存を見出す世界において、〈私〉は固有身体へと働きかけることで、意志に対する抵抗として感知される身体とは別種の〈現われ〉を受け取ることになる。即ち、意志的努力に服する身体の諸部分は、努力により目覚めた状態に置かれれば、各々の特性に応じて、「見え」「音」「触圧」「匂い」「味」といった〈現われ〉を私たちにもたらすことになる。そして私たちは自らが創造する努力とは異なって、これらの〈現われ〉を専ら受容するしかない。しかし他方で私たちは、これらの〈現われ〉のうちにもまた秩序を見出していこうとする。

身体に意志的努力を行使することで構成される〈私〉が、これらの〈現われ〉を受容しつつ、その努力の行使に応じて、いかにそれらの間に秩序を見出していくのかが、この第三部において明らかにするべき事がらである。そして前もって言えば、努力の強度に応じて、〈私〉に現出する秩序も増していく、というのが、〈私〉と世界との基本的な関係である。

ビラニスム期におけるメーヌ・ド・ビランは、〈私〉の認識諸能力の生成を、「体系」という術語を導入して段階的に追及する。この姿勢が特に顕著な『試論』を例にとれば、主体の認識諸能力のあり方は、「触発的体系」「感覚的体系」「知覚的体系」「反省的体系」の諸体系へと割り振られ、各々の体系における〈私〉と世界との関わりが論じられる。あるいはこう言ってよければ、各々の体系における〈私〉が、自らを構成する努力の様態に応じて、自らに対して現出する〈現われ〉の総体である世界について、どのような秩序を語りうるのかが問題とされている。このプロセスの最終的な目的のひとつは、〈私〉が世界と交渉する中で行使する能動的諸能力がまさに〈私〉の諸能力であることの自覚であり、言い換えれば、いかなる意味で〈私〉を原因として自己評価しうるのかを記述することである。

この第三部において私たちは、これら各々の体系の特質を細かく吟味し、メーヌ・ド・ビランが人間的認識能力の諸体系の差異をどのように考えていたのか、そして人間の生における各々の体系の意義はいかなるものであるかを詳細に追求することとする。

ビランが記述した人間諸能力の体系を論ずる意義について一言述べておきたい。ビランの言う「触発的体系」「感覚的体系」「知覚的体系」「反省的体系」の各々は、努力の強度に従って配列されており、一見、触発的体系から順に反省的体系に向かって価値が高まるかのような外観を呈している。しかし私たちはそのような発想はとらない。各々の体系は努力の強度（ないしその不在）、並びに努力が向かう対象によって定義されるが、各々の間に価値的な優劣があるわけではなく、それぞれが人間の実的な存在の様態である（もちろん学的な方法としての「反省」が、人間的諸能力を記述する学的な場面においては、他の諸能力に比べて価値を持つなどといった、条件に従っての優劣はある）。従って、「反省」を用いる人間が触発の影響を激しく被ることもあれば、知覚的体系にありつつ疲労した〈私〉が、自らを構成する努力を意図的に緩め、「感覚的体系」に身を置くこともありうるのである。私たちが目指す作業は、各々の体系の諸能力が、それを構成する努力の強度ならびに対象に応じていかなる〈現われ〉を受容するのか、またそれらの〈現われ〉のうちにいかなる秩序を見出すのか、これを明らかにすることである。

この作業に取り掛かるに先立ち、いくつか注意を払っておきたい。

まず、メーヌ・ド・ビランは認識する〈私〉の経験を記述するに当たり、コンディヤックのように外的な視点、つまり観察者の視点からではなく、まさに経験をなしている〈私〉の視点から記述を行っている点を十分銘記しておきたい。ビランはその記述の方法について、明らかに『感覚論』の方法を意識している。コンディヤックが嗅覚のみを持つ立像にバラを近づけることから記述を始めたように、ビランもまた、自らが取り出した「はじまり」である「人格」に対して様々な〈現われ〉が到来する場面からその記述を開始する。しかしビランが取り出したこの「はじまり」は、対象的に観察された立像ではなく〈私〉自身なのであるのだから、ビランのテキストを読む私たち自身も、その促しに従い彼が記述する自我の存在様態を追体験することを、原理的に要請されている。私は、〈私〉である限り、感覚特性のみを備えた立像ではない。もし〈私〉がそうした立像となってしまうなら、そのときビランが見出した〈私〉は見失われてしまう。この一点を見逃せば、ビラニスムは決して理解されないことに、私たちは十分に注意を払わなければならない（なお後述するように、この注意は触発的体系には適用されないことを、前もって述べておく）。

第二に、ビランの記述それ自身は、認識する〈私〉が反省的体系に到達していることを条件としていることに注意を払っておきたい。つまり〈私〉の認識諸能力の生成を記述するビラン自身は「反省的体系」のうちにいるのである。例えばビランが「知覚的体系」を記述しているとしても、その記述を遂行するビラン自身は、「反省的体系」にある諸能力を行使している。確かに、「知覚的体系」を特徴付ける能力としての「注意」に関する記述は、確かに〈私〉がこの「知覚的体系」において行使している諸能力についての記述でしかありえない。しかし、この記述自体が可能となるには、主体は反省的体系に到達しなければならない。なぜなら、自我の能動的諸能力の諸様態を記述する視点それ自身は、反省的体系において初めて獲得されるからである[1]。従ってビランのテキストを読むものは、ビランが記述する諸体系の能力を自ら確認すると同時に、これを記述するビランの立場に身を置くことを要請される（実はこれはビラン的な意味での反省的作業である）。

このことを、ビランのテキストから例を挙げて説明しておこう。

後に述べるように、ビランは、私たちが外的物体について抱く第一の観念は「知覚的体系」において形成されると考えている。ところで、「何が外的物体の第一の観念を構成する要素であるか、そしてこの観念が私たちの精神に生まれるために必要な要素が何であるのかを決定することができる」のは、「反省によって」（A, VII-2, p.293 note: 強調は引用者による）である。「注意」によって特徴付けられる「知覚的体系」の記述を可能にするのは、「注意」とは異なる、（ただし〈私〉の意志的な活動であることに変わりはない）「反省的体系」を統べる反省なのである。諸体系の記述は、反省的体系の成果なのだ。この点を見失わないようにしよう。

最後に、ビランの認識体系の説明の最初を占める「触発的体系」には、上記の第一の注意と第二の注意が当てはまらないことに注意しておこう。「触発的体系」は、ビランが記述する四つの体系の中で、独自の位置を占めている。

まず、第一の注意が適用されないことについて述べる。私たちは、ビランの記述が常に〈私〉の視点においてなされていると指摘したが、「触発」のみが支配する段階においては、ビラニスムの構成上〈私〉は存在し得ない。従って〈私〉は、純粋な触発を経験することはできない（後述するように部分的触発は〈私〉の経験内容として規定されるが）。この体系の記述に関しては、ビランの読者は、〈私〉でありつつ同時にビランの記述を追体験できない。純粋触発は、常に〈私〉

の意識を逃れている。触発的体系を記述するには、〈私〉が触発と同一化してしまうのではなく、触発を被っている存在者を観察し、その存在のありようから、触発が人格的存在者に及ぼす影響を測定する必要がある。

次いで、第二の注意が適用されないことに関して一言述べておく。先に述べたように、ビランが行う人間的諸能力の記述は、反省的体系において初めて可能となる。しかし触発的体系に関して言えば、これは反省的体系によってその記述が可能となるわけではない。反省的体系に到達することで可能となるのは、原因としての〈私〉が産出する諸様態についての記述であり、「自我において自我なく」産出される諸々の触発について、反省的体系は何も述べることができない。触発的体系の働きを語るには、生理学の援用が必要となる。

繰り返して確認するが、こうした記述の構成上からも、「触発的体系」は、他の三つの体系と比して、独自の地位を占めている。

第三部において私たちは、上記の点に注意を払いつつ、メーヌ・ド・ビランが詳述した人間的認識能力の諸段階を見ることとする。

なおこの第三部におけるメーヌ・ド・ビランのテキストの取り扱いについて一言述べておく。第三部においては、基本的には『試論』、特にその第二セクションの記述に従って、記述並びに分析を進めることとする。いわゆるビラニスムが成立したとされる『思惟の分解論』、あるいはその後の『直接的統覚』においても、人間の認識能力の体系の諸段階という発想は見られるが、細かい道具立てに関しては、『試論』を含めたこれら三著作の間に、少しずつ差異が見られる（特に「共通の努力」の役割、「直観」の位置づけなどに違いが見られる）。そしてさらに言えば『試論』が、人間的経験に対する忠実さ、並びに記述の具体性という意味でもっとも充実している、と私は考える。従ってここでは、基本的には『試論』の記述に基づきつつ、これを助ける表現が見出されるときには『思惟の分解論』並びに『直接的統覚』（あるいはその他のテキスト）を用いることとしたい。もちろん、これらの著作のうちに大きな差異が見られるときには、随時それに分析を加える。

註

1　従って、ビランのテキストを読む私たちは、ビランの記述対象である自我の諸能力の経験を追体験すると同時に、ビラン自身が身を置く「記述を行う」立場をも追体験している。そのとき〈私〉は二つの様態に分裂しているのではない。このような二つの行為を行いながらも同じ〈私〉であり続けることができるところに、〈私〉の存在の独自性がある。

第一章

触発的体系——自我と生命の交錯

「触発的体系」は、正確に言えば、知的諸能力の体系ではなく、それらとは異質の諸力の体系である。「触発」はビラニスムの枠内では、原理的に自我の認識能力とは無縁であり、人格性の諸形式である時間や空間を逃れるがゆえに、認識の対象になりえない。しかし触発は、意志的努力によって構成される人格的生に多大な影響を及ぼしている。その事情は、たとえ自我が〈反省的体系〉の諸能力を行使することができるようになっても変わらない。先に述べたように、触発的体系を司る諸力は、〈私〉が行使する諸能力の体系においても、人格のあり方に影響を与える。努力によって構成される自我の諸能力と、触発を引き起こす諸力との交錯は、ビランにとっての第一の所与である。両者の交錯についてビランは「この種の二重性はそれ自身内奥感の事実である。」(**A, VII-2, p.214**) と述べる。

この事情を記述するテキストを、多少長くなるが引用する。

「自らのうちに二種類の能力を統合する人間は、二種類の法則にも参与する。つまり、感覚する有機的存在者としては、その全体的生は、いくつもの部分的な諸機能ないし諸印象の結果であり、これらは絶えず人間を触発ししばしば盲目的に人間を導くが、人格はそのことを知らず、いささかもそれに参与しない。しかし運動し思惟する存在として、人間は関係と意識の生を与えられている。彼は単に生存し感じているだけではない。彼はさらに、その個体的実存についての観念、統覚を有する。彼は、自らを取り巻くものとの諸関係を統覚し、自らに固有の能動性、努力の権能を行使して、部分的にはこれらの諸関係を創出しさえし、諸関係を拡張し、諸関係を絶えず変化させる。」(A, III, p.391)

このテキストの後半にある、自らの個体的実存についての観念、統覚を有する存在者とは、根源的事実において構成される〈私〉である。ところで、〈私〉は自らが自由にできる諸能力を行使するだけではなく、「自我のうちで自我なく」活動し「絶えず人間を触発し、しばしば盲目的に人間を導く」触発から、絶えず影響を被っている。

自我の能力と触発の力との共存は、両者の間に闘争を引き起こすほどに、自我に対して影響を与えることもある。「人間の目覚めの状態を構成する諸現象の継起のうちで人間が服する、運動と活動との二つの原理の存在、特にこれら二つの原理の間を支配する対立と葛藤とは、人間を引きずりまわす食欲や触発や情念が、その衝撃を抑えようとする力強く活力ある意志と闘争状態に入るとき、もっとも明らかになる。」(A, V, p.94) 触発的な諸力は、〈私〉を構成する努力と闘争状態に入ることとすらある。

もっとも、後述するように、これら諸力は人間の最初の行動の動機をもたらし、あるいは努力が行使する運動を準備するという点で、人格的生を準備するものでもある。その意味で触発と人格とは単純な対立関係にあるのではなく、複雑な交錯を見せるのである。この交錯がいかなるものであるのかを視野に入れつつ触発的体系を分析することが、この第一章の眼目である。

〈私〉の諸能力を捉えるには、まず〈私〉の能力を超え〈私〉に外的でありながら、それでも〈私〉に影響を与える力を測定することが必要となる。「光が始まる地点を認識するために影の部分を輪郭付けてから後、無媒介な内的統覚が何に存するのかという問いに私たちは接近する。」(A, IV, p.83)

触発の一般的定義

ビランは、「触発」を次のように定義する。

「私たちは触発という一般的名称で、自我の参与の外にあり、結果、外的な現存者との認識される関係の外にある、純粋に感覚的ないし動物的な生を構成している、喜びあるいは悲しみといった単純な様態のすべてを理解している。」(A, VII-2, p.201)「感覚全体から人格的な個体性ないし自我を切り離し、それと共に時間や空間の形式をすべて切り離した時に残るものを単純な触発として定義することが出来るだろう。」(A, VII-2, p.209)

つまり触発とは、純粋な形で取り出せば、自我に完全に疎遠なものである。そして人格の誕生がもたらす諸形式と結びつかない以上、触発は事実の対象項ではありえない。「触発を激しく受けるほど、私たちの印象、私たちは知覚や認識を行なわなくなる、つまり、この印象を起こす対象ないし原因が、私たちにとっては事実ではなくなる、という経験がある。」(A, VII-1, p. 3) とはいえ、触発は人間にとって抽象的なものではない。ビランの言葉によれば、触発的様態は、「現在でも私たちの様態の大部分を占めている」「極めて実在的な実存の様態」(A, XIII-2, pp.358f) である。

ところで触発は「喜びあるいは悲しみといった単純な様態」において自我に影響を与えるのであり、自我はこれを自由にすることができず、ただ甘受ばかりである[1]。従って触発は、自我の活動性とは別の原理から説明されねばならない。この原理はどこに見出されるだろうか。

「恐らく実際、最も単純な触発を受容する能力の限界と起源に到達するには、有機的な根源や生ける一点までさかのぼる必要があるだろう。」(A, VII-2, p.210)「触発の痕跡は有機組織のうちには残っている。」(A, VII-2, p.224)

触発を受容する能力は、有機的な根源、生命と関係付けられる。つまり、私たちの有機的身体、ただし、〈私〉の意志に従う限りでの固有身体ではなく、ビランがその思索の最初期から関心を抱いていた、〈私〉の意識の及ばぬ場所で働く身体に関係付けられる。[2]

この身体の働き、有機的身体の諸部分の働きは、それ自身としては、意識の及ばぬところで生じる事がら、言い換えれば無意識のものであり、外的観察の対象にしかなりえない。

しかし、意識に何らか影響を与えるものとしての触発は、私たちの能力が捉える対象となりうる。この事態を論じるには、一方で触発を何らか感知する能力（この能力については次節で述べる）が必要であり、他方で、有機的な根源、生命と関係する諸現象を観察する生理学の協力、つまり外的事実の観察の協力が必要である。「専ら感覚するものとして考察された内的人間」（A, VI, p.107）を共通の主題とする心理学[3]と生理学との協力が必要になる。生理学の協力を得た心理学は、ビラン自身が提案するように「混合的心理学（psychologie mixte）」（A, VII-1, p.50）と呼ばれるのが相応しい。

最初に、ビランが触発を内的に感知する可能性をどのように考えていたのか、これを確認することとしよう。

「内的触知」「無媒介の触知」といった表現を巡って

ビランはそのテキストの全体を通じ、人格としての自我に働きかける触発を論じるにあたって、極めて慎重な姿勢をとっている。ビランにとって触発は「事実」ではなく、想起しえないものである。しかし、触発は「事実」ではなく〈私〉の記憶をも逃れている、という規定に関しては、やはり素朴な疑問を発せざるを得ない。「この【触発に関する：引用者註】想起と反省の二重の無には問題がある。この無は統覚と触発性の間にはっきりとした傷を残すし、触発について語ることを不可能とする危険を持つ。だが意識は触発について語り続けるし、彼の日記はそれを明らかにする輝かしくまた素晴らしい証言なのだ。」（Bégout, 1995, p.214）このベグーの言葉は極めて素朴ではあるが、ビラニスムにおける触発の問題について本質的な批判となりえている。なぜなら、ビランが自らの被る触発（情感）[4]を倦まず記述し続けたその日記の存在自体が、触発（情感）がやはり〈私〉の経験内容であることを示しているからだ。だとすればやはり、触発（情感）を〈私〉が経験する能力が、ビランのテキストの中に見出されることを示しておくことが望ましいだろう。

事実ビランは、「ある種の生まれつきの単純性（*simplicité native*）のイマージュを提示する【…略…】私たちのある部分に立ち戻る」（A, III, p.370）可能性に言及している。彼はこの可能性を、「内的触知（tact intérieur）」「無媒介の触知（tact immédiate）」といった言葉を用いて示している。触発は自我とは完全に無縁なのではなく、「直観とも反省とも異なりながら同時に両者の性格を帯びているある種の経験」（A, XI-3, p.306）によって捉えられる。例えば『思惟の分解論』では次のように書かれている。

「統覚ないし認識の原理は、完全に内的な生の触発のうちにはないが、それがなぜか、またどのようにかを、私たちは既に見た。これらの触発は、支配的であるときには自ら以外のものもすべて吸収してしまう。ところで、人間が特にモラルという関係において自らを認識するのは、いわば、触発並びにこの触発が生み出すものを測定することによってである。これは触発にある種の内的触知を適用する可能性を前提するが、人間は外からの多くの印象のために上の空で、内的触知を使うには向いていない。」（A, III, p.294: 後の強調は引用者による）

「触発にある種の内的触知を適用する可能性」が、自我が触発を感知するためには前提されなければならない。そしてこの「内的触知」が感知する諸現象が生命に関わる現象として特徴付けられていることは、「直接的触知」という言葉が用いられている次のテキストから確認することができる。

「能力、あるいはむしろ神経の末端に外的ないし内的な何らかの原因（x）によってなされる直接的印象を受容する一般的能力（capacité générale）は、生理学的で自我に外的な視点によって、あるいは私たちがその関係をすでに研究した直接的触知によって観察されうる、生命を持ち単純に感覚的な自然に関する事実をすべて含む。」（A, IV, p.139）「触知」が捉える諸現象は、「生命を持ち単純に感覚的な本性」に関する「観察可能な事実」として特徴付けられる。

恐らくこうした可能性を最も明白に示しているのは、『人間の身体とモラルなものとの関係』における次の記述であろう。

「ところで、これらの動物的な感覚作用は意識や人格性を欠いており、私が純粋な感受作用と表現する単一の状態の域を出るものではなく、その状態に留まっている。従って、感覚作用を感覚作用として識別することができるのは、ただ次の二つの場合のいずれかであるように思われる。即ち第一は、動物的感覚作用がある種の内的触知ないし自然的で密やかな交感によって捉えられる場合である。この内的触覚ないし交感は、どのような反省とも無縁であり、これの働きによって私たちは動物的感覚作用を、まず自分のうちに、ついで自分と同様の身体組織を備えた存在者のうちに、いわばじかに感じ取ったり推定したりする。第二は、生物を観察することで得られる特定の徴、生命活動の状況や機能の研究、そして感覚作用と完全に同一でないにしても、それを直接に引き起こしていると想定される直接的な有機的印象、これらのうちに動物的感覚作用がある程度まで示されている場合である。」（A, VI, p.110: 強調は引用者による）

ここでは「内的触知」という言葉が用いられている第一の場合に注目しよう。次の二点がここから読み取りうる。

第一に「内的触知」という言葉が「自然的で密やかな交感」と言い換えられていることから、触発を感知する内的触知は、自我のうちにありかつ自我ならざるものと交感する能力として捉えられていると言えるだろう。

第二に、この「内的触知」が、自らの動物的感覚作用だけではなく、自我ならざる存在者（「自分と同様の身体組織を備えた存在者」）のうちの動物的感覚作用を感じ取る能力としても規定されていることに注意を払いたい。後述するように、ビラニスムにおける外的物体の構成は、能動的触覚が経験する外的抵抗を核としてなされるが、この構成される外的なものが生命を持つ存在者であるという感知は、恐らくこの内的触知によってなされる、と想定するのが整合的であろう。

「内的触知」はビラニスムにおいて、〈私〉が自らの身体を生あるものと感知し、そして、他者をも生あるものとして感知する事態を説明する概念である。「内的触知」こそが、この世界のうちの「生命」を〈私〉に開いている。従って「内的触知」は、生命に関する諸現象を探求する前提でもある。アズヴィが述べるように「反省的主体に対して非反省的実存を「予感」させる内的触知がなければ、生理学者はなんらか自らがその存在を疑っているものについて、そもそも探求することができるだろうか？」(Azouvi, 1995, p.172)[5]

ビラニスムにおいて、人格として構成された自我が触発を感知する能力は、「触知」という言葉に全面的に表現されている。

触発と自我との同一化

触発は内的触知によって、「生命」の働きと結び付けられながら感知される。しかしビランは他方で、触発の認識不可能性、あるいは想起の不可能性を繰り返し強調する。

もっとも触発は、人間の認識を超越しているがゆえに認識できないのではなく、人格が触発に同一化する傾向を持つがゆえに、つまり触発が自我を吸収してその認識諸能力の発動を妨げるがゆえに認識不可能なのである。言い換えれば、触発は純粋な形においては自我の認識能力と両立できないがゆえに、認識不可能なのである。触発の第一の特性は、人格を自らのうちに吸収する傾向を持つことであり、「意識を曖昧にし、遮ってしまう感覚的な激化」(A, IV, p.147)にまで至る可能性を持つことである。この「同一化」(identification)という言葉は、『習慣論』の時期、つまりビラニスム以前の時期から、「触発」の特徴を表現するために用いられていた。「私が純粋に触発的な感覚のみに制限されていると き、もしその一つが激しくなり私の感覚能力をすべて占めてしまうと、私はそれと同一化する。私はそこから自分の実存を切り離すことが出来ない。私の自我は一点に集中し、時間と空間は消え去ってしまい、私は区別も比較もできないように見える。」(A, II, p.135)

触発とは、有機的身体の各器官がもつ独自の活動性が引き起こすものであるが、これらは個々の触発として影響を与えるだけではなく、全体として人格に影響を与えることもある。例えば、自我が生じる以前には「これらの触発は、私たちに対して、生の一般的感知のもとで混ざりあっているが、私たちはそのことを統覚することも、理解することも、それらの座ないし有機的原因に結び付けることもしない。」(A, VII-2, p.213)これはビランが「一般的触発」(affection générale)と名づけるものであり、これが余りに強いときには、自我はこれと同一化してしまう。このとき、意志的な努力は発揮されず、〈私〉と本来なら名指されるべきものは、専ら触発的諸力の傾向に従うことになる。触発はこの意味で、〈私〉の存在を脅かす。触発的体系はまず、この「同一化」という言葉によって特徴付けられる。

この事態を逆転して捉えるとき、〈私〉を構成する努力には新たな規定が与えられることになろう。〈私〉とは、触発の同一化への誘いから身を引き離し、触発から離れた場所において自らの存在を定立する、一つの行為として規定されることになる。触発的な諸力との関係から言えば、〈私〉の構成とは、〈私〉を同一化しようとする有機的な身体の諸力との関係の中で、これらの影響から身を引き離しつつ自らを構成する一つの「行為」である。

意志的運動の「準備」としての触発的体系における運動

触発的体系における諸力は〈私〉を同一化へと誘う。その意味で触発は〈私〉の存在を脅かすものなのだが、他方、触発的体系において〈私〉の意志なく自発的に生じる運動は、〈私〉が自由に行使することができる運動を準備している。この意味では、触発的体系における諸力は〈私〉の存在の条件であるともいえる。

こうした〈私〉と触発的諸力との関係は、矛盾を意味するわけではない。改めて確認するが、触発的諸力は〈私〉を構成する努力を同一化しあるいはこれに敵対することをその本質とするのではなく、あくまで〈私〉からは独立した活動性をもって働くものである。そのゆえにこの活動性は、あるときは〈私〉にとって有利なものとなり、またあるときは〈私〉にとり不利なものとなるわけである。

さて、そもそも根源的事実において確かに〈私〉は人格として構成されるのだが、他方で〈私〉は、動物と共通する「生」にも与っている。この生は意識に先行している。「意識という内的な光は、この世に来たった人間全体を照らし出すのではない。【…略…】私たちは、生を認識することなくして感じ始め生き始めていた。」(A, III, p.329) 根源的事実において〈私〉は固有身体に働きかける。しかし、身体への「働きかけ」自体はどのように生じるのか？　何かに働きかけようと意志するのなら、たとえ曖昧であれ、働きかけられるものが何らか感知されているのではないか。

この問題についてビランはほとんど沈黙を守っているが、それでもある箇所で、次のように述べている。「意志するためには、最初は意志なくして生じていた運動ないし筋肉感覚の中に権能の感知があるのでなければならない。」(A, VII-1, p.137. note: 強調は引用者による) この言葉に従えば、根源的事実において構成される〈私〉は自らの自由になる運動を自らで創造するのではない。〈私〉は、固有身体における運動のうちあるものが〈私〉の自由になると感知して、この運動を実行するのであり、そしてこれを実行することが、まさに〈私〉を構成するということになる。

ビランによれば、触発的体系に属する運動から意志的運動への移行は次のようになされる。

触発的体系において「諸印象は、【…略…】興奮を起こす原因に釣り合う脳の反応の必然的産物である運動を引き起こす。」(A, VII-2, p.226) ところでこれらの諸印象が欲求を引き起こす場合、この欲求が周期的に再現されるたびに、それに対する反応である運動も再現されることになる。そしてこの運動は周期的かつ自発的なものとなっていく。「触発的ないし欲求的な興奮がなくとも、運動中枢が獲得する素質のみによって反復されて、交感的な諸運動は自発的なものとなっていく。」(A, VII-2, p.227)

「自発的運動の働きに独自の感覚が結びつく。この感覚は、最初は未だ運動的能力の感知を伴わないが、超有機的で命令を受けることのない力がそれ自身でこの運動中枢へと働きかけるや否や、この感覚にこの感知が直接に関係する。このとき、そしてこのときのみ、努力と自我が生誕する。」(ibid.)

この事態を逆転して言えば、自我が自由にしうる運動とは、まず、〈私〉には外的な触発的体系に属する諸力が予め準備したものである。この意味に於いて〈私〉は、触発的体系から、自らが自由にしうる運動を受け取る。

とはいえ改めて強調すれば、〈私〉が運動を自由になしうることはやはり独自の事がらである。触発的な諸力がもたらす運動を記述する視点と、〈私〉が自由になしうる運動を記述する視点とは、絶対的に異なっている。ここで私たちは、ビラニスムにおける「視点」の概念の重要性を改めて確認できるだろう。〈私〉が自由になしうる運動について語りうるのは、内的な視点においてであるが、他方で触発的体系に属する諸力がもたらす運動を観察し記述する視点は、外的な視点である。触発的な諸力がもたらす運動は、〈私〉が自由に運動を行使するための素材、いわば条件であると想定されるが、〈私〉がこれを自由に行使する場面では、「運動」を語る視点は完全に転換する。

価値の源泉としての触発

さて、触発的な諸力と〈私〉を構成する努力との間には、今ひとつ述べておくべき関係がある。その関係とは、触発的な諸力が〈私〉に対して「価値」を提示するのであり、〈私〉はしばしば、この「価値」に従って行動することがある、という関係である。

触発的な諸力の活動は、一般的に快苦の原理に支配されており、触発が好ましい場合には、有機的身体の体系は、可能な限りこの触発を保とうと活動する。つまり、触発を生み出す有機的身体のシステムは、ある種生物学的とでも言うべき価値判断に基づいて活動しているように見える（ただしこのことが言えるのは、外的視点においてである）。そして人間は、これらの触発に由来する一般的触発にある程度同一化するために、身の回りにある対象を、ある触発的（情感的）な色合いのもとで認めるようになる。

ビランは、経験が触発によって何らかのニュアンスを被ることを「モラルについての屈折」（réfraction morale）と名づけている。「このような触発的な素質は、感官と思惟の働きには統覚されることのない産物を結びつけることで、事物ないしイマージュを、これらに固有の色合いで染め上げる。これこそがモラルについての屈折の原理である。これによって私たちは自然を、あるときは微笑みに満ちた優美な姿で、あるときは不吉な覆いに覆われた姿で見るのであり、またこのために私たちは同じ対象のうちに、あるときは希望と愛の動機を、あるときは嫌悪と恐れの種を見出す。」(A, III, p.384)[6]

このテキストにおいて、基本的には価値の問題に対して禁欲的なビラニスム期のビランが、「希望と愛」、ないし「嫌悪と恐れ」といった価値に関わる言語を用いていることに、注意を払うべきだろう。触発は独自の活動性によって働くのだが、この活動性は自我が受容する様々な〈現われ〉に対して、自我自身が説明することはできない情感的な価値をもたらしている、と考えることができる。

触発はまた、有機的身体にその痕跡を残すことで、好悪の原理ともなる。触発はビラニスムでは原理的に、自我がそれへと同一化してしまうがゆえに、いかなる自我の想起も逃れているとされるが、しかし身体の有機組織にその痕跡を残す。この痕跡に保たれている触発的な運動は、独自の活動性に従って周期的に再現されることがあり、このときこの痕跡は好悪の原理として働くのである。「思い出とは異質な触発の痕跡は、ある種の魅力ないし嫌悪、あるいは私たちがある存在者ないし対象に対して、自らのうちにはその原因を見出すことができないままに感じる共感、あるいは反感である。」[7]（A, VII-2, p.224）

これらのテキストを考慮するとき、触発的な諸力のもたらす特徴の一つを、価値をもたらすことと規定できるだろう。即ち、触発のもたらす効果のゆえに、何らかの〈現われ〉が私たちに対して情感的なニュアンスをもって現われる事態は、私たちがそうしたニュアンスに影響されつつ行動する事態への反省へと、おのずと私たちを促すからである。

こうした触発の効果を事実ビランは「善と悪との真の源泉」（A, V, p.29）と呼んでいる。私たちに最初に「善と悪」という、生において根本的な価値をもたらすものは、触発的諸力がもたらす効果である。[8]

触発的な生並びにこの生に属する諸力は、やはり常に私たちの意識の届かぬところで働き続けるのであり、意識の生によって構成される〈私〉は、それらの触発を純粋に統覚できない。だがこの触発的な生は、その自発的な働きによって、あるいはそれらが有機組織のうちに残す「痕跡」（traces）によって、私たちの意識の生に絶えず影響を与えている。

触発的生の残す痕跡は、人間的生という審級から見て有利に働くこともあれば、逆に、人間的生をどうしようもないほどまでに苦しめることもある。

だが、（もしこう言ってよければ）触発的生にとり、自らの営みが人格としての〈私〉にいかなる影響を及ぼすか、などといったことは、与り知らぬことと言えるだろう。だから私たちは、触発的生のもたらすものを基本的には受容する以外の態度を取りえない。

とはいえ触発はまた、〈私〉が自由に行う運動を生み出すものであり、あるいはその活動性によって、人間の行動の動機となる、時間的には最初に与えられる価値をもたらしてもいる。だが改めて言えば、こうした恩恵もまた、触発的体系における諸力が人間のためにもたらすものではない。あくまで触発のうちのある種の働きが、偶々人間に恩恵として働いているとしか述べることはできない。触発は、人間から見れば完全に独自の秩序に従って働くものであり、人間はあるときはそれによって苦しみを被り、またあるときは恩恵を被る。触発的生と人間の生との関係の両義性は、人間の生にとって第一の所与といえる。

最後に改めて、触発的生が意識の生にいかなる影響を与えるのか、これを改めて確認しておこう。

①触発的生においては、その自発的な活動性によって、〈私〉の存在を吸収してしまうことがある。このときの法則は「同一化」と呼ばれる。従って努力の働きは触発との関係で考察すれば、触発的な諸力のもたらす効果から身を引き離して〈私〉を定立する、一つの行為としての規定を受ける。

②触発的な生における交感的な身体運動は、意識の生において努力が行使する運動を準備することもある。

③触発的生は、私たちがその原因をあずかり知らぬ好悪の感情などを生み出し、対象に対する私達の態度に影響を

与える。

続いて私たちは、人格の誕生に立ち会うことになる。ここからの作業は、根源的事実において構成される〈私〉という真の意味での始まりからコンディヤックの感覚論をやり直すことでもある。

註

1 次のビランの言葉を参照のこと。「実存の直接的感知を幸福なものとする幸福な触発を創造することや、これを耐え難くする不吉な素質を変化させることは、【…略…】哲学者にも理性にも、あるいは美徳それ自身にもできない。」(A, V, p.29)

2 触発を論じるに当たり、ビランがその著作を通じて何度か、極めて印象的にモンテーニュの次のテキストを引用していることを指摘しておく (A, III, p.91; p.383. A, IV, p.72. A, V, p.28. A, VII-2, p.213; A, IX, p.61)。「というのは、私たちの肉体のもろもろの部分のうちで、私たちの意志に反して、ときとしてその働きを拒まぬものが、また、ときとしてそれを私たちの意志に反しておこなわぬものが、一つでもあるかどうか、お考えいただきたいからだ。それらはめいめいが固有の感情をもっていて、私たちの許可なしに目覚めたり眠ったりする。私たちの顔の無意識の働きが私たちの秘密にしている考えをあらわし、居合わせる人びとの前で私たちを裏切ることはいくらでもある。」(モンテーニュ『エセー』第一巻、岩波文庫、一九二頁)

3 触発を心理学の対象にも含めようと考えるビランの立場については、次のテキストを参照のこと。「さらには心理学のうちに、自我でもなくまた自我に属することがないが、それでもいわば自我に触れるものをすべて含ませることにしよう。」(A, VI, pp.106-107)

4 「触発(情感)」という言葉遣いを用いていることについては、本書四八頁の註9を参照のこと。

5 また、内的触知の働きを認めなければ、ビランの次のテキストも理解不能となる。「判明で分離した二つの視点に於いて感覚的で運動的な生命を持つ同一の存在者を考察する二つの科学【心理学と生理学：引用者註】、これの二つの科学が相互に触れ合い、制限しあい、かつまさに混ざり合おうとしている点に到達したとき、私は、一方の学から他方の学に移行させるための何らかの所与を借りてくることができると考えている。」(A, IV, p.107;

6　「モラルについての屈折」という言葉は、『試論』にも現われる (A, VII-2, p.214)。同様の文章は『直接的統覚』について (A, IV, p.74) 並びに『曖昧な知覚についての覚書』で見られるが (A, V, p.29)、前者では「有機的屈折」、後者においては「感覚的屈折」の語が用いられている。

7　なお、ビランが一方で「内的触知」といった言葉で触発を感受する能力を認めながら、他方で触発が自我の形式と無縁である、と繰り返し述べた事情は、触発のもたらす効果が、自我にとって「自らのうちにはその原因を見出すことができない」からである、と考えることもできるだろう。

8　日記の次の記述も参照のこと。「私は常に、私の外側で生じることよりは私のうちに到来することに関わってきた。これらの内的な出来事は、たいてい幸福であるよりは不幸なものだが、それでも生における私たちの運命を決定するのだ。これらが私たちの実存の価値を作り上げる。」(J, II, p.94)

第二章

感覚的体系——〈私〉の目覚め

メーヌ・ド・ビランの体系を追い、「感覚的体系」に身を移した私たちは、本書第二部第二章で記述した努力の二つの様態の区別を思い起こすところからその作業を開始したい。第二部第二章では、根源的事実において確立される自我を特徴付ける「努力」の様態が、身体全体と関係する「内在的努力」と、固有身体の諸部分を目指す志向的な努力に区別された。本章が扱う「感覚的体系」において自我を構成するのは、この「内在的努力」である。目覚めている限りでの〈私〉が、〈私〉と共に目覚める諸器官に対して現出する諸々の〈現われ〉、つまり外的事実のうちにいかなる秩序を見出すことができるのか、これを明らかにすることが本章の課題である。

「内在的努力」によって構成される、自らに対する〈現われ〉に志向的努力を行使することはない受動的自我、「外的感官に対して生じる、あるいは表象される事柄についての受動的証言者（un témoin passif）」（A, VII-2, p.234: 強調は引用者による）はいかなる経験をなすのだろうか。

その記述と分析にあたっては、この「受動的証言者」の存在様態を適切に了解すると同時に、前章でその特質を論じた「触発」（affection）と、これからその内実を論じる「直観」（intuition）とが、〈私〉の経験内容としては全く別種の、こういってよければ正反対の特質を持つことに、十分に注意を払わなければならない。『試論』において人間の最初の認識体系に位置付けられている〈単純な触発的ないし感覚的体系〉においては、そもそもビラニスムの枠組みからいって自我が存在しないのだから、触発と直観との経験のされ方について、〈私〉の視点から語ることは原理的に不可能である。事実『試論』における「触発的体系」における触発的諸力については、これが及ぼす影響から、その働きが遡及的に推論されていると言える。

しかし、『試論』の第二セクション第二部の「自我が能動性の明白な参与なく触発・直観並びにその痕跡と結びつくことで構成される感覚的体系」（以下「感覚的体系」で統一する）に至ると、事情は大きく変わる。なぜなら、たとえ「受動的な証言者」として規定されるにせよ、自我が現存するようになれば、〈触発〉と〈直観〉との経験のされ方にも違いが生じるからである。このことに予め注意を払っておこう。

第一節　受動的自我という審級

「内在的努力」「共通の努力」によって構成される〈私〉

感覚的体系における〈私〉は何を経験するのだろうか。そもそも感覚的体系における〈私〉とは、いかなる自我であろうか？　先に引いた標題に現われていた、「能動性の明白な参与なく」という言葉は、どのような意味を持つだろうか？

ところで私たちは、既に第二部第二章において、ビランの言う「努力」に二つの努力の様態を区別した。本章の冒頭で述べたように、「感覚的体系」においてその経験が分析される自我は、第二部第二章で論じられていた努力のうちで「内在的努力」、「共通の努力」において構成される自我である。確認すれば、この自我は、〈私〉の目覚めを構成し、分節された身体の任意のある部分ではなく、身体全体をその努力の項とする自我、そしてあるときには、身体全体を動かすことで自らの位置を変えうる自我であった。このことを確認したうえで、感覚的体系における自我の経験を見ることにしよう。このような自我に関する第一の記述は、次のテキストに見られる。

「実際あらゆる外的な印象の原因を遠ざけてみよう。目は闇の中に見開き、耳は自然の沈黙に向けられ、周囲の空気と流体とは穏やかで、有機的生の諸器官は完全な均衡状態にある。身体は不動だが、すべての筋肉は意志的な努力により収縮している。このとき私たちはこの努力の直接的感官のうちに、人格的実存の唯一の基礎、ないし私たちの存在の持続するもの（le *durable*）を固有に作り上げるものを見出す。」(A, VII-2, p.230)[1]

ここでは二つの点に注意を払っておきたい。

第一に、「身体は不動であるが」という言葉がある以上、ビランがここで記述する努力は、身体を外的に観察可能な形で動かしているわけではない。しかしそれでも、この努力は、筋肉の全体、そして諸器官を緊張させている。一般に「運動」というと、外的にも観察可能な身体運動を私たちは想定するが、ビランの言う努力、あるいは運動とは、外的に観察可能な運動が実際になされていなくても、その運動が実効的に行われるために緊張させられている状態を指す言葉である。[2]

第二に注意を払うべきは（これは今まで強調してきたことを改めて確認するためであるが）、ここでの自我を構成する努力が関係する項が、身体のある一部分、例えば〈私〉の右腕や左腕といった、局所的な一部分ではなく、「すべての筋肉」であることであり、かつこうして「すべての筋肉」を収縮させているこの努力の感官のうちに、「私たちの存在の持続するものを固有に作り上げるもの」が見出されることである（この点は第二部第一章の人格的同一性に関する箇所でも強調した)。

即ち、ここでビランが記述している努力は、特定の感官と関係する志向的な努力(例えば、ものをはっきりと見るために目を凝らすであるだとか、音に注意を払って耳をそばだてるといった努力)ではない。「随意筋の全体に広がるこの志向的でない(*non intentionné*)努力が、自我ないし同一の人格の持続と共に、関係あるいは意識の生に協力する様々な諸器官の目覚めを構成する。こうした事情で、視覚の感官も闇の中で目覚め、触覚の感官は偶然的な触圧がなくても、また聴覚の感官は沈黙のうちでも働く。」(ibid.)

何らかの感官を志向することなく随意筋の全体を緊張させる、恐らく強度的には最小の努力[3]、「志向的でない」「内在的」努力が自我の目覚めを構成し、さらには諸器官の目覚めを構成して、これらを知覚に適したものとしている。次のように述べることもできよう。一般に各々の器官はその特性に応じた何らかの〈現われ〉を受容するが(視覚は「見え」を受容し、聴覚は「音」を受容する)、「内在的努力」によってこそ、諸器官は各々の特性に応じた〈現われ〉を受容できるようになる。

しかし、この努力を純粋に捉えるためには、あえて、これらの感官に対して個々具体的な知覚対象となる〈現われ〉が未だ現われていない状態を想定しなければならない。「この現象的自我を、それ以外のものから切り離されたその直接的統覚の独自で個的な感官のうちで捉えるためには」(A,IV,p.137)、各々の感官が個々の特殊な〈現われ〉を未だ受容していない状態、つまり、目が暗闇へと開かれ、耳が沈黙へと向かい、偶然的な触圧が存在しない、そしてこの想定を進めるならば、嗅覚器官や味覚器官を触発するものが何ら存在しない、そうした状態を想定しなければならない。

そして、このような〈私〉に様々な〈現われ〉を近づけ(あるいは目覚めた〈私〉が諸器官に現出する様々な〈現われ〉を経験し)、そのときの自我の経験様態を記述することこそが、コンディヤックの感覚論を真の始まりからやり直す、ということである。

目覚めたときの〈私〉

ビランが「内在的努力」の記述によって狙おうとした自我の経験、分節されていない身体の全体を対象項とし、自らの同一性を感知しつつ「目が暗闇に向かい、耳が沈黙に向かっている状態」を、具体的にはどのような場面で想定することができるだろうか。

このような努力の存在様態は、寝入りばなの〈私〉、あるいは目覚めたばかりの〈私〉において、最も明らかに捉えることができないだろうか。実際、寝入りばな、あるいは目覚めたばかりであるが判明な意識を保っている〈私〉は、一塊としての身体の全体を〈私〉が動かしうるものとして感知しつつ、目を暗闇に向け、沈黙へと耳を傾け、このような表現をさらに用いるならば、香がないことを嗅ぎ、味がないことを味わう。[4]諸器官は、自らを刺激する何らかの〈現われ〉があればこれを知覚する態勢は整っているが、そうした〈現われ〉は今のところ訪れていない。だが目覚めている自我は、たとえそのような〈現われ〉が訪れていなくても、目を見開き、耳を沈黙へと傾け、さらには各々の感覚器官が知覚可能な状態となっているのだから、そのような〈現われ〉が存在しないことを、欠如としてではなく正に一つの充実として感知しつつ、[5]一塊の身体を、〈私〉が動かしうるものとして統覚している。寝入りばな、あるいは目覚めたばかりの〈私〉とは正にこのようなものではないだろうか。

ここで一つ反論が予想される。一方で一塊としての身体が根源的事実の対象項である、と述べつつ、他方で外的諸器官が諸々の〈現われ〉を受容する状態にあるというのは矛盾してはいないか、という反論である。つまり外的器官の目覚めは、何らか志向的努力を前提としているのではないか、という反論である。しかしそのように考えるべきではなく、むしろ身体全体を一塊のものとして緊張させる内在的努力の展開こそが、外的諸器官が外的と規定される〈現われ〉を受容することを可能とする、と考えるべきだろう（他方で志向的な努力とは、外的諸器官を、単に〈現われ〉を受容する以上の状態にもたらすことである）。

内在的努力によって構成される〈私〉の存在様態が、私たちの自我の持続を固有に構成し、さらに言えば比喩ではなく言葉本来の意味で、私たちの目覚め、そして私たちの諸器官の目覚めを構成している。この事態を逆転させつつ言えば、「目覚めている」とは、身体全体に最小限ではあれこれらを緊張させる努力が行き渡っており、各々の部位はその努力に応じて緊張し、同時に、各器官は何らかの〈現われ〉があるときにはそれを知覚することができる、そのような状態に〈私〉があることを示している。

ビランが「内在的努力」という言葉によって記述しようとしたのは、暗闇と沈黙とが支配する部屋の中で正に目覚めたばかりの〈私〉の存在様態であると言えよう。

ところで〈私〉のこのような存在の様態について、今ひとつの注記を行っておきたい。内在的努力によって構成される〈私〉がそれのみで純粋に捉えられた場合、感知されているのは、身体の各部位を緊張させることが出来る力ないし原因としての〈私〉と、一塊のものとして緊張させられている限りでの身体であり、それ以外のものは現われていない（あるいは、改めて言えば、視覚に対しては特殊な対象がなにも現われていないことそれ自身が、聴覚に対しては、特殊な音が現われていないことそれ自身が現われているとも言うことができよう）。即ちこのとき、一塊のものとしての身体との関係性の中で原因・力として感知される〈私〉は、通常の言葉遣いでの知覚されるもの、あるいはこういってよければ、世界の様々な具体的な個々の〈現われ〉からは、距離を置いている。

この状態において捉えられる〈私〉の存在は、通常の世界のうちでの様々な〈現われ〉を括弧にいれた状態において捉えられている以上、当然そうした世界の様々な現われが織り成す価値の秩序からも切り離された状態で捉えられている。従って、内在的努力によって構成される〈私〉は、世界の意味秩序から切り離された場面において存在していると言える。このとき〈私〉は、世界のいかなる意味秩序をも〈私〉とは無縁なものとしているのであり、いわば目覚めている〈私〉の存在それ自身のみを享受する。

アズヴィは内在的努力において構成される〈私〉について、「これは、具体的な実存の肉のさなかで、主体と世界との間、主体と身体との間に織り上げられた絆を緩める自我である」（Azouvi,1995,p.218）というコメントを付け加えている。〈私〉は日常的には、世界の事物と様々な絆を結びつつその生を送っており、大抵の場合その絆を当然の所与として受け容れながら生きている。しかし「内在的努力」によってのみ構成される〈私〉は、このような絆をすべて緩め、ただ〈私〉の身体のみを感受している。目覚めたばかりの〈私〉をあるがままに捉えるならば、そのとき〈私〉は、世界の事物との様々な絆から解き放たれた場所において、自らの存在とその肉体の存在のみを純粋に感受していないだろうか？　そして、今、暗く沈黙の支配する部屋において眠りに就こうとしている〈私〉は、世界の様々な事物から身を引き離し、世界の様々な〈現われ〉との絆を緩めつつ、そうした絆を緩めても存在する〈私〉を、肉体を感知することによって確かめている。

第一部の最後で見たように、メーヌ・ド・ビランは師であるデステュット・ド・トラシとの対話を通じて議論を開始するべき真の始まりの重要性を主張し、また真の始まりを「感覚」を受容する立像で捉えようとしたコンディヤックの体系が「密かな作動者」を紛れ込ませていることを批判していた。ビランはその「密かな作動者」が、身体との関係性の中で、運動の原因・力として自らを感知する〈私〉であることを明らかにしたのだが、この〈私〉は、現在私たちが扱っている、『試論』における「感覚的体系」の中で、さらに具体的な記述を与えられている。

随意筋の全体を緊張させつつその原因として自己を感知し、各々の器官を知覚に適した状態に置いている努力によって構成される〈私〉がいる。この〈私〉は、未だに自らの器官に対して現出する〈現われ〉が存在しない状態にあり、そして、朝、暗闇と沈黙との支配する部屋で目覚めつつ、一塊のものとしての身体を対象項とする根源的事実において構成されている。これが真の出発点なのだ。コンディヤックの感覚論は、この〈私〉を出発点として書き直されなければならない。メーヌ・ド・ビランが試みるのはこの作業である。

これまで記述されてきた自我が、一度緩められた世界の様々な〈現われ〉との絆を改めていかに結んでいくのか（あるいは結びなおすのか）、そしてこの絆の結びなおしのために、〈私〉はいかなる能力を用いるのか、次に記述されるべきはこれである。

第二節　受動的自我の経験内容：直観と触発との区別

前節で記述した内在的努力によって構成される〈私〉は、いかなる〈現われ〉を経験の内容とするのだろうか。そして私たちの関心から言えば、これらの〈現われ〉のうちに、〈私〉はいかなる秩序を、どのように見出していくのだろうか？

先に述べたように、ビランにとっての真の始まりは、コンディヤックが想定した立像のごとき感覚特性にのみ還元された存在者ではなく、身体を一塊のものとして緊張させ、たとえバラの香りがなくとも目覚めている〈私〉である。

ところで、コンディヤックがその思考実験を始めたときに嗅覚のみを持つ立像にバラを近づけたように、メーヌ・ド・ビランもまた、内在的努力によって構成される〈私〉が、様々な〈現われ〉をどのように経験するのか、そこから記述を開始する。先ほど引用したビランの記述においては、内在的努力によって構成される自我を純粋な状態で捉えるために、諸器官への〈現われ〉が全く存在していない状態が想定されていた。従って〈私〉は、自らが一塊のものとして緊張させる固有身体のみを経験していたのだった。

「今、目覚めが続いている最中に、感覚性の可変的ないし偶然的な諸印象が、均一に連続している能動的で根本的な様態と結びつくために到来し」(A, VII-2, p.230)、内在的努力によって構成される自我は、その諸器官に現出する様々な〈現われ〉を経験する。しかるに本章の冒頭で予め注意していたように、ビランはこの自我が経験する諸々の〈現われ〉を、コンディヤックが「感覚」という術語を用いて行ったように一元化することはせず、そもそもの始まりから分割を導入している。「これらの印象は、この能動的で根本的な様態に同じように結びつくわけではない。」(ibid.: 強調は引用者による)

ここで、本章の冒頭で述べた、「触発」と「直観」との区別を導入する必要が生じる。

ビランは、触発と直観との区別を見出したことにかなりの自負を持っていたようであり、この区別を見逃したコンディヤックに対して次の批判を投げかけている。「様々な外的諸感覚に入り込んでいるこれら二つの要素を明晰に区別し損ねたため、コンディヤックは【…略…】、理論上の逸脱へと落ち込んでしまったように、私には見える。」(A, VII-2, p.235) コンディヤックの「理論上の逸脱」を説明するため、ビランはさらに次のように言葉を継ぐ。

「この作者の体系においては、触覚の行使以前に立像の様々な器官によって受容される諸印象は、【…略…】立像の自我がそれへと同一化してしまう単純な触発として同列に置かれ、またそうしたものとして考察されている。しかし、空間に自然に投影される色のような直観と、内的感覚性に変容を与えることに留まる嗅覚のような触発的印象を、どうして同列に置くことができるだろうか？」(ibid.)

前章で述べたように、触発は自我を同一化へと誘う。そして触発は、内的感覚性に変容を与える限り、それ自身としては自我の外部を指示するものではありえない。しかし例えば色、あるいは触発を引き起こさない別種の〈現われ〉はいかに規定されるだろうか。これらは最初触発であったのが、徐々にそうではなくなったのだろうか。むしろ触発と、触発とは異質な〈現われ〉とを区別するほうがいいのではないか。この区別を明晰に行わなければ、自我の変容である色がなぜ身体の外部に投影されるのか、などといった、物体の第二性質と身体の変容との混同に基づく擬似問題を再燃させることになってしまう。両者の区別はやはり重要なのだ。

次に、「触発」と「直観」との区別を明らかにし、両者の特徴を（特に直観の側に重点を置きながら）記述していくことにしたい。[6]

感覚的体系における触発の位置

前章で述べた触発の特性を簡単に確認しておこう。「私たちは触発という一般的な名称のもとに、自我の参与の外部にある、結果として外的な現存者との認識される関係の外にある、純粋に感覚的ないし動物的な生を構成する、喜び、あるいは悲しみといった単純な様態のすべてを理解している。」(A, VII-2, p.201) 触発は、内的ないし外的器官が強い刺激を受ける（あるいはそれ自身で活動に入る）ときに、その独自の活動性によって引き起こされるある様態を言うが、その特徴は、人格的形式から切り離されうること、さらには、自我を吸収してしまう危険性を孕んでいることにある。ビラニスムにおいて、自我の存在は、自らが直接に動かしうる身体との関係性の中でこの身体の運動の原因ないし力として自らを感知することとして規定されるのだから、もしこの自我の感知の関係項である身体が、その独自の活動性に従って活発に活動し、〈私〉の意志の発現、つまり〈私〉の目覚めを不可能にするのなら、そのとき〈私〉は生誕しえず、触発に同一化してしまう。

ところで触発は、「内在的努力」により〈私〉が目覚めると、その経験の内容となることができる。いかにして経験の内容となるかといえば、それは、個々の触発から全体として生じてきた「一般的触発」が、その触発が生じた部位に関する知と結びつき「部分的触発」となることによる。ビランは触発を「器官の直接的ないし部分的な触発、あるいはその固有の生が感じる変容」と「感覚系全体から生じる一般的触発ないし変容」の二つに区別する (A, VII-2, p.212)「印象が、意志に従って動く身体のある決定された部分を触発する場合、自我はこの触発を、部分的な抵抗を感知している場所に関係付け、かつ感覚的な印象を有機的抵抗と同じ場を占めるものとして知覚するが、両者を混同することはない。」(A, VII-2, p.231) 第二部第二章で論じたように、自我は自らの意志に従う限りでの固有身体の諸部分を直接認識するが、この部分に定位される触発は自我の経験の対象となる。〈私〉が固有身体との関係性の中で確立されると、ある種の触発に関しては、〈私〉の存在を感知しつつこれを〈私〉の経験の内容とすることができる(ということはまた、前章で論じた触発がもたらす価値を経験の内容とすることもできる、ということでもある)。触発は、固有身体のある部位に位置づけられるという条件のもとで、「事実」へと昇格する。

従って、感覚的体系において固有身体は「触発の場」としての規定を受け取ることになる。「固有身体のこの内的空間は【…略…】単純に触発的な諸変容の場所となるだろう。」(A, IV, p.126) 触発はやはり曖昧なもの、不分明なものではあるが、少なくともその位置が割り振られるという意味で、〈私〉の経験の内容となる。そしてこのとき〈私〉は、触発がもたらすある種の価値(前章の末尾で論じた、触発がもたらす価値)をもまた、経験の内容とすることができるだろう。

感覚的体系における受動的自我は、可能であるならば触発をその固有身体の部位に位置付けることができる。すると「固有身体」は次のように規定されるだろう。固有身体は〈私〉が自由にすることのできる諸運動の対象項の集合であり、その意味で〈私〉の運動が自由に展開する場であるが、他方で固有身体は、〈私〉が自由にしえない触発が位置づけられる場所であり、その意味で触発がもたらす諸々の諸価値が経験される場でもある。

直観の特質

次に、触発とは異なる規定を受ける「直観」の特質を見る。

「直観」の特質は、触発の特質とは逆に、自我が決してそれと同一化しないことにある。自我は生誕すると同時に、直観を自らとは完全に異なったものとして認める。「同一化」を軸とした触発と直観との区別の説明は、次のテキストによく現われている。

「自我は触発に共感するように直観に共感することはない。自我は触発と同一化するように、直観に同一化することもない。なぜなら直観は関心を惹かないものであり、快楽や苦痛といった様態を殆どもたないからである。直観は、触発におけるように、自発的に高揚して自我の感知を打ち沈めてしまうことは決してない。そして直観は自我と結びつくと、均一性と恒常性と共に、これに加えられる関係という新たな性格を帯びる。なぜなら自我が自ら区別する、そして人格性ないし認識の起源から分離している、単純な直観に固有の空間における原初的な整理が存在するからである。自我はこれらを我がものにはしないし、まして同一化することもない。」(A,VII-2,p.234)

まず、直観が「関心を惹かないもの」であるから自我はそれと同一化しない、という言葉に注意したい。触発は、それがもたらす快苦に応じて〈私〉の関心を惹き、その意味で〈私〉に「価値」をもたらすものであった(またそのゆえに自我はそれと同一化するのであった)。他方直観は、それ自身としては、「関心を惹かない」という意味で触発と対立する。この意味で直観を、「価値をもたぬもの」と規定できるだろう。これは決して否定的な意味ではない。直観は、そのものとしては「価値」という秩序と無縁である。より適切な言葉を求めれば、直観は価値中立的なのだ。[7]

さて、「直観」は、自我が触発と同一化する度合いが減少するほど明晰になる。あらゆる〈現われ〉は、触発的要素と直観的要素との両者を併せ持つが、触発的な要因が習慣の影響によって減少するにつれ、直観の要素が明晰になる。「一般的印象が習慣の影響によってその触発的ないし興奮的な性格を失うにつれ、この一般的印象から直観的要素が生じる。これで、触発と直観との間に立てられた区別がどれほど実在的であるか明らかになろう。なぜなら、匂い、味、ある程度の暑さや寒さ、持続的に同じ程度で存続する内的変容が生じるときのように、触発的であるだけの感覚は、習慣の影響によってその感覚的痕跡を残す事なく次第に消失する一方、直観的要素を優先的に含む感覚は、触発が減少するにつれて、次第に明晰になり区別されるからである。」(A, VII-2, p.233)

触発は私たちの動物的生と呼ばれる部分を司るものであり、また私たちが第一部第二章で確認したように、感覚的活動性と呼ばれる、自ら自身で均衡状態に入ろうとする独自の活動性を持つ。だが、この〈現われ〉のうちの触発的要因がもたらす効果は、問題となっている〈現われ〉が繰り返されるにつれて弱まって行く。他方でその〈現われ〉に含まれる直観的要因は次第に顕わになっていく。

ところで直観は、自我を同一化へと誘うことはないし自我の感知を打ち沈めてしまうこともないが、このことは、直観が原初的に、「器官の外」に表象されることを意味してもいる。直観とは、自我がそれへと同一化できないものでもあり、出来上がった形で受容されるしかない。「自我は【…略…】直観に固有の性格ないし形式に変化を加えることはない。自我は直観をすっかり出来上がった状態で受け取る。」(A, VII-2, p.234: 強調は引用者による)この指摘は、直観が経験の最初から、私の外なるものとして規定されていることも意味している。「直観は、その本性からして対象的である。これはあらゆる外在性の形式なのだ。」（A, X-2, p.17）ビランは、直観が持つこの所与性を、私たちがこれを創造する不可能性を証するものであるとして、次のように述べる。「私たちはいかなる形でも可視的な延長の直観を形成したり構成することには貢献できないだろう。私たちはこれを、そのようにできたもの、連続し並置された諸部分によって構成されたものとして受け取る。」（A, XI-1, p.67）

直観は〈私〉の目覚めと同時に、自我ならざるもの、かつ自我が創造しえず「すっかり出来上がった状態で受け取る」ものとして規定され、かつそれとして取り出されれば、「価値」の契機と無縁であることが確認される。

〈質〉としての直観

ビランの記述に従いつつ、私たちなりに直観を定義しよう。直観とはある〈現われ〉から、それがもたらす触発的な性格を差し引いたものであり、かつ〈私〉がそれへと同一化しえない要素である。私たちが受容する〈現われ〉から、触発的な要因と自我の能動性がこの〈現われ〉に付け加えるものを差し引いてみる。すると、そこに現われるのは色、音色といった純粋な質ではないだろうか。ビラン自身は質という言葉を明示的には用いないが、これは決して恣意的な解釈ではない。これは第一に、ビランが直観を説明するために、色の比喩にしばしば頼ることから確証される（A, VII-2, p.218; p.236 など）。またビランが直観を物体の第二性質と近づけて論じている点からも、この推測は許容される。

色であれ音色であれ、あるいは匂いであれ味であれ、私たちが日常的に〈質〉とよぶものにはすべて、ビランが「直観」に与える規定が妥当する。音色を例にとろう。私たちは音色を自己の外部に聞くのであり、〈私〉の存在が音色と同一化することはない。仮に「〈私〉が音色と同一化する」という言葉遣いへと誘われても、そのときには、音色の引き起こす触発と〈私〉の存在が同一化するのである。むしろこうした場面でこそ、音色（つまり直観）と触発とは、厳密に区別されなければならない。こうした直観の性質は、どの感覚器官が受容する〈質〉にも妥当する。

私たちは直観を〈質〉として理解することとしよう。ところで、これを「あるものの質」と言ってはならない。後で見るように、ビラニスムにおいて何らかの直観（私たちの言葉では「質」）を「もの」に帰属させるためには（ビランはこれを「対象的帰属」と呼ぶ）、能動的触覚を中心とした注意の働きを必要とするからであり[8]、感覚的体系においては、注意の能力の行使がいかなるものであるかは未だ想定されていないからである。質を質として受容することは困難に見えるが、例えば、音源を決定しようとする意志なく、ただ音を音としてのみ聴いている状態を想定すれば良い。また、何らかの物体に帰属させることなくして了解することが困難である視覚的な直観、即ち「色」についても、ビランは疲れきった目を例に挙げながら、次にように述べる。「器官が疲れきったとき、ただ連続し勝手に結合したりする、偶然的な色が存する。【…略…】これらは自我が自らの外、空間の空漠のうちに流れていくのを見る充満したきらめきのようなものであるが、これらを感覚性の固有の様態として自らに帰属させることはない。」(A, VII-2, p.236)

こうして私たちは、感覚的体系における直観がいかなる経験の内容であるか、定義することができる。自我は志向的に感官を用いて世界に向かう事のない「受動的な証言者」として、既に出来上がった形で受容する直観を経験の内容とする。そして、私たちは直観を〈質〉として定義したのであるから、次のように言うことが出来る。〈私〉は、内在的努力によって構成される感覚的体系において「受動的証言者」である場合にも、〈私〉の目覚めと同時に目覚める器官に対して世界から与えられる、未だ「もの」には帰属していない〈質〉を経験する。

これまでの記述をまとめれば、目覚めた〈私〉は、触発が生じた際には、これを身体の一部に局所付けこれを経験する。そして他方、〈私〉の目覚めと同時に目覚める諸器官に対して、〈私〉ならざる直観が与えられることで、まずもって世界へと開かれる。[9]

直観の空間性

内在的努力によって構成される〈私〉は、その固有身体を感知すると同時に、固有身体に位置づけられる触発と最初から自我の外部に定位される直観とを経験するが、直観は、触発と違って自我とは決して同一化しない。そしてさらには独自の空間性を兼ね備えることをその特質とする。このことは、先の節で引いたテキストの中の、「単純な直観に固有の空間における原初的な整理」(A,VII-2,p.234) という言葉に既に見て取ることが出来る。

ところで「直観」は『思惟の分解論』において登場した概念だが[10]、この著作では「直観」の空間性は全く強調されていなかった。

しかし、直観の空間性は、『思惟の分解論』の執筆から『試論』の執筆の間に交わされたアンペールとの往復書簡のうちで次第に強調されるようになる。直観は、「それ自身のうちに大きさ、広がり、類似、それらの差異といった関係を含んでいる。」(A, XIII-1, p.134) 与えられる直観は大きさ、広がりを含み、さらには複数の直観の間における類似、差異などの関係が同時に与えられる。書簡のうちにはまた、「空間のうちに自然的に整理されている諸直観」(A,XIII-1,p135) という、先に引用した『試論』の文章と明らかに類縁関係にある文章も見出される。あるいは、「並列されるという形式は、視覚や触覚の印象ないし直観に本質的に属しているように見える。」(A,XIII-1,p.164)

実際、直観は日常的な場合には、ごく例外的な場合を除いて、常に複数で現われる。この複数の直観が並立する形式が空間性として規定される。この空間性は、自我の目覚めと同時に〈私〉の経験の対象である直観が組み入れられる形式として姿を現す[11]。

ところで視覚や触覚、あるいは聴覚が経験する直観の空間性は比較的了解しやすいものだが、嗅覚や味覚には空間性があるのだろうか？　ビランの議論は決して明確ではないが、彼はこれらの種類の直観にもある種の空間性を認めていたように見える。

次の言葉はこの推測を裏付けるものである。

「第一の結合の様態に従って自我の感知と結びついた諸直観がもつこれらの一般的な性格はこうしたものである。受動的視覚から得られるこれらの性格は実際同様に、私たちの身体に接触する諸物体の単純な圧力に従う、触覚の感官の受動的行使にも当てはまるし、また受動的聴覚にも、そして殆ど気づかれないが、匂いや味の触発的ではない部分にも当て嵌まる」(A, VII-2, p.235: 最後の強調は引用者による) このように、直観の一般的な性質はすべての直観に当て嵌まる、とビラン自身が述べている。また実際、複数の直観が共存する形式として理解すれば、音や匂い、さらには味にもある種の空間性を言うことができるだろう（とはいえこれらの空間性は、各々の器官に独自のものであり、後述する〈私〉の身体が自由に動き回る空間性とは異なると考えられる）。

各々の直観においては、その共存の形式として、独自の空間性が認められていることを確認しておこう。ところで諸直観の空間性のうちでも、触覚の空間性が最も大きな意義を果たしていると考えられる。この点に関しては後に考察を加える。

直観の想起の可能性

直観は独自の時間性を持つ。直観は現在において現前するが、他方で「イマージュ」と呼ばれるその痕跡を残すものであり、このイマージュが何らかのきっかけで再現される時、自我はこのイマージュを「過去の直観のイマージュ」と認めると、ビランは主張する。「既に外的感官に対して現前したことのある直観はすべて、これに対応するイマージュと、このイマージュを過去のものとして表象する思い出を持ちうる。この思い出は、思い出という性格を保持する限り、現前するものとしての直観と混同されることはない。」(A, VII-2, p.245) そのゆえに直観は、私たちが様々な〈現われ〉について抱く思い出を説明する役割を果たす。「実際これらの感覚が、私たちが思い出と曖昧に呼ぶものの中に何らか痕跡を残していないなら、【…略…】原因や対象が再びその活動を繰り返した際にこれを再認することはほぼ不可能になってしまう。」(A, VII-2, p.244) ビラニスムにおいて、触発は人格性の形式を奪われており、時間の形式を持たない。つまり、「触発」は「思い出」の根拠となる痕跡を残し得ない。「触発はおよそ過去という時間の形式を欠き、従って思い出という性格をも欠いている。」しかし「直観についてはは同様ではない。」(ibid.)「何らかの痕跡」とは直観が諸器官のうちに残す痕跡である[12]。

直観の受容に際して、自我は「受動的な証言者」の立場に留まり、直観に何ら能動的要素を付け加えることはないが、「過去に与えられた直観」としてのイマージュ（例えば私たちが目を閉じて赤い色を想像したときに生じて来るもの、沈黙の中フルートの音色を想像した場合に生じて来るものなどが想定できる）が想起される場合も、自我は能動的である必要はない。各器官はその特性に応じて、印象のうちの直観的要素のイマージュを再生する能力を持つ。「それぞれの器官に内属する一種の振動特性により、直観は、外的原因が活動することを止めた後もその器官において存続せられ、共通の約束の場所、直観の集合場所としての有機的中枢において、イマージュという形態のもとで自発的に再生される。」(ibid.) そして、生じて来たイマージュが過去のものであるとする認知は、該当するイマージュが現われる器官に対する意志的な努力がなくても遂行される。「過去の自我の意識である人格的想起が、感覚がその後に残すイマージュの中に再び見出されるには、自我が、たとえその能動性によってはっきりと参与していなかったとしても、最初の表象的感覚において現前していたのなら十分である。」(ibid.)「過去に与えられた直観」として現出するイマージュは、過去においてこの直観を受容した〈私〉の存在をもまた思い起こさせる。

そのゆえ、現在の直観と過去の直観の類似が再認められる際にも、自我は「内在的努力」によって目覚めていれば十分なのであり、その契機となるイマージュに志向的な努力を遂行する必要はない。過去に現前したことのある直観が再び現前したとき、この直観はそれ自身が現われると同時に「過去の直観」のイマージュをも現出させるが、目覚めている限りでの自我は、「過去に与えられた直観」のイマージュと現に与えられている直観との類似を認めることが出来る。「感覚は再び現前すると、このイマージュと一致する。外的感官を新しく刺激するこのモデル、オリジナルは想像力において比較され、言わば前以て存在したこれのコピーとすっぽりと重なる。自我の現在の意識が反復された直観と結び付き、想起、あるいは過去の自我の意識がイマージュと結び付く。」「直観とイマージュとの間に立てられるこの素早い連合と比較から、私たち自身の同一性と共に私たちの現存の異なる時間、現在と過去における二つの直観(あるいは直観とイマージュ)の類似を私たちに再認させる判断が生じる。」(A, VII-2, p.245) 自我は受動的な状態のままで、直観の類似を認めることが出来る。私たちの言葉で言い換えよう。直観とは世界から与えられる質であったのだが、自我は目覚めてさえいれば、質の類似を経験することが出来る(だから私たちは、あるものを意志的に眼差すことがなくとも、ある直観が過去の直観と類似していることを突如として認めることがある)。

内在的努力によって目覚めた「受動的証言者」が質的なものの類似を証言しうる可能性は、直観の再生可能性に全面的に依存している。「ある匂いないしある色を別のものとは判明に区別されるものとして固有に特徴付ける非触発的な部分が存在するのであり、これがまた、この特殊な感覚と結びついた想起ないし思い出の基礎としての役を果たす」（A, VII-2, p. 217）[13]この「非触発的な部分」とは直観に他ならない。

一般観念の基礎としての直観の類似

「内在的努力」によって構成される「受動的な証言者」である〈私〉は、直観の類似を認めることができるがゆえに、一般観念の基礎とでも言うべきものを形成することができる。直観は諸器官に痕跡を残すが故に、既に述べたように、以前に直観の器官に与えられたものと類似したものが再度現前すれば、過去の直観のイマージュと現前する直観との類似を認める。また新たに付け加えると、複数の直観が同時に与えられる事態が繰り返されれば[14]、受動的な想像力[15]はその自発的な活動に従い、ある一方の直観が現前したときに別の直観のイマージュを現前させるようになる。このようにして、直観の連合が「想像力の視野」（A, VII-2, p.247）のもとで一望されるようになる。

諸直観はこのように、「類似ないし同時性」（ibid.）に従って関係付けられる。これらは「機械的で盲目的な連合」（A, VII-2, p.248）ではあるが、それでも一般観念の基礎となりうる。即ち受動的な自我は、たとえ受動的であろうとも、類似による一般観念の基礎を獲得し、あるいは同時性による諸直観の連合を自らの知としている。

これらは「未だ受動的、あるいは感覚性に従属する想像力の第一の法則の結果」（ibid.）であり、成熟した知覚から見れば未だ曖昧なものではあるが、一般化の基礎ではある。

この一般化、「一般観念」の形成は、次に見る知覚的体系に於いてより成熟した段階を見ることになるが、感覚的体系において「受動的自我」は直観の類似性を認知しうるがゆえに、一般観念の基礎がこの体系に見出されることは確認しておこう。

メーヌ・ド・ビランは「受動的証言者」である自我が直観を受容する場面に、人間の認識能力の萌芽を見ている。自我はたとえ「受動的証言者」であるにせよ、目覚めている限りにおいて、様々な直観を受容し、それが過去に与えられた直観と類似していることを認め、あるいはある直観がかつて別の直観と共存していたことなど認めうる。次のように言い換えることもできる。自我は目覚める限りにおいて、諸々の〈現われ〉のうちの原初的な秩序を受容する。すなわち質としての直観の秩序を受容するのである。

第三節　触覚的直観の〈空間性〉

本節では、触覚的直観の空間の独自性に分析を加えることとしたい。先に述べたように諸器官に与えられる直観はそれぞれの特性をもつが、私たちの見るところでは、触覚的直観は、その空間性において独自の意義を持つからである。前もって述べておけば、私たちは触覚的直観の空間性を、〈私〉の身体が自由に動くことのできる空間性の基礎をなすものと解釈する。[16]

ビランは、触覚的直観の内実に触圧（pression tactile）という名称を与える。この「触圧」は、具体的なものに触れることで与えられる圧力のみならず、いわば固有身体が自由に動く際に、身体の周りの大気から与えられる圧力も含んでいると解釈できる（つまり私たちはほぼ常に触圧を感じていることになる）。なぜなら、内在的努力における〈私〉を純粋に捉えるための記述（本書一五五頁を参照）で、自我はその目を暗闇に開き、耳は沈黙に傾けられている、という指摘と同時に、「周囲の空気と流体とは穏やかで」という記述が与えられているからである。ということは逆に、大気の変化があれば〈私〉はこれを感知するが、この変化は触発を引き起こさない限りにおいて、直観として規定されることになる。即ち触覚的直観としての触圧は、通常私たちが言う「もの」に触れる際に受容される質だけでなく、大気の状態なども意味している。

ところで身体はその表面（皮膚）の各部分が触覚を持ち、触圧を受容できる。するとこれらの触圧が共存する形式、つまり触覚的直観独自の空間性はまた、固有身体が自由に動くことのできる〈場〉とでも言うべきものを構成していると解釈できるだろう。なぜなら〈私〉が身体を動かすことは、固有身体の運動の印象をもたらすと同時に、〈私〉が受容する触覚的直観、即ち触圧の変化をも生じさせずにはおかないからだ。だとすれば〈私〉の運動は自ずと、この触覚的直観の共存する形式である触覚的空間に位置付けられることにならないだろうか。そして結果として、触覚的直観の空間性は、〈私〉の固有身体が自由に動きうる〈場〉をも構成していないだろうか。ここで言う、固有身体が自由に動くことのできる〈場〉とは、動くことできる限りでの〈私〉の固有身体が見出される空間（この空間を私たちは、何らかの条件や障害があるとはいえ、基本的に自由に動くことのできる空間として認知している）を意味している。

四肢を動かすとき、あるいは一塊のものとしての身体を全体として動かして移動させるとき（後者の場合、努力の様態は既に触れたように「共通の努力」である）、ともあれ私たちが自分の身体を動かしているときを想定してみよう。ビラニスムの概念の順序から言えば、第一に記述されるべきは、身体を動かす原因としての〈私〉の自己感知と、筋肉が〈私〉に対置する抵抗である。だが同時に、このとき四肢、あるいは〈私〉の身体の運動の印象は、この四肢や身体が私の意志に従って自由に動くことの感知をも与える。しかるに「動く」ことの記述は、内的に感知される筋肉の記述で尽きるのだろうか。身体の運動を語ることは、この運動が展開されるべき〈場〉を必要としないだろうか。そしてこの運動が展開される〈場〉は、先に述べたように、たとえ個々具体的に触れるものはなくとも触覚に開示される直観の空間性に他ならないと考えられないだろうか。そしてこの空間性こそが、私たちが日常的な場面で、自分の体が自由に動くことができると考えている、そうした空間性の根拠をなしてはいないだろうか。

これまでの解釈は、ビランのテキストからも論証しうると考えられる。ビランは、「私たちの外的な位置移動がなされる空間が対象的直観の場である」(VII-1,p.142)と述べる。「私たちの外的な位置移動がなされる空間」であるとされる「対象的直観の場」という言葉の「対象的直観」とは、いかなる直観を指すだろうか? 私たちが現在もっている成熟した知覚では、恐らく「すべての直観」というのがその答えになるだろう。私たちは五官の各々に与えられる直観を、この〈私〉の身体が移動しうる空間の何処かで生じていることとして認知する。私たちは成熟した知覚の段階においては、様々な直観を、「私達の外的な位置移動がなされる空間」のうちに位置付ける。

しかし、例えば暗闇の中、沈黙が支配し、匂いもない(当然ながら何も味わっていない)状態を想定してみよう。それでも〈私〉は身体を動かす限りで必ずや触覚的な直観を受容するであろう(〈私〉の身体が動く限り、少なくとも身体の周囲の大気を知覚しないだろうか)。このときこの触覚的直観の空間は、「私たちの外的な位置移動がなされる空間」であると言い得るのではないか。

こうした推測を補強する言葉は、「トラシ氏の観念学についてのノート」にも見出される。ビランは次のように述べる。「むしろ空間ないし広がりが私たちにとっての根源的所与であるからこそ、私たちは自分自身の運動をこのように認識できる。つまり、私たちがある筋肉感覚を感じているときに私たちの身体が移動していると判断できるのであり、この認識は内的な感覚だけでは不可能である。」(A, XI-3, p.18)この文章は示唆に富んだものだ。確かに、ビラニスムの重要性は、意志し、原因・力として感知される自我と動かされる身体との関係の記述にあり、ビランの記述の重点は、動かされる身体についての内的な筋肉感覚に置かれている。しかしこの内的な感覚にだけ留まる限り、私たちが通常認知している、私たちの身体が動きまわる空間は決して導かれない。しかるに身体を動かしあるいはその位置を移動させることは、触覚的直観の空間性の変化と相即的に生じることであり、身体を移動させることは、同時に、触覚的直観の空間性を認知することでもある。従って、私たちが身体を動かすことは、固有身体についての表象的ではない知を獲得することであると同時に、触覚的直観の空間性、すなわち私が自由に動くことのできる空間の存在を知ることでもある、と言うべきなのである。

ビランは同じく「トラシ氏の観念学についてのノート」の中で、「空間は対象的直観の最初の働きにより、一挙に与えられる。」（A,XI-3,p.21）と述べている。たとえ暗闇の中、沈黙の支配するうちに〈私〉が目覚めようとも、〈私〉が身体を動かす限り、触覚的直観が与えられる、同時に、触覚的空間の空間性も「一挙に与えられる」。この空間性のうちで、〈私〉は自らの身体が動き回れることを見出すことになる。

自由な空間を巡るトラシの議論

ビランがなぜ、この身体が自由に動きまわる空間について余り言及しなかったのか、そしてこれを触覚的直観の空間性と関連付けなかったのか、この点については、一つの仮説を立てることができる。その仮説とは、第一部第三章で述べたように、ビランが運動性の概念を磨き上げていったのが、デステュット・ド・トラシに倣いつつ、かつ彼に逆らってのことだったからではないか、という仮説である。

トラシは『思惟能力についての覚書』で、自由な運動に関して次のように述べていた。「自由な運動が行われる方向は、後に私たちが〈空虚〉(vide)と呼ぶことになる観念を与える。そして私たちの運動が妨害される方向は、私たちが〈障害〉(obstacle)という言葉で表象する感覚を与える。」(Tracy, 1798 → 1992, p.114)

トラシにとり四肢の自由な運動は、メーヌ・ド・ビランにおけるように直接的統覚の対象である固有身体を与えるのではなく、〈空虚〉を与える。従って四肢を自由に動かす経験は、トラシにとってはビランの場合と異なり、〈私〉の構成を行うのに十分なものではない。このトラシの考えは次の言葉に明確に表れている。

「物質が私たちの努力感覚に譲歩すると、私たちは運動を感覚する。これが対抗すれば、障害物、物体の感覚を得る。何らかのものが存在するようになると、私たちは比較のポイント、障害物、物体の感覚を得る。私たちはこれらに努力の感覚を関係付けた後、他の感覚を関係付ける。これによって私たちはやがて、外的な物体と、私たちの諸器官といった私たちの諸部分をなす身体とを、区別する。」(Tracy,1798→1992,p.83: 強調は引用者による)

「やがて」という時間的な前後関係を示す副詞から了解されるように、トラシにとり、固有身体の認識は、外的物体の認識より後に、かつこれをモデルとしてなされる。固有身体の認識の先行性を重視するビランにとり、この順序は決して容認できない。だからビランはトラシに対して、「もしあなたが対象的な諸観念、あるいは外的世界と関係する諸観念の源泉に気をとられず、またあまりに急ぎすぎなければ、あなたは必ずや、あなた自身がその一般的影響を最初に評価なさった運動性の特殊な効果を観察なさったでしょうに」(A, XIII-2, p. 280) と批判を向け、あるいは「絶対的抵抗において吟味する前に、身体との関係において抵抗を吟味しなかったことがあなたの誤りなのです。」(A, XIII-2, p.276) と批判を向けるのである。

ビランが「努力」の概念を鍛え上げたのは、このようなトラシの抵抗概念、対象的な事物と密接に結びついた抵抗の概念に抗ってのことであることは間違いない。そもそも『第一習慣論』で「抵抗」の概念をビランが始めて導入したとき、彼は確実にトラシを意識している。「四肢を動かし自ら動く個人について言えば、この人は自らの筋肉による抵抗と、それらを活動させるためになされる努力とから生じる特殊な印象を必然的に感じるだろう。」(A, II, p.40: 強調は引用者による) この文章は、「私が立像を空中に移動させても事情は同様であろう。このとき【…略…】立像はまだ、可動的な身体を自分がもっていることを学ぶことができない。」(Condeillac,1754 → 1984, p.93) と述べて、自分の体を動かす立像が自己の固有身体を認識することを否定するコンディヤックに対して向けられるのと同時に、自由な身体運動は〈空虚〉の概念を与える、とするトラシに対しても向けられている。

ビランが自らの努力の概念の提示に当たって、まずは身体が意志にもたらす有機的抵抗を重視し、その記述に重点を置いたのは当然であり、ビラニスムの独自性は確かにここにある。しかし、トラシの議論にも評価すべき点はある。確かに彼は、身体の自由な運動に自己の統覚を基礎付けることは考えてもいない。また彼は、四肢が動く空間性に〈空虚〉(vide) という否定的な名称を与えている。しかしそれでも彼は、四肢が自由に動く空間性に接近しているのである。「空間とは、なにものも私たちの運動を邪魔しないとして、この何もないこと (rien) により私たちが動くことが可能となるときに、私たちが持つ自ら動く能力によって人称化された無 (néant) なのだ。」(Tracy, 1804 → 1977, p.142) と述べたときに、彼は私たちの身体が自由に動くことのできる空間の記述に接近している。なぜなら「何もないこと」によって少なくとも、私たちが動くことは可能であることが記述されているからである。

改めてビランに戻ろう。四肢を動かすことと、全体としての身体の位置を移動させることは、身体を動かしうる〈私〉の統覚を生み出し、諸印象が局所化される内的空間をもたらすと同時に、感知されている身体の運動と相即的な触覚的直観の〈場〉を開くことをも意味してはいないだろうか。もちろん固有身体の内的空間と、この運動と相即的に開かれる、触覚的直観の空間性は混同されてはならない。「最初は何ら制限を受けていないこの身体的なある種の広がりは、何ら外的感官によって描かれることはないし、直観の無媒介の対象ともなりえない。」(A, IV, p.134: 強調は引用者による) そして、直観の無媒介の対象とはなりえない固有身体の内的空間が、事柄の順序に従って、第一に記述される。だがこの内的空間が与えられるのとほぼ同時に、私の四肢が自由に動くことのできる空間も、やはり触覚に与えられるのではないか。

そして触覚的直観がもつ空間性には、〈私〉の身体が自由に動くときに大気から与えられる「触圧」と、日常用語で言う固体的な「もの」に触れることがもたらす「触圧」（そして後述する事がらを先回りして言えば、〈私〉の運動に対してこの「もの」がもたらす抵抗）とが複雑に織り込まれている。触覚的直観の空間性とは、私の身体が自由に動きうる場所と、〈私〉の身体運動を阻害するものとが交互に織り込まれた空間性を意味している。

一言述べておけば、このように触覚的直観、並びにその共存の形式としての触覚的直観の空間性を認知するのは、共通の努力によって構成される〈私〉である。事実、前に確認したように（本書、一〇四頁を参照のこと）、ビランは「共通の努力」という語を、身体全体を緊張させて諸器官を目覚めの状態に置く努力とは別の意味で用いている。「連帯して動くただ一つの塊として考察された身体の一般的移動のうちには、共通の努力がある。」（A, III, p.432）ここでは「共通の努力」という言葉が、一塊の身体を移動させることと捉えられている。「内在的努力」は身体の全体を緊張させるものであったが、その強度が高まれば、身体を全体として動かし、その位置を動かすことが可能となるだろう。

実際、身体の移動とは、内的に感知される筋肉を志向的に用いることではなく、「動く」という意図の下すべての意志的な筋肉を協働させることなのだから、このとき「共通の努力」という言葉を用いることが相応しい。そして〈私〉が「共通の努力」によって身体の位置を変えることは、この身体が動き回ることができる空間を開くことでもある。目覚めた〈私〉は、何らかの運動を行うであろう。そしてこの運動、自分の体の位置を移動させることは、それとともに、私の体がその位置を移動させていく空間の認知をもたらすのである。

正確を期して言えば、『試論』においてこの「共通の努力」のための場所は与えられていない。しかしビランは試論のいくつかの箇所で、「私たちの外的な位置移動がなされる空間」について語っている。私たちはこの位置の移動が、身体全体を対象項とする意味で「内在的努力」に類似する「共通の努力」に基づくものであること、そして「位置移動がなされる空間」が触覚的直観の空間であると考えられることから、これを「感覚的体系」の分析のうちに挿入することとする。

第四節　非我原因の信憑

身体の移動がもたらす空間性の統合

感覚的体系における〈私〉は、最初に確認したように、随意筋の全体を緊張させているだけでなく、位置移動を行う存在者である、と私たちは解釈した。

ところでこの「位置移動」という契機は、前節で述べた、触覚的直観が位置づけられる身体が自由に動き回ることのできる空間を開示する機能の他に、もう一つの役割を持つと考えることができる。本節においては、（ややビランの記述を超えつつも）この役割を明らかにすることとしたい。

第一の役割は、視覚や聴覚といった各々の器官に与えられる諸直観を、一つの空間へと位置づける役割である。つまり、身体の位置移動があるからこそ、複数の器官に与えられる直観が、身体の移動に応じて変化する点で共通性を持つことを契機とし、一つの空間に属するものとしての統合の度合いを高めるのではないかと考えられるのである。

各々の感覚器官に与えられる直観は、それぞれ独立したものとしても考察しうる。例えば視覚的な〈現われ〉に含まれる直観と、聴覚的な〈現われ〉に含まれる直観とが同じ空間内にあることを想定していない事態を考えることは容易い。例えば人がスピーカーから発する音楽を聴いているとき、確かにこの人は、問われれば、聴覚的な〈現われ〉

である音楽は、視覚的な〈現われ〉であるスピーカーから発している、と答える事ができる。しかし、音楽を聴いている人は通常は、専ら音、つまり聴覚的直観に集中しているのであって、この聴覚的直観をスピーカーの視覚的な直観と関係付けることはこの人にとって問題とはならない。

しかし現実の生活において私たちは、視覚的〈現われ〉、聴覚的〈現われ〉、あるいはさらには嗅覚的な〈現われ〉などが、同じ空間内に位置付けられるものと考えている。この関係、「あらゆる直観における一つの同じ空間への関係」(A. VII-2, p.366:「一つの同じ」の強調は引用者による)はいかに説明されるのだろうか。個々の感官に現われる具体的な〈現われ〉が、能動的触覚の行使に対して与えられる抵抗を核として一つの「もの」の〈現われ〉として了解される事態の説明は、ビラニスムにおいては「知覚的体系」でなされるのだが、しかし、個々具体的な各々の感官に対する〈現われ〉が位置付けられる空間が一なるものである事態は、感覚的体系の枠組みに、「共通の努力」が構成する身体の位置移動を挿入することで説明されるのではないか、と私は考える。

とはいえ、〈私〉が「内在的努力」によって構成される段階でも、直観は〈私〉が目覚めさせる諸器官へと現出するものであるのだから、諸直観は、一なる〈私〉に現出するものである、という意味で共通性をもつと言える。

この点について、ミシェル・アンリは次のように指摘している。彼は、私たちの諸感覚が、それだけではいかなる統一性も有しておらず、互いに異質的である可能性を認めながら、「しかしそれ自身において考察された私たちの諸感覚などというものは、抽象でしかない」と述べ、さらに次のように指摘する。「感性的世界の超越的統一性の原理。このような統一性は、抵抗する連続体の統一性であり、抵抗する連続体は様々な感官の諸世界を横断して、それらの各々のうちでその実在性を根拠付け、同時に他のすべての感官の諸世界への各感官世界への開けを根拠付けている。それゆえにこのような統一性は、実在的にして一なるこの連続体を構成する力能の統一性に依存し、私たちの主観的身体の統一性に依存している。」(Henry, 1965, pp.116-117) 諸感官への、相互間では異質な〈現われ〉[17]は、その現出の条件まで遡れば、これらを受容する諸器官が「抵抗する連続体」としての固有身体のうちに位置づけられるという意味で、統一を得ている。つまり諸々の〈現われ〉は、〈私〉の肉体に関係付けられるという意味で統一を得ている。

ところで、〈私〉が目覚めることによって各感覚器官が受容する諸感覚の統一性が、各器官が位置づけられる抵抗する連続体の統一に基づいているのであれば、この全体としての「抵抗する連続体」の経験に他ならない固有身体の移動が、さらに諸感覚の統一を高めると考えられないだろうか。

つまり、〈私〉が自らの固有身体を移動させることが、〈私〉の諸器官に現出するという意味で統一を得ている諸々の〈現われ〉を、より緊密な統一へともたらしていると考えられないだろうか。

実際、〈私〉の身体の位置移動は、〈現われ〉に対して何らかの変化をもたらす。ビランは、意志的な呼吸が香りを現出させる事態を記述するが (cf.;A, VII-2, p.269) これと同じように、〈私〉の身体の移動も、あるときは新たな〈現われ〉を現出させ、あるいは〈現われ〉を変化させる。目の前の木は、〈私〉が固有身体の位置を変えると、その相貌を刻々と変化させる (当然ながら木の周囲の事物の視覚的な現われも変化する)。私が固有身体の位置を変えることで、先ほどまで私の耳に轟いていた海鳴りは次第にその響きを弱め、ついには殆ど聞こえないものとなってしまう。今私はバラの香りを楽しんでいるが、私が身体の位置を移動させることで、バラの香りは強まりもすれば、弱まりもする。

「共通の努力」が構成する〈私〉の能力としての、自分の身体の位置を変化させる能力は、このように、諸々の器官に対する〈現われ〉に変化をもたらす。もっともビランはこのことを余り明晰には述べていない。しかし、次のように考えることもできる。

先にも引いたように、ビランは「私たちの外的な位置移動がなされる空間が対象的諸直観の場である (l' espace dans lequel s'exerce notre locomotion extérieure est le lieu des intuitions objectives)」（A, VII-1, p. 142）と述べる。このテキストの「対象的諸直観の場」という言葉に、私たちは先に「触覚的直観」という意味を読み込んだのだが、この語を、他の視覚的直観や聴覚的直観、嗅覚的直観と解釈することも出来る（というより、成熟した段階の知覚においてはそのように理解するほうが自然であることを既に指摘した）。これは次のことを意味する。個々の感官に与えられる諸直観は、私がその身体の位置を移動させることに伴って変わり行く点で共通性を持つのであり、その意味で各々の諸直観の場とは、「私たちの外的な位置移動がなされる空間」でもある。

〈私〉の固有身体の位置の移動は、自ずと五官のそれぞれに与えられている直観に変化をもたらす。身体を移動させることは、「見え」や「音」に何らか変化をもたらす。ほんの僅かな移動すら、身体を取り巻く大気の変化を直観させ、同時に、他の諸器官に現われる直観を一変させる。諸直観はこの意味で、固有身体が移動するに際して、各々の器官の特性に応じて関数的に変化する。〈私〉の身体の移動に基づいて変化するものという規定を受けることで、諸々の感官に現われる直観は、より密接に統合される。そして諸直観は、触覚的直観の空間性として前節で規定された、私の身体の「外的な位置移動がなされる空間」へと帰属するものと認められるだろう。

「質」としての直観は、確かに同じ空間に位置づけられる。「あらゆる直観における一つの同じ空間への関係」（A, VII-2, p.366）が確かに存する。この「一つの同じ空間」とは、触覚的直観の開く空間性であり、この空間は、〈私〉の身体が自由に動くことのできる空間である。

非我原因の規定

ところで私たちがこれまで述べてきた位置移動の重要性は、さらに「感覚的体系」の第四章、「原因の観念と、最初の触発的諸感覚並びに表象的諸感覚との連合」において、大きな役割を果たしていると考えることができる。「感覚的体系」における認識能力は、一塊の身体を動かす能力、触発をきっかけとした固有身体の諸部分の分節化、目覚めた諸器官に現出する直観の受容、そして今しがた述べた「位置移動の能力」、ならびにこれらに対応する直観の変化の認識に尽きるのではない。この体系における自我は、自我ならざるもの、つまり非―我（non moi）が、未だその輪郭ははっきり規定されていないにせよ、原因としての資格をもって存在していることを信憑（croyance）する能力を持つ。

ここで予備的な作業として、感覚の変化、並びにその変化の原因の観念を巡る、コンディヤックの『感覚論』の議論を思い起こしておこう。コンディヤックの体系において、立像はいくつかの嗅覚的感覚を継時的に与えられることで、複数の嗅覚的状態の継起を経験するが、「立像は外部の対象が自分に対して及ぼす活動を推測することが出来ないから、自己の中にある原因と外にある原因とを区別することができないだろう。」（Condillac,1754 → 1984, p.21）立像が経験しうるのは嗅覚的な感覚だけであるから、この感覚を何であれ他の感覚の観念や、まして「自己の外部にある原因」という観念と結びつけることはできない。従って、「すべての変容は、立像にとって、自己自身に負うように見える。」（ibid.）[18]その感覚器官を嗅覚だけに還元された立像は、たとえ嗅覚的感覚に変化が生じても、その変化の原因が自己以外のものではないか、と想定することはできない。

コンディヤックの体系において立像が自らの感じる嗅覚的感覚を原因の観念と結びつけるのは、嗅覚と触覚とが連合した段階においてである。この段階において、立像は外部にある触覚的対象を知覚し、これを自らではないものとして認知するのだが、この外的な触覚的対象（この場合は花が例とされている）に、香りの原因を結びつけるようになる。多少長くなるが、コンディヤック自身の言葉を見よう。

「立像は、ぶつかった対象のうちに行き当たりばったりで手を動かしているうちに、指に残る一輪の花をつかむ。腕が当てもなく動かされ、その花を交互に顔に近づけたり遠ざけたりすると、立像は一定の仕方で、強くあるいは弱く自分を感覚する。

立像は驚いて、この実験をさらに意図的に繰り返し、その花を手に取ったり捨てたりする。花を近づけるか遠ざけるかにつれて、自分が一定の仕方で存在する、あるいは存在するのをやめることを確かめる。ついには自分が感情によって変容を受けるのは、その花に拠るのではないかと疑い始める。」(Condillac,1754 → 1984, p. 158)

このような長いプロセスを経て、コンディヤックの立像は、ようやく自らの変容の原因を、自己の身体の外に触覚によって知覚される限りでの花と結びつけ始める。だがビランからすれば、この議論には批判するべき点がいくつかあるだろう。

最大の問題は、ここで、花の香りは触れられている花に拠るのではないか、香りの原因は触れられている花ではないか、と疑い始める時、「原因」の概念がそもそもどこに由来しているのか、これが曖昧に留まっている点である。コンディヤックの体系は、原因の観念が問題となる場合には、常に「密かな作動者」を紛れ込ませている。〈私〉以外のものが原因という資格を与えられるためには、既にして「原因である」とはいかなることかが、実効的に知られているのでなければならない。

こうした視点からコンディヤックの議論と比較するとき、非—我原因が信憑されるようになるプロセスについてメーヌ・ド・ビランが与える説明は、行き届いたものとなっている。なぜなら、これから見るように、ビランの説明は「原因」の概念がどこから汲まれるのか、その源泉を指示しており（根源的事実において自我は既に自らを原因であると感知しているのであった）、また、単純さが説明の正当性の必要条件ではないとはいえ、コンディヤックの説明のような、条件に条件を重ねる複雑なものとはなっていないからである。

実際のメーヌ・ド・ビランの議論を見てみよう。彼は、自我の存在様態における能動的状態と受動的状態との対照から、非―我原因の発生を説明する。

「内奥感の根源的事実から出発することで、意識と相関的なすべての現象、自我が何らかの形で参与し結びつくすべての様態は、必然的に原因の観念を含むことを確認できる。この様態が能動的であり、意志された努力の現実的結果として統覚されるなら、この原因は自我である。もしこれが、この努力に対立しあるいは意志の行使から完全に独立したものとして感知される受動的印象であるなら、原因は非―自我である。」(A, VII-2, p.251)

この文章で、「この様態が能動的であり、意志された努力の現実的結果として統覚されるなら、この原因は自我である」という部分は、ビラニスムの枠内では、殆どトートロジーである。なぜなら、ビランは「自我が、自らの活動が決定する感覚的結果から己を区別しつつ、自らを産出的原因として認識するすべての印象を、私は統覚と呼ぶ。」(A, VII-2, p.206) と述べるからである。ともあれ、何らかの印象が自我の意志によって引き起こされているとき、このとき自我は自らを原因として感知する。これまで論じてきた事柄を例として引けば、〈私〉は、筋肉の全体に行き渡る緊張の原因として自らを統覚し、あるいは筋肉全体の協働による位置移動の原因として自らを統覚し、そして、この位置移動に相即して生じる直観の変化の原因（「直観の原因」ではない）として自らを統覚する。

逆に、現出している印象に対して自我が受動的であるときには、何らか自我ならざるものがその印象の原因であると、自我は想定するようになる。何らかの印象が生じるが、その印象の原因が〈私〉ではない以上、〈私〉ならざるものが、この印象を引き起こしたに違いない、という想定がなされる。想定されている非―我原因の存在は、当然直接的に統覚できるものではない以上、根源的事実のうちに含まれるものではなく帰納されたものである。「だがこれは、能動と受動、自我が自らを自由であると統覚する様態と自らが何らか強いられている様態との間の対照についての最初の感知に基づくゆえに、最も自然的で最も直接的な帰納なのである。」(ibid.)

ビランは、この「非―我原因の想定」に「信憑」(croyance) という術語を与えて、次のように述べる。

「非―我である原因への信憑は、外的対象の認識とは本質的に異なる。前者は最も曖昧なものであれ、ともかく欲望に対するある種の抵抗にのみ基づきうる。後者は努力ないし決定された意志が知覚しうる抵抗に基いている。後者は実体の実在的世界に制限されているが、前者は原因ないし不可視の力といった想像的世界のうちを彷徨う。いずれも根源的事実ではないが、同じようにこの根源的事実に近い。」(A, VII-2, p.252)[19]

このテキストからは、いくつか帰結を引き出すことが出来る。

まず重要な点は、非―我である原因への信憑、つまり既に「原因」として自己を統覚している〈私〉以外にも「原因」の資格をもつ何ものかがあるという信憑が、認識ではない、とはっきり言われていることである。ビラニスムにおいて、ある〈現われ〉が認識されるか否かは、件の〈現われ〉が根源的事実と関係しているか否かにかかっている。従って、後述するように、ビラニスムの枠組みにおける外的対象の認識は、根源的事実と直接に関係する能動的触覚が行使される際の、抵抗と触圧との連合によってもたらされる。他方、非―我である原因の存在は、あくまで根源的事実からの帰納によって信憑されているに過ぎない。もう少し丁寧に言えば、〈私〉が受動的な状態にあることの感知は根源的事実であるが[20]、この受動的な様態をもたらしている何らかの原因の存在は、これが認識されていない以上、根源的事実ではなく信憑されているに過ぎない(なお、ここで一言述べておけば、信憑と認識との区分は、信憑から認識へというプロセスを呼び寄せると考えられるだろう。ビランはこの問題をほとんど論じていないが、信憑から認識へと至るプロセスが立てられることで、人間の知的探究の動機がいかなるものであるかをビラニスムの枠内で語る可能性が垣間見られている）。

第二に注意するべきは、非―我原因への信憑が「欲望に対するある種の抵抗」に基づくとされていることである。つまり信憑は、触発、それも欲望を引き起こす触発に基づいている。このことを少々解きほぐしておこう。自我は目覚めた状態にありつつある触発を被ることが出来るが、この触発が快適であるか不快であるかに応じて、この触発の存在（ないしその不在）を欲望する。「欲望とは、私達の実存の友ないし敵である原因に対して向けられた、これらが近づきますように、あるいは遠ざかりますようにという、ある種の祈りのようなものだ。」(A, VII-2, pp.257-258) このテキストに既に「原因」という言葉が現われていることから明らかだが、欲望は「原因」の存在の信憑を導く（その内実は未だ規定されておらず、あくまでその存在が信憑されているに過ぎないが）。そして自我が非―我原因を想定するのは、この欲望、「ある種の祈り」が実現されない場合に、何らかその実現を阻止するもの（「欲望に対するある種の抵抗」）があると信憑されるからである。実際、〈私〉の関心を何ら惹かないものであれば、その変化に対して非―我原因を想定する必要はない。欲望が実現されないということは、非―我である原因を信憑する動機となる。

最後に、信憑が「根源的事実に近い」と言われていることに関して言えば、信憑は、自我の目覚めた状態に、快適であるか不快であるかの触発が付け加わり、この触発に対する欲望が目覚め、そしてこの欲望が実現されなければ生じうる。だから、自我が固有身体との関係性のうちで原因として自己を統覚する根源的事実と、触発をきっかけとした非―我である原因の想定との間には、ほんの僅かしか距離がないことになる。

これまで紹介してきた、非―我原因への信憑の生成にビランが与える説明を、花の香りの例を用いながら解きほぐしていくと、コンディヤックの説明に対するビランの説明の優位が、より明らかになる。

今、〈私〉は目覚めた状態にありながらも、バラの香りによってほのかに触発を受け、この触発を快適なものとして感知している（なおここでは厳密に言えば、「バラの香り」ではなく何らかの快適な「香り」が問題となっている。これを「バラの香り」として知覚するためには、「知覚的体系」に移動しなければならない）。他方でこの嗅覚的な印象のうちには、触発的な要因のみならず、何らか直観的な要因が含まれている[21]〈私〉の身体が位置を移動させると、この直観的要因に変化が生じ、またそれと共に触発はより強まり、あるいは弱まる。このとき私は、直観的要因にもたらされた変化、並びに触発にもたらされた変化の原因は、〈私〉の身体の運動であると統覚する。

今度は逆に、〈私〉が目覚めた状態にあり、〈私〉の身体は同一の場所に留まったままでバラの香りによる触発を被っている場面を想定する。今、外的観察者が、バラを〈私〉の身体から遠ざけようとしているとしよう。このとき内的視点から見れば〈私〉は、バラの香りのもたらす直観的要素、並びに触発的要素が弱まっていくことを感じるだろう（このときバラの香りとバラの視覚的見えとが連合しているとは想定されていない）。この状況では、〈私〉は香りの印象のうちに生じた変化の原因を〈私〉であると統覚することはできない。〈私〉は既に自らの身体を移動させる場合にはバラの香りに変化がもたらされることを知っており、かつこのときにのみ〈私〉は自らを香りの〈現われ〉の変化の原因であると統覚する。逆に、今想定されている場面では、私が何ら自らの能動的能力を行使していないのにバラの香りの変化が生じる以上、〈私〉以外にこの変化の原因が存在する、と信憑される[22]。この変化の原因がいかなるものであるのかは、未だ決定されると言うにはほど遠い状態にある。だが、何らかの原因があること、つまり原因の存在それ自身は信憑されている。

つまりビランの説明からすれば、「目覚めた私」が共通の努力によって自らの身体を移動させることができれば、それによってもたらされる直観の変化、並びに何らかの触発の変化を契機として、非―我である原因の存在を信憑するに至る、と考えることができる。ビランの説明においては、コンディヤックの説明のように、触覚と嗅覚とを連合させた存在者が、偶然に花を手にとるなどといった、条件に条件を重ねるような想定は必要ない。〈私〉が身体を動かしうること、そして、私が何らか触発を被り、その触発を欲望することがあるだけで、「非―我」という新たな概念を獲得するには十分なのである。

第五節　第二章のまとめ

「感覚的体系」における〈私〉の経験内容は、通常私たちが経験する世界と較べれば豊かとは言えないかも知れない。しかしこの体系においては、世界の価値を超えた、世界と結んだ絆を緩めたときに見出される自我の存在が確保され、またこの自我を純粋に捉えるための方法が、確認された。これから見る知覚的体系において、自我は様々な経験をもとに自らの価値の基準を構築していくが、感覚的体系において見出される自我は、およそ身体をもち、その身体を意志的に動かすことにおいてその存在が確立されるのであり、その存在の審級は、身体を動かすことのできるすべての存在者に平等に訪れる。

そしてこの〈私〉はまた、目覚めることにおいて、世界を現出させる。〈私〉が目覚めるとは、諸々の触発を自分の固有身体のうちに位置づけることであり、また、諸直観を受容することができるように、諸器官を整えることでもある。〈私〉の目覚めが、様々な〈現われ〉が現出するための根本的な条件である。内的視点から言えば、〈私〉の目覚めを構成する努力が、世界を現出させる。

〈現われ〉は触発と直観とに分割され、触発は固有身体の何らかの部位に位置づけられることで〈私〉の経験内容となる。このとき〈私〉の固有身体は〈私〉が自由に行使しうる運動の項の集合という他に、新たに「触発的変容の場」という規定を受け取るのであり、また、触発を価値をもたらすものとして解釈した私たちにとっては、固有身体は価値が経験される場所としての意義も受け取るのであった。他方直観は最初から〈私〉の身体の外に、独自の空間性のもとに配置されるのであった。そしてこの直観の類似、あるいは共存といった秩序を、〈私〉は目覚めている限りでも認知することができるのであり、ここに一般観念の源泉が見出されるのであった。

そして、この〈私〉はまた、「共通の努力」によって身体を全体として動かしてその位置を変えることで、各々の感官に対する直観の変化が、〈私〉の身体の位置移動と相即的なものであることを知るのであり、その意味で、諸直観は私の身体の「外的な位置移動がなされる空間」（私たちはこれを触覚的直観の空間性と解釈したのだった）「一つの同じ空間」に位置づけられる。

この自我はまた、自らが能動的なものであると感知することで、自らの受動的様態とこの能動的様態との知との対比の中で、〈私〉以外のものが、〈私〉と同じく、原因という資格をもって存在することを信憑するに至る。そしてこの信憑は、〈私〉が、〈私〉ならざる存在者を認識へともたらそうとする、知の探求の動機となりうるものであるのではないか、と私たちは示唆したのであった。

知覚の能力が成熟した段階で私たちが見出す世界の秩序と較べれば、〈感覚的体系〉において主体が世界の側に見出す秩序は余りに貧しく見えるかもしれない。だがそれでも、〈私〉は既にその存在を楽しんでおり、そして各々の感官に対して〈私〉ならざる〈現われ〉があること、そして〈私〉以外の存在者がやはり原因としての資格をもって存在することを信憑している。ここには貧しいとはいえ、私が経験する様々な事がらの秩序の萌芽が描き出されている。〈私〉

が目覚めることに対応して、〈私〉に対して現出する様々な〈現われ〉のうちには、これだけの秩序が見出される。〈私〉はまず世界に対して目覚め、そのうちにこれだけの秩序を見出した後、ビランが言うところの「より優れた努力」を用いることによって、〈私〉を取り巻く諸々の〈現われ〉の中にさらに多くの秩序を見出していくことになる。

次章では、自我を構成する努力がさらに強度を増して志向的になり、個々の感官を自由に用いることができるようになるとき、自我はどのような事柄を経験するのか、これを記述することにしたい。

註

1　A, IV, p.137 にもほぼ類似の文章が見出される。

2　外的には現われない運動について、『習慣論』執筆の直後のビランは、これは脳中枢に留まると考えていた。セール宛書簡の以下の言葉を参照のこと。「脳中枢はこの運動への決定を保存しており、脳中枢が保存するのはこれのみである。またこの保存は、最初の意志的反応の強度に釣り合ったものである。次いで脳中枢がこの決定を実行するときには、運動あるいは観念の想起が存在する。もしも反応が器官まで広がれば、最初のときのように運動が産出される。そして運動が神経系の中枢を出ないときには、活動の観念のみが想起される。」(A, XIII-2,p.228)

3　「目覚めを構成する単純な段階の努力」(A, VII-2, p.278) という表現が見られる。

4　ここで注意したいのだが、こうした記述において触覚的な現われがない状態は、厳密には想定できない。人間という存在者は実存するに当たって必然的に、何らかの触覚的現われを感じないわけにはいかない。その身体は、たとえ周囲の存在者と接触していなくても、最低限足の裏の一部ないし身体の別の部分は大地と接触している。触覚が人間的経験において占める独自性の一つはここにあると考えることができる。

5　なぜこのように述べるかと言えば、暗闇であるということは、光が充溢した状態との対比の中で見えるものがない、と否定的に特徴付けられるのであって、実際のところ〈私〉が視覚器官を行使しているのであれば、暗闇もまた積極的な見えの一つとして考えるほうが整合的だからである。

6　アズヴィの「メーヌ・ド・ビランにおける直観と触発」(Azouvi, 1982b) が簡潔に両者の区別を説明している。

7　ただし、直観は価値中立的なものであるが、触発と結びつけばこの触発がもたらす「価値」に基づいて分節されると想定される。「触発的な感覚のうちには、記号が私たちに想起させる、あるいは記号と共に思い起こされる部分がある。これらは純粋に触発的なものではない。これは例えば、匂いや味、触覚的質のうちの知覚可能な部分である。」(A, VII-2, p.384) とビランは述べるが、「匂いや味、触覚的質のうちの知覚可能な部分」は直観と解釈されうる。従ってこれらの直観は、触発と結びついていると言えるだろう。直観がそれ自身では価値中立的なものでありながら、他方で触発と結びつけばその記号となりうることを確認しておく。

8　この点については第三部第二章第二節を参照のこと。

9　「直観の各々の感官は、感覚的世界の一側面に適合するものとして考察しうる、と私は言う。」(A, VII-2, p.298)

10　「一方で、受容された印象が殆ど触発を持たず他方では努力は殆ど強度を持たぬまま展開して殆ど統覚されていない、といった具合で器官が構成され、また器官がそれに従う活動者もそうした本性を持つ、といったことがある。【…略…】ここでは感覚の観念はそれ自身で存在するようであり、出来上がった形で外から来るように見える。この現象はその状況並びにその条件に於いて分析されるに値する。私たちはこれを、単純ないし対象的知覚（直観）という名前で区別する。」(A, III, p.143)

11　ヴァンクールはこの直観のもつ空間性を「原初的空間性」と呼び、これを触発的体系に位置づける (Vancourt, 1944, p.31sq)。しかし、自我なき場面における空間性を語ることには意味があるのだろうか？　この「空間性」は、外的観察によってその存在が帰納されると考えたほうが、ビラニスムの解釈としては整合的ではないだろうか。外的な観察者から見れば、触発的体系によって支配される存在者とて、その身体の位置を移動させることに変わりはない。この身体の位置移動と相即的に曖昧に感知される空間性のことをビランは触発的体系に挿入していた、と考えたほうが整合的ではないだろうか。

12　ちなみに『思惟の分解論』『直接的統覚』においては、直観的な要因の想起は一切認められていなかった。「この受動的視覚と結び付く想起は一切存在しない。」(A, III, p.193)「本来的に言えば、単純な諸イマージュないし諸直観の想起は存在しない」(A, IV, p.150, note)

13　ところでこのテキストを、ミシェル・アンリは高く評価しているが、彼はこの直観が持つ想起の能力を、「経験的素材の再生の才能ではなくて、経験的素材についての超越論的把捉の再生の才能である。」(Henry, 1965, p.239) と述べている。彼はこの「超越論的把捉の再生の能力」を、ビラニスムの中に見出されると彼が主張する「根源論的身体」と結び付いた、感覚することの「諸感官のそれぞれがもつ根のようなものである純粋な力能」(Henry, 1965, p.108)、「それ自身において純粋な権能として考察された感覚する働き」(Henry, 1965, p.138) と関係付けているように見える。彼はこれらの能力を『思惟の分解論』の次のテキストから導けると主張している。「対象を遠ざけてみよう。外的な力がなくても同じ意志的な決定が新たに生じることが出来るし、働きが産出され、変化することのない力の自らの決定において統覚されることができる。唯一絶対に欠けているのは感覚である。」(A, III, p.260) しかしここでビランが扱っているのは、能動的触覚の行使による形態の把握、つまり意志に従って実行される運動の再生可能性のみに留まっている。従って、この意志的運動の再生可能性を、直観の再生可能性に近づけることはできないだろう。

14　例えば、視覚という一器官に複数の対象が同時に与えられる場合もあれば、視覚と聴覚とにそれぞれの器官に対応する直観が与えられる場合もあろう。

15　ビラン自身が想像力に与えている定義を一応掲げておく。「私たちは、存続しあるいは過去の印象の調子へと身をおこうとする、感覚的器官ないし交感中枢のうちに保存された決定の事を想像力と呼ぶ。」(A, III, p.156)

16　本節での解釈は、ビランの記述を多少越えた部分があることを予め断っておく。

17　「見られるもの」と「聴かれるもの」は、絶対的に交換不可能である。

18　厳密に言えば、立像が経験しているのは匂いの連なりだけであるのだから、変容が「自己自身に負うように見える」という言い方は適切ではないと考えられる。

19　私たちは第二部第三章で、反省的諸観念が外的現象に適用されることを述べたが、こうした記述を見る限りでは、認識の最初の段階では「外的現象」に反省的諸観念が適用されるというよりは、非―我の概念を媒介として、自我以外にもやはり反省的諸観念が指示する諸属性を持つ存在者が信憑され、然る後にこの信憑された存在者を認識にもたらすプロセスがある、と考えるほうが整合的であるともいえる。

20　なお注意すべきは、〈私〉が受動的状態にあるとはいえ、何らかの〈現われ〉が現出するためには、〈私〉がこれを現出させるために能動的である、即ち「内在的努力」を行使していることは前提としている。

21　Cf.「受動的視覚から得られたこれらの性格【つまり直観的要素のもたらす性格：引用者註】は、【…略…】殆ど気づかれないのだが、においや味の触発的部分にも当てはまる。」(A, VII-2, p.235)「ここでは殆ど触発的ではない (très peu affective) 匂いの印象があることだけは注意しておこう。」(A, VII-2, p.269)

22　「個体の注意が心地よい香りに完全に向かい、すべての努力がこれを保とうとしているとき、不可視の力がこの香りを突如として奪い去り、代わりに不快な香りを与えたとする。個体がこれを逃れようとすると追跡し、探すときには逃れ、求めるときには抵抗する神秘的な存在者は自我とは異なる。」(A, III, p.163)

第三章 知覚的体系の記述——日常的世界の構築

前章で私たちは、「内在的努力」によって構成される目覚めた〈私〉がいかなる事柄を経験するのか、これを詳しく見た。ここで確認したのは、内在的努力によって〈私〉が目覚めることは、固有身体において触発を感知することであれば、様々な〈現われ〉を現出させることであり、またこれらの〈現われ〉が、一塊のものとしての身体の運動、つまり位置の移動によって変化することを〈私〉の知の内実としていくプロセスであった。

本章においては、ビランの「知覚的体系」を扱いその特徴を見ることとする。ところで、『試論』の第二セクション第三章においては、「知覚的体系」というタイトルのすぐ後に、「ないし注意の体系」という言葉が現われる。即ち、知覚的体系を特徴付けるのは、「注意」という能力である。「私たちがここで考察する注意が、私たちがここで分析を試みる新たな心理学的諸事実の体系の基礎である。」(A, VII-2, p.263)

ところで「注意」という言葉を用いる場合、私たちは通常、複数の〈現われ〉ないし対象から一つを選び出し、その一つのために〈私〉の認識能力を専らに注ぐことを言う。もちろん、ビランも基本的には「注意」という術語をこの意味で用いるが、ビランが「注意」に認める意義は、それに留まらない。

本章で記述していく「注意」の役割は、概略次の三つにまとめられる。

①「注意」とは、私たちの諸器官を志向的に用いてある〈現われ〉に向かい、かつその〈現われ〉に変化を加える、そのような能力の行使を特徴付ける言葉である。

②「注意」の能力のうちでも、特に能動的触覚において働く「注意」が果たす役割が特権的である。この能動的触覚の行使による経験の内容を核として、諸々の「現われ」は想像力によって結合され、結果、私たちの日常的な経験的世界が構築される。

③「注意」はまた、ビランが理解する意味での自然科学を司る能力でもある。

何らかの〈現われ〉に志向的に向かう意志的努力としての〈注意〉は、日常的な世界の構成において、本質的な役割を果たす。また、「自然的諸現象の研究と分類」に適用される理性の能力としての「注意」(A, VII-2,p.261: 強調は引用者による)は、メーヌ・ド・ビランの生きた時代に現実に形成されている、ニュートン的物理学に代表される諸自然科学の構成を説明する。あるいはこれらの諸学を形成する能力である点に、注意の重要性がある。すると、ビランが対象的科学における格率としてベーコンから引継ぎ、その著作で絶えず繰り返す、「現象を観察し、分類し、諸法則を見出し、原因を探求する」という一連の手続きは、「注意」の能力によって説明されなければならない。そして、さらに踏み込んで言うならば、ビランの提出する「注意」が果たす諸機能が、ニュートン的物理学によって代表される自然諸科学の生成を説明することができるのでなければ、ビランが〈注意〉に与える説明は破棄されることになる。

こうしたことを予め指摘しておこう。

ところで「知覚的体系」の分析に取り掛かる前に、もう一点銘記すべきことがある。それは、ビランの「知覚的体系」における言語記号の位置づけが、「知覚的体系」の後の「反省的体系」における言語記号の位置づけと、著しく異なっている点である。なぜなら「知覚的体系」における言語記号の特性は、主体が自ら産出できるという点にはないからである。「知覚的体系」における言語記号は、他の感官に現われる直観と地位を同じくする。

ビランは、注意の働きに基づいて形成される知覚的体系の記述を終えるにあたり、この体系における言語記号の地位に関して次のように述べる。「私たちが先ほど語った知的諸作用は、制定された記号を前提とするが、ただしこれらを、別の知覚ないし観念と関係した知覚として、すっかり出来上がったものとして受け取る。」(A, VII-2, p.264)「すっかり出来上がったものとして」受容されることは、まさに直観の特質であった。[1] 従って、知覚的体系における言語記号は、聴覚的なものであれ、あるいは視覚的なものであれ、視覚や聴覚が受容する他の種類の直観と、同じ存在身分を持つと言える。

このことを、例を挙げて、少しだけ解きほぐしておこう。

ある〈現われA〉と別の〈現われB〉とが、共時的ないし継起的に繰り返して現われるような事態を想定しよう。前章で述べたように、このとき両者の間には関係が形成され、〈現われA〉の現前は、〈現われB〉の現前を予告するようになる。例えば私たちは、ヴァイオリンの音色（聴覚的な直観）を聴けば自ずとヴァイオリンの視覚的直観を思い浮かべるだろう。これはビランが、想像力の記号と呼ぶものである。[2] 諸直観は想像力の記号として相互に結びつく。ところでこれらの記号の特性は何かといえば、いずれの現われも、〈私〉が自由に創造できない点にある（直観はそもそも〈私〉が「すっかり出来上がった形で」受容するしかないものであった）。想像力のうちで結びついた〈現われ〉の連合も、〈私〉が自由にすることはできないものである。[3] 知覚的体系において言語記号がすっかり出来上がった形で与えられているとは、この体系における言語記号が、〈私〉が自由にできないものであることを意味している。

例を挙げれば、私がその名前を知らない魚が食卓に並び、周囲の人びとがその魚を指して「カワハギ」という音声を発するとき、その魚の視覚的直観、あるいは味覚的直観と、やはり直観である「カワハギ」という音声記号が結びつくだろう。するとこれらの諸要因は一まとめにされ、その一つが現出することは、他の要因を現出させることになる。つまり今度は「カワハギ」という音声記号を受容したときに、カワハギの視覚的現われを私が想像することが出来るようになる。このとき〈私〉は〈カワハギ〉という音声記号を、「すっかり出来上がった形で」受容している。ただしこのとき〈私〉が「ka-wa-ha-gui」という音声を自ら発しうるか否かは問題とはなっていない。このとき主体は「すっかり出来上がった言語の記号を受容し、ある種の本能によってこれらを模倣しながらも、個体は活動ないし外へ伝達された運動の結果のみしか知覚しない。」(A, VII-2, p.378) マディニエの適切な言い方を借りれば、「これらは代替物としての記号であり、道具としての記号ではないと私たちは言いうる。」(Madinier, 1937, p.150)

このことは、人間のより高次の知的諸機能について語られるようになる反省的体系における言語の役割が著しく異なるだけに、銘記する必要がある。

それでは改めて、ビランが注意にいかなる役割を託しているか、具体的に見ていくことにしよう。

第一節　注意の働きの規定

直観を明晰にする能力としての注意

「注意」がいかなる機能を持つのか、またこの機能が人間の認識諸能力の生成にいかに寄与するのかを理解するために、まずは、ビランが「注意」に与えている定義を見ることとする。『直接的統覚』並びに『試論』で、「注意」は次のように定義される。

「注意とは、よりはっきりとした、より志向的な努力の感官の行使であるが、これは常に、意志によって活気付けられた眼差しのうちで、単純な直観を完全な知覚の地位へと引き上げることができる。これは感覚においては生じない。感覚においては触発的要因がそれ自身、あるいは自発的な感覚性によって調子を高めてしまい【注意の場合とは：引用者註】逆に、努力、能動的注意と自我とをすっかり吸収してしまう。」(A,IV,p.147)

「様々な外的感官の目覚めの状態を構成し、これらを知覚に適したものとし、あるいはこれらを刺激しに来た諸対象を曖昧に表象することができるようにする努力があるが、これよりも優れた状態にある努力を、私は注意、と呼ぶ。問題となっているこの優れた状態は、最初は混乱していた知覚を、これを曖昧にしている他の諸印象から孤立させることでより判明にしようとする、積極的ではっきりとした意志によって決定される。」(A,VII-2,p.265)

『試論』から引用した二つ目のテキストの前半部分で言われる努力は、「様々な外的感官の目覚めの状態を構成し」と言われている以上、前章で論じた、諸器官の目覚めの状態を構成し、かつこれらの器官が知覚を行いうる状態にしている努力、つまり「内在的努力」を指す。そして、「注意」はこの努力よりも優れた努力の状態であるとされる。「注意」を構成する「より優れた」努力は、自我の目覚めを構成する「内在的努力」に比して、どのような意味で優れているのだろうか。まず、「内在的努力」が「志向的でない」と特徴付けられていたのに対し、「注意」が「より志向的な努力の感官の行使」と言われていることが、注意をひく。このことを踏まえてビランの言い方をなぞれば、「注意」はある〈現われ〉のうちの直観を他の〈現われ〉がもたらす直観から区別された判明なものとしようとする、志向的な努力の状態として定義することが出来る。

前章で見た「内在的努力」の段階では、この努力によって構成される自我は、各々の直観のいずれか特定のものに志向的に向かうわけではなく、それぞれを「関心を惹かないもの」として、私たちの言葉を使えば、価値中立的なものとして受容していた。[4]

そもそも、内在的努力により構成される〈私〉が経験する「抵抗する連続体」としての身体には、いかなる意味作用も介入しないのであった。「〈私はできる〉の内在的な自己運動における抵抗連続体の純粋な感受のうちには、いかなる意味作用も、いかなる理念性も介入しない。」(Henry,2000,p.212) だとすれば、抵抗する連続体の経験と相即的に現われる諸々の直観も、内在的努力のみにより〈私〉が構成されている段階では、なんらの意味作用も付与されていないことになるだろう。つまり、あらゆる直観は、いずれも別の直観に対して特別の地位を持っているわけではないという意味で、すべて平等である。

だが、「注意」が行使されるようになると、こうした価値中立性は(触発の介入とは別の次元で)終焉を迎える。このとき、直観のうちのあるものが他の直観から区別されるようになり、ある直観が何らかの意味で、他の直観と較べて立ち勝るようになる。

このことの意味を確認しておこう。

「感覚的体系」において行使される諸能力のうちにも、「ある種の注意の能力」(A, VII-2, p. 259) が見出される、とビランは述べる。だがビランの言に従えば、「これは実際には他のものから比して浮き上がった感覚に過ぎない。」(ibid.) 感覚的体系においては、〈私〉が何らかの〈現われ〉に自らの能力を集中することがあっても、自らの意志によってその能力を主導し、志向的にその〈現われ〉に対してその能力を向けているのではない。何らか触発的要因が支配的であるがために、その触発と結びついた〈現われ〉に〈私〉の能力が専ら向かっているに過ぎない。〈私〉が「内在的努力」によって目覚めつつも何らかの触発的要因にひたすら没入している場合に、上記のビランの記述は当てはまるだろう。外的な観察者から見れば、このような場合、〈私〉は注意の能力を行使しているように見える（他者が構成する〈私〉のイメージは、何らかの〈現われ〉に対して専ら集中しているように見えるのだから）。だが〈私〉の内的視点から言えば、この状態において〈私〉は、見えている対象に意志的に注意を向けていたのではなく、その対象に、これがもたらす触発に従ってその能力を行使していたのに過ぎない。

しかし、「知覚的体系」における「注意」の能力は、「感覚的体系」におけるいわば擬似的な注意の能力とは異なる。「感覚的体系」における擬似的な注意の能力が、触発を動機として行使されるのに対して、「知覚的体系」における「注意」の能力は、〈私〉の意志の主導権のもとで発動される。

この点について、少し具体的に考えてみたい。もちろん注意が発動されるためには、何らかの動機が必要であろう（もっともビランは注意が発動されるために動機が必要である、という論点についてはほとんど黙しているが）。その動機は、例えば触発であり、あるいは（これはビラン自身の記述は超えることになるが）他者からの促しであるかもしれない。だが、いずれにしても最初の動機によって発動された能力は、以後は〈私〉の意志によって継続される。いずれにせよ、〈私〉が触発のもたらす価値秩序を超えて、努力を自由に用いることこそが注意を用いるということであり、これは「諸様態の活発さに促されるわけではない意志的な力」（A, III, p.196）である。

例えば、視覚風景における何らかの対象が自我を触発し、擬似的な注意力が発動され、〈私〉がその対象を専ら見続ける場合を想定してみよう。だが、この擬似的な注意が働く最中で、〈私〉がこの対象を見つめる能力を、意志的に発動しようと決意することができる。それまで曖昧な形で私がその対象から触発されていたことを自覚しつつ、改めてその対象へと注意を向け、未だ曖昧なその対象の姿、内実をより明晰な形象のもとにもたらそう、と決意する場合である。

あるいは別の例を挙げよう。今、これまで沈黙が支配していた聴覚的空間に、何らかの声が現われるとしよう。このときこの声は〈私〉を触発し、「感覚的体系」における擬似的な注意の能力が生じ、〈私〉は声へとこの注意を向けているのだが、やがて私は、例えばその声が誰か見知った人の声であったのではないか、あるいはこの声はどこから発しているのだろうか、といった問いを動機として、さらにこの声に意志的に注意を向けようと決意する。

このように、最初の動機が何であれ、触発されるままに能力を用いるのではなく、この対象に志向的な努力をさらに向けようと決意することが、「知覚的体系」における注意の能力の特質である。ビランはこの注意の能力の特質を、端的に次のようにまとめる。「注意の能力のすべては、耳、触覚のような意志に従って動く諸器官を現在の対象へと固定させ、他の印象の原因に向かわないようにすることにある。」(A, VII-2, p.266)

ところでさらに考察を進めるなら（そしてこれはビランのテキストを越えていくことになるが）、上で行った「注意」の能力の分析は、「注意」が、日常用語での「好奇心」とでも言うべきものに支えられていることを明らかにすると考えられる。ある触発が動機となって〈私〉の能力が導かれこともあるが（私たちはこれを「擬似的な注意」と呼んだのであった）、私たちはさらに、何らの触発に基づく動機がなくても、現実にある〈現われ〉に注意を注ぐことができる。このとき、ある〈現われ〉に意志的に能力を向けなおすとは、触発による動機に基づくことなく、その〈現われ〉についての知を増し加えたい、という動機に支えられてはいないだろうか。実際、注意を行使するとは、曖昧な形で与えられている何らかの表象を、より明晰で判明なものにしようとすること、その対象を他の対象から区別し、その対象に関する知を増し加えようとすることに他ならない。

メーヌ・ド・ビランは、こうした事情に対しては殆ど触れていないが、[5] 注意が諸々の直観を明晰なものとし、かつその相互の関係を明らかにすることで、知覚する主体に「新しい関係の発見と結びついた快い感情」をもたらすことを指摘し、「これが私たちの認識の総体を拡大し、また私たちの存在を拡大するように見える。」(A, VII-2, p.357) と述べている。注意によって世界に関する知が増し加わることが「快い感情」を生み出し、これが再び、〈私〉が注意の能力を用いる動機となる事態は十分に想定されうる。

私は、ビランはこの契機をさらに強調するべきであったのではないか、と考える。つまり、直観を受容し、その相互の関係や秩序を見出すことは、それ自身一つの価値、触発がもたらす価値とは異なる価値を持つ事がらであり、〈私〉はこれらの関係・秩序の発見に基づく「快い感情」を動機として、さらに様々な〈現われ〉に注意を向けて行く、という事態を、彼の体系のうちにはっきりと組み込めば良かったのではないかと考える。

彼は、意志が固有身体を動かす際に、何らかの外的な物体を志向している必要がないことを、トラシに次のように指摘していた。「移動は必然的に、意図、つまり身体全体を動かすという実在的な意志を前提しています。【…略…】意図が運動自身において完結する (se terminer) こともありうるのです。」(A, XIII-2, p.314) ここでビランは、身体を動かすことそれ自体が一つの価値たりうることを指摘しようとしている。これと同じように、諸々の直観を専らそれとして受容することが一つの価値なのであり、直観を他の経験内容と結びつけず、「意図が直観自身において完結することもありうる」と記述することで、〈私〉が注意の能力をより活発に用いて、諸能力を陶冶していく場面を説明することができたのではないか、と考える。

いずれにせよ注意は、何かしらの動機に促され、対象の相貌を明晰にしようとする。「注意の能力のすべては【…略…】こうして直観を、対象の働きの様態と結びついた感覚性の自然な状態がもたらすより生き生きとしたものにしようとするのではなく、むしろ表象的能力の真の集中によって、直観を、相対的に明晰ではっきりさせる点にある。」(A, VII-2, p.266)

「対象の働きの様態と結びついた器官の感覚性の自然な状態がもたらす」というのは、「内在的努力」によって構成される目覚めた自我がある器官を通じて何らかの〈現われ〉を受容するとき、この器官が自然な状態にあればもたらすはずの部分的触発ないし直観の状態を指す言葉であろう。この〈現われ〉に注意が向かうとき目指すのは、この〈現われ〉によって生じる触発を増加させることではなく(つまり「生き生きしたものにしようとするのではなく」)、この〈現われ〉に含まれている直観的要因をよりはっきりとさせることである(「相対的に明晰ではっきりしたものにしようとする」)。

例として、私たちが弦楽四重奏のある曲を聴く場合を想定する。曲の構成や各々の楽器の役割をはっきりさせようとするとき、私たちは音の〈現われ〉のうちの直観的要因に、「注意」を払う(他方、この楽曲がもたらす触発的効果を享受するには、私たちはむしろ、「注意」を放棄する。経験一般について言えることだが、〈私〉は「快」「不快」といった触発的状態を享受するためには、努力を行うのではなく、逆に「努力」を可能な限り放棄する)。

改めて確認しよう。「注意」とは〈現われ〉のうちの直観的要因を際立たせる能力である。

そして「注意」は、何らかの触発、あるいは触発以外の動機、例えば好奇心であるとか他者の促し、さらには注意の能力の行使それ自身が引き起こす「快い喜び」によって成立しつつ、発動されてから以後は、この「注意」を行使する〈私〉の意志によってのみ継続させられる。そして恐らく、私たちが逆に他者に向かって発する「この光景に注意してごらん。きっと何かが見つかるはずだ」とか、「聴こえてくる音に注意を傾けてください」といった促しは、まさに〈私〉が行使することができる「注意」の能力を他者も行使できるだろう、という思いに支えられた言葉であり、そして恐らくビランを越えてしまう言葉ではあるが、〈私〉が注意を注ぐことによって新たに増し加わった知を、他者とも共有したいという思いに支えられている。

直観を変形する媒介的外的統覚としての注意

ところでこれまで述べてきた「注意」の能力に、別のテキストを媒介として、新たな定式を与えることができる。メーヌ・ド・ビランは『試論』に先立つ『思惟の分解論』の中で、「注意」の能力について次のように述べている。

「【…前略…】私たちはこのように感覚を決定し変形しつつ、変形を受けた結果のうちにのみ自らを統覚する力に対して、注意という名称を与える。」(A, III, p.154)

このテキストにおいて「注意」は、「感覚を決定し変形しつつ、変形を受けた結果のうちにのみ自らを統覚する力」と定義されている。

「感覚を決定し変形する」とはどのようなことであろうか?現段階の分析においては、注意を行使するとは、任意の対象に具体的に手を加えることを指すわけではないのだから、「感覚を決定し変形する」ということが、与えられた素材に手を加える制作的な営みを指すわけではないことは明らかである。ここで言われている「感覚を決定し変形する」とは、曖昧な表象的感覚に注意を行使することで、この感覚のうちの直観的要因を明晰かつ判明にし、同時に、他の表象的諸感覚から区別することに他ならない。例えば、曖昧で漠然とした花壇の花々の見えの直観は、〈私〉が注意を注ぐことで、いくつかの花の具体的な知覚へと分節されていく。渾然と聞こえてくるオーケストラの音の直観に注意を注ぐことで、〈私〉はいくつかの楽器の音を知覚する。いわば〈私〉は混雑した表象的感覚に注意を注ぐことで、この感覚を決定し変形することができる。このような意志的な注意の行使に従って決定され変形された感覚のことを、ビランは「能動的知覚（ないし外的媒介的統覚）」（A, III, p.143）と呼んでいる。[6]

ところで私たちは前章において、感覚（より正確に言えば諸直観）に変化をもたらす能力として、「共通の努力」によって構成される、固有身体の位置を移動させる能力を取り出していた。前章で幾度か強調したように、固有身体の位置の移動は、受容されている、視覚的・聴覚的、その他諸々の直観に変化をもたらす。

だが、やはり前節で強調したように、位置移動とは、筋肉全体を用いることによってなされることであり、その意味で、志向的ではない「共通の努力」に割り振られることが相応しい事柄である。

「知覚的体系」においては事情が異なる。「知覚的体系」において行使される「注意」とは志向的なものであり、ある特定の感官を志向的に用いることでその感官への〈現われ〉に変化を加える能力である。この体系において、自我は様々な現われの「受動的な証人」に留まることなく、同一の場所にいながらもその外的感官を駆使して、〈現われ〉のうちの直観的要因に様々に変化をもたらすことができる。このとき〈私〉は自らの能力を能動的に行使しているのだから、「能動的な証人」となる。そして〈私〉は、位置移動と注意の二つの能力を同時に行使することによって、ある〈現われ〉についての知をさらに増し加えることができるだろう。注意とは、諸器官に志向的に努力を行使することで、今受容している直観に何らか変化をもたらすことに他ならない。

ところで、「知覚的体系」における「注意」については今ひとつ述べておくべきことがある。

これまで述べてきたように、「注意」とはある器官を志向的に用いてある〈現われ〉に変化をもたらすものであったが、このとき自我は自らがこの変化の原因であることを、もたらされた感覚的結果（直観の変化）のうちにのみ認める。例えば〈私〉は、視覚的対象を明晰にするために自分が目を凝らすことを統覚しない。正確に言えば、こうした統覚は存在するのだが、自我は専ら注意を向けている感覚的な〈現われ〉に没入しているため、「自らの身体を動かしうる」という能力を統覚しない。先に引いた『思惟の分解論』のテキストで述べられていたように、注意は対象に没入してしまい、行使されている〈私〉の意志的な努力は隠されている。この意味で、注意を行使するとき〈私〉が用いる努力は内在的努力に比して優れた段階にありながらも、原因としての〈私〉の感知はむしろ忘却されている。このことを心得ておこう。「実際、意志が外的印象に従属する限り、自我は自らが果たしている役割を知らず、この能動的な部分は表象された対象、ないし支配的な外的原因の取り分に混ざり合ってしまっている。このようなわけで、指揮された注意、見かけは最も活発な注意は、これを行使している活動ないし主体の反省ないし内的統覚を排除している。」(A. VII-2, p.206)

これまでの記述から明らかになったことを（前章で分析された事柄も含めて）確認しておこう。〈私〉は目覚めると同時に、私が持つ五官に対応した諸々の〈現われ〉を受容する。これらはその器官ごとに独自の空間性をもつが、〈私〉が固有身体の位置を変えることによりこれらの直観は、私が身体を動かすことに対応して動くという点で、私の身体運動に相即的なものとして統一を得る。そして〈私〉は、自らの位置を変える事が、周囲の〈現われ〉を変えることでもあることを私の知とする。

「知覚的体系」に到達し、〈私〉が自らの努力を志向的に用いうるようになると、〈私〉は、各々の器官を志向的に用いうるようになり、かつ、この志向的な器官の使用によって、これらの器官に対する〈現われ〉に対して変化をもたらすことが出来る。そしてこの〈現われ〉の変化とは、個々具体的な特定の現われに注意を向けることによって生じる変化であり、〈私〉は注意を用いて〈現われ〉の直観的要因を際立たせ、この対象に関する知を増し加えていく。[7]

第二節　日常的世界の構築

〈現われ〉が「もの」に帰属する事態を巡って

前節において、「知覚的体系」において注意が果たす役割を分析した。本節では、前節での分析を踏まえつつ、「注意」の能力が私たちの生きる日常的な世界の構築にいかなる役割を果たすのか、その理解を試みることとする。

ところで、私たちは序論において、「通常の世界に降りていく哲学者が必要なのだ。」という、ビランが手帳に書き付けた文章を引いた。

ここで改めて「日常の世界」「通常の世界」ということで私が理解していることを述べておきたい。この世界はまず、〈私〉が自らの実存をそこに見出す世界である。ところでこの世界においては、諸々の〈現われ〉が、ある「もの」の〈現われ〉として名指されており、この、様々な〈現われ〉がある「もの」の〈現われ〉と名指されることが、安定した秩序を形作っている。例えば、ヴァイオリンの視覚的な〈現われ〉は、もしそれ自身だけで取り出されれば、それは「ヴァイオリンの」〈現われ〉ではなく、「ある形態をなしたいくつかの部分からなる褐色の見え」とでも呼ばれるだろう。だが実際には、私は当然ながら視覚的現われをそれだけで知覚するのではなく、やはり「ヴァイオリンの〈現われ〉」として認める。この事は、今見えているこの「見え」を、触れうるものでもあれば、適切に扱えば美しい音を奏でるものとして認知している、ということを含んでいる。やや抽象化して言えば、ヴァイオリンの姿、ヴァイオリンの音といったものが、〈ヴァイオリン〉と名指される他はない、核になるものを中心として連合し、あるいは融合して、このそれぞれの連なりが、私が〈ヴァイオリン〉と呼ぶ「もの」の内実を形成する。

このように様々な〈現われ〉が一つの「もの」の〈現われ〉として取りまとめられ、そのゆえに私の固有身体との交渉に入りうるものとなり、そして今度はこれらの「もの」が、新たに相互に結びつきながら、さらに別種の秩序を作っている世界、「通常の世界」ということで、私はまずこういった事態を想定している。

メーヌ・ド・ビラン自身が、「もの」としての「ただ一つの対象」の概念について語っている箇所を見てみよう。ビランは『試論』のある箇所で次のように述べている。「視覚、特に触覚の活動的な行使において、注意がいかにして一連の意志的活動ないし意志的運動によって、いくつかの部分的な印象ないしイマージュを、可視的で触れることのできる対象についてのただ一つの知覚ないし観念のうちに結びつけるかを見た。」(A, VII-2, p.336)

この文章を丁寧に追いかけていきたい。

まず、「可視的で触れることのできる対象についてのただ一つの知覚ないし観念」(une seule perception ou idée de l'objet visible et *tangible*) という言葉についてであるが、この言葉は、〈私〉の身体を取り巻く様々な事物について私たちが暗黙のうちに抱いている「知覚ないし観念」を意味している。つまり私たちは通常、様々な事物が、触れることもできれば見ることもできるものであり、時には音、時には匂いがこれらの事物に内属すると思っている。ここで問題となっているのは、見ることも触れることも出来、聴くこともでき、嗅ぐこともでき、(それを食するのが適切かどうかは別にして)味わうことができる、という形で、複数の感官に対する様々な〈現われ〉が、なおかつそうした「対象についてのただ一つの知覚ないし観念」に結び付けられている事態である。「私たちもまた、視覚的表象と触覚的表象は、外的ないし内的な同じ諸原因によってなされていると言う。」(A, VII-2, p.278)

先にヴァイオリンを例に採りつつ述べたように、ある視点をとれば、こうした事態は不可思議であるともいえる。

見えている〈現われ〉はあくまで見える限りの〈現われ〉であり、触れられる〈現われ〉はあくまで触れられる限りでの〈現われ〉である、という態度をとって世界と相対するのであれば、各々の感官に対する〈現われ〉がなぜ相互に結びついているのか、という問いを発することも論理的にはできる。つまり、見える〈現われ〉がまた触れられる〈現われ〉をも指示しているとはいかなることであるのか、という問いを発することができるだろう。ビランがここで言おうとしているのは、このような、見方によっては個々独立したものと扱いうる諸々の〈現われ〉が、やはり一つの対象のうちへと取りまとめられるためには、「視覚、特に触覚の行使」（強調は引用者による）において、「注意」が果たす役割が必要とされる、ということである。

「もの」を告げ知らせる能動的触覚

個々の感覚器官への〈現われ〉が一つの核になる何ものかへと結び付けられ、かつ取りまとめられるためには、諸々の〈現われ〉を取りまとめる核になるものが、積極的に経験されなければならない。この核になるものについての積極的な経験についてビランが与えている説明を追いかけることとする。

メーヌ・ド・ビランは、能動的触覚の行使にその経験を見出す。感覚器官への外的な〈現われ〉が、「一つのものの〈現われ〉」として認知されるための核が与えられる経験は能動的触覚の行使であり、私たちが通常「もの」と呼ぶもの、即ち外的物体の実在性はこの経験のうちで与えられる。ここで一言述べておけば、「能動的触覚」は「受動的触覚」と区別されなければならない。一般に「触覚」の行使によって得られる感覚は、ビラニスムの枠内で言えば、内在的努力によって目覚める触覚器官が受容する「触覚的直観」を言うが、「能動的触覚」の行使に対する〈現われ〉は、こうしたものに留まらない。「能動的」という言葉が明らかにしているように、能動的触覚は、ものに触れに行くための固有身体の運動を必要条件として成り立つといえる。[8] このことは、単なる触覚（受動的触覚と呼ぶことが相応しいだろう）にのみ外的物体の認識を基礎付けるコンディヤックをビランが倦まず批判しているだけに、一層銘記されなければならない。

『試論』以前の外的物体の存在を巡る議論

『試論』の分析を見る前に、準備作業として、『試論』以前のビランが外的物体の認識をどのように考えてきたのか、ビランに影響を与えたコンディヤックやトラシの議論も確認しつつ、その著作の順序に従って簡単に振り返っておこう。

外的物体の実在性について私たちが抱く観念の形成のために触覚が果たす役割の重要性は、既にコンディヤックが指摘していた。だが、コンディヤックの触覚的感覚は魂の変容という規定を受けているがために、なぜ、魂の変容たる触覚的感覚が魂の外なる事柄であるという規定を受けることになるのか、その道筋が実質的には示されていなかった。

この欠点を補完したのは、デステュット・ド・トラシであった。彼は、身体運動を行使する際に出会われる「抵抗」のうちに、外的物体の存在が認知される原初的な場面を見出す。「物質が私たちの努力感覚に譲歩すると、私たちは運動を感覚する。これが対立すれば、障害物、物体の感覚を得る。」(Tracy, 1798 → 1992, p. 83) 手でも足でもよい。あるいは体全体でも良いのだが、これを意志的に行使していくとき、私たちは必ずどこかで、この身体の運動が何らかの対立する力を被り、時にはこれに打ち勝ち、またあるときにはこれに決して打ち勝つことができないことを経験する。トラシによれば、この経験こそが、私たちが物体について抱く第一の観念を明らかにする。

メーヌ・ド・ビランも『習慣論』の時期から、トラシのこの発想を引き継ぐ。もちろんビランは、『習慣論』において既に、トラシが見逃した有機的身体がもたらす抵抗を視野に入れ、努力が最初に感知する身体はこの身体がもたらす抵抗において与えられることを強調していた。しかし、外的物体の観念の本性については、ビランはトラシの考えを引き継いでいる。『第一習慣論』の時期においてもビランは既に、コンディヤックへの批判とトラシへの賛意を込めて次のように述べている。「障害物によって妨害を受けた運動は抵抗の印象を生み出し、抵抗の印象は私たちではない何ものかについての認識の真の基礎であるのだから、私たちがこの認識を、ただ触覚という特殊な器官によるだけではなく、あらゆる運動器官によって獲得することは明らかである。」(A, II, p.40)

『第二習慣論』において、表現はさらに洗練され、有機的抵抗と外的物体とがもたらす抵抗が並べて記述されると同時に両者の関係が規定される。「意志、(あるいは原因の代わりに事実を用いて言うと)中枢の反応はまず直接に可動的な諸器官に適用され、次いで、これら諸器官が対象に適用される。器官がまず意志に抵抗し、対象が器官に抵抗する。第一の抵抗によって運動的存在者は自分の身体の諸部分を認識し、第二の抵抗により、この存在者は外的物体を認識する。」(A, II, p.180)[9・10] 抵抗は、身体がもたらす抵抗と外的抵抗とに明確に分節され、かつ前者の優先性がはっきりと記述されているのだが、いずれにせよ、外的物体の存在性格は「抵抗」という言葉で把握されている。

ビラニスムに移行した後の『思惟の分解論』においても、「外的物体についての根本的な概念は、抵抗ないし慣性的な力の概念でしかありえない」(A, III, p.201) と言われており、外的物体の存在は、やはり、意志的に行使される身体の運動に対してもたらされる抵抗において明らかになることがはっきりと述べられている。

ところで『思惟の分解論』以降、ビランはこの外的物体の本質として規定される「抵抗」を知覚する経験様態を、「能動的触覚」として、明確に規定するようになる。彼は、私たちが物体に触れるときに現われる質、後の言葉で言えば「触覚的直観」を認知する働きを受動的触覚と名づけ、他方で四肢が運動して物体と接触することによって経験される性質、即ち物体が身体の運動に対してもたらす抵抗を認知する触覚の働きを、そのうちに意志的な活動が必然的な条件として入り込んでいることを考慮し、「能動的触覚」と呼ぶ。

ビランは、外的物体の認識において能動的触覚が果たす役割を、以下のように修辞的に記述する。「能動的触覚は、外的自然の言葉（le langage de la nature extérieure）を無媒介に聞く。」（A, III, p.203）「能動的触覚のみが、運動的存在者と他の存在者、主体と努力の外的な項との直接的交流を確立する。」（ibid.）ここで引用した二つの文章を見ると、「能動的触覚は無媒介に聞く」（le toucher actif entend immédiatement）、「運動的存在者と他の存在者、努力の主体とその外的な項との直接的交流」（une communication directe entre l'être moteur et les autres existences, entre le sujet et le terme extérieur de l'effort.）といった表現が、能動的触覚の行使において経験される外的物体の抵抗と、これを経験する主体との関係の直接性を強調していることに気づかれる。ところで、努力と抵抗との直接性とは、自我と有機的身体との関係の記述に相応しい言葉である。そうすると、有機的抵抗がもたらす抵抗と外的物体がもたらす抵抗とは、本質的に同質のものではないか、と予測される。肉体の抵抗が自我に直接に経験されるように、外的な物体の抵抗も直接に知覚される。

外的物体の存在の本質を抵抗に求める分析は、外的物体が〈私〉の身体と、意志的な努力の行使に対して抵抗するという点において同じ存在性格を持つこと、あるいは私たちが両者の存在を同程度に確信していることの確認へとつながっていく。「私たちは結局のところ、外的な項の実在を、有機的な項、そして結局のところ、努力の主体ないし自我の現実存在と同程度に確信している。」（A, III, p.207）

第二章で述べたように、感官に対する直観も〈私〉にとっては基本的に外的なものであった。とはいえこの外在性は、ビランに従うなら確固たる支えを得ないものである。それに対して抵抗は、〈私〉ならざるものであるのだが、〈私〉の有機的身体と同等の確実性、ひいては〈私〉の存在と同等の確実性をもって経験される。

延長概念の二次性

だが他方で、外的物体の本質とはデカルトが規定したように「延長」ではないのか、という疑問が、当然ながら想定される。あるいは、外的物体の本質が、能動的触覚の行使に対して現出する抵抗において捉えられることには同意するとしても、この抵抗の観念と延長の観念との関係はどのようなものか、という問いも立てられうる。

この点についてのビランの説明は行き届いたものである。また人間的経験を記述しかつその本質を捉えるために、あえて人間的経験の場面を離れ、SF的な仮構とでも呼ぶフィクションによって自らの立論を補強している点でも興味深い（なお、ここで私は「フィクション」という言葉を用いるが、これは人間的条件を超越する存在者をビランが想定していることを意味しない。このフィクションは、根源的事実において与えられる諸要素をより純粋に記述するために用いられており、外的物体の本質が抵抗であることを説明するのに有効な道具立てである[11]）。

ビランが提出するフィクションは「有蹄類のフィクション」とでも言われうるものである[12]。彼が想定するのは、私たちが持つ手のように延長を持つことのない、点のごとき触覚器官を持つ存在者のフィクションである。「触覚器官が、人間の手のような標準的なものではなく、想像しうる限り尖った爪で完全に覆われたただ一本の指だけ、ということもありうる。」（A, III, p.205）この存在者が、人間と同じく意志と固有身体との関係性において〈私〉として構成されると想定し、今その仮想された触覚器官が外的な物体と出会う場合を想定してみよう。この存在者の指が平面と接触し、かつこの平面が当該の存在者の努力に抵抗するならば、この存在者はやはり外的な物体の現実存在を認めるだろう。だがこの存在者が持つただ一本の指が鋭く尖った爪で覆われている以上、この抵抗が感知されるのもただ一点においてであり、従ってここで獲得される外的物体の概念には「延長」の観念は入り込んでいない。「想定されている触覚の様態においては、抵抗する一点についての単純で絶対的に不可分な観念しか存在しないだろう。自我である力に対立することで外的な存在者が専ら了解されうるのは、この観念においてのみであり、ここで物体についての本質的な観念のうちには、延長の概念は本質的には入ってこないだろう事が見て取られる。」(ibid.) 仮構されている存在者は、外的物体の本質である抵抗を、その点のごとき触覚器官を用いることで純粋に経験する。

では「延長」の観念はどのような規定をうけるだろうか。物体の観念に結びつく延長の観念は単純で一次的なものではなく、複合的なものである。延長の観念は実のところ、この抵抗が連続することで獲得される。抵抗する点を次々と追跡する努力の連続性の中で与えられるのが延長なのだ。「延長をもった固体的な基盤が私たちに対して実存するのは努力の展開のうちにのみである。延長が計測され限界付けられるのは、私たちが自由にする運動によってのみである。」(A, III, p.218) 延長は、〈私〉の努力が連続的に抵抗を経験することで与えられるのであり、その意味で、抵抗と、自我の運動の連続性、即ち時間的な契機との複合物である。従って延長は、抵抗の概念と密接に関係するものであるが、概念の順序としては抵抗の後に生じ、抵抗を前提する。[13]

なお、ここで「私たちに対して」という言葉が加えられていることに注意を払っておきたい。問題は常に、内的視点にある〈私〉が概念を獲得する順序なのである。内的視点を離れた何らかの体系的視点に立てば、物体の本質を延長と規定する議論も、その体系の内部で収まりを得るかもしれない。しかし、内的視点に立った主体は、物体の本質を抵抗として規定し、延長の概念を、抵抗の概念と抵抗を現わす運動の連続性とが結びついたものとして理解する。

『試論』における外的物体の認識

これまでは、主として『試論』以前のテキストに註釈を行い、ビラニスムにおいて、外的物体の存在は、意志的な努力が行使する運動に対置する抵抗にその本質をもつことを確認してきた。次いで『試論』の議論を見よう。『試論』においても、外的物体の存在の本質の規定に関する議論の大筋は変わらない。外的な物体の本質はやはり抵抗である。だがその議論には、一つ大きな変更が加えられており、そのために『試論』の議論はそれ以前のテキストと趣を異にしている。その変更点とは何か。

『試論』においてビランは、外的物体の問題を次のように立てる。「私たちの努力に対抗する何らかの抵抗は、いかにして、またいかなる条件の下で、外的なものとして、つまり私たちの諸器官に固有の惰性とは異なるものとして顕れうるのだろうか?」(A, VII-2, p. 279) 先に私たちは、ビランの議論からは固有身体の存在と外的物体の存在との確実性が、いずれも同じ程度であると結論できることを確認した。しかしこの論法を逆転させれば、同等の確実性をもって与えられる固有身体と外的物体とが区別されるための条件とは、一体いかなるものであるのか、と問いを立てることができる。つまり『試論』以前において、外的物体の問題は抵抗の概念を軸に説明されてきたのだが、『試論』はその成果を引き継ぎつつも、抵抗をもたらす物体が外的である所以を問題とする。

さらにビランは、意志的な努力の行使とそれに対して与えられる抵抗しか〈私〉の経験内容として存しないのであれば、固有身体と外的物体との区別はなされないことを指摘する。つまり、暗黙のうちに以前の自分の議論が不十分であることを認めているわけだ。「触覚が他の感官、それも特に視覚から独立し、四肢の移動運動だけを行う個体がいて、この個体が運動をすれば、必ずある対象が障害をなしてその努力に対立する、そのような状態にあると想像してみよう。こうしたわけで運動が中断され、あるいは邪魔されるとき、個体は、これが自らの意志ではないことを直接に感知しあるいは統覚する。このために個体は、最初の機能によって、この邪魔ものを自分の意志に対立する非—

我原因に帰属させるだろう。だがこの原因が自らの身体にとって外的であることを、どのように知るのか？」(ibid.)

〈私〉が自らの能動的触覚のみを行使し、その能動的触覚に対して現出する抵抗のみに専心して、成熟した知覚の場合におけるようにこれを他の感覚器官に対する〈現われ〉と結びつけないのなら、〈私〉は専ら抵抗のみを経験するだろう。しかしこのとき、〈私〉の行使する運動に対する抵抗は、あくまで非―我原因としてのみ規定されるのであり、この抵抗が固有身体の外にあるものであるか否かは、全く規定されない。そもそもこの想定下においては、抵抗が固有身体の内にあるのか外にあるのか、という問い自体が不可能である。「かくして私たちはこれらの経験ならびに類似した経験から、私たちの固有身体並びにその様々な可動的な諸部分についての直接的な第一の認識が基づく努力ないし意志的運動についての内的統覚は、外的物体についての認識に基礎を与えるには十分ではないと基礎付けることができる。運動ないし意志された努力がどのような形で妨害され、方向を逸らされたり中止されると想定するとしても、最初は自由であり次いで強制されている運動を想定する限りにおいては、この対照の感知において非―我である原因の観念の起源を見いだすことができるにせよ、私たちの身体に外的な、抵抗する物体の現実的知覚の観念を見出すことはできない。」(A, VII-2, p. 280:「十分ではない」の強調は引用者による)

ベルッシは、「このテキストは、世界を自我と身体とに還元することの不可能性を確認している」(Baertschi, 1982, p.130) と註釈を加える。抵抗とは第一に、自我の意志に対して抵抗するものとして感知される固有身体を記述する概念であった。そしてこの「抵抗」の概念によって外的物体の存在の本質を捉えようという試みは、自我の存在と外的物体の存在を、いずれも同程度に確証し、外的な物体の存在について疑惑を差し挟む懐疑論の発生を防ぐという利点をもつ。しかし、「抵抗」の概念だけで外的物体の存在を説明しようとすれば、外的物体が「外的」といわれる所以が見失われてしまうことになる。外的物体を「外的」と規定するための、自我と身体とに還元されない別の審級を立てなければならない[14]。

ビランはこの要請にどのように答えるのだろうか？　外的物体が「外的」といわれる所以の審級をどこに把握するのだろうか？　ビランの答えは至極あっさりとしたものではあるが、『試論』において生じた外的物体の存在を巡る議論についての変化を、本質的に指示している。外的物体が外的であるといわれる経験を次のように記述する。

「同じ器官のうちで現に行使されている努力の外に感知されている触圧（pression tactile）と抵抗とのこの連合が、外在性の関係を完成し、私たちが持つ外的物体についてのあらゆる対象的で表象的な認識を基礎付けていると私は言う。」（A, VII-2, p. 281）

このテキストを『試論』以前のテキストと比較して即座に気づかれるのは、「触圧」（pression tactile）が新たな要因として登場していることである。「触圧」とは、既に論じたように、触覚器官に対して与えられる直観である[15]。そして既に述べたように、直観とは自我が決してそれと同一化することのない、自我の目覚めと同時に最初から自我ならざるものとしての規定を受けているものであり、さらには独自の空間性のうちに現われるものであった。

努力に対する抵抗は、最初から外在的なものとして与えられる触覚的直観、つまり触圧と連合することで、固有身体の外に存在するものとしての規定を受ける。

ベルッシはビランのこの議論に次のコメントを加えている。「これら二つ【触圧と抵抗：引用者註】は恐らく分離可能だが【…略…】、これらは実際には分離されえない。抵抗の感覚と触圧の感覚とは二つの体験なのではなく、唯一同一の体験の二つの側面である。」（Baertschi, 1982, p.148）ここでベルッシが触圧と抵抗とが「分離可能である」と述べているのは、反省的抽象を用いることで、外的物体の本質が抵抗としてのみ規定されることを考慮してのことだろう[16]。だが、両者は実的な経験において分離されない。触れることなく経験される抵抗を考えることは出来ない。何ものかに触れることとこの抵抗を知覚することとの同時性は、孤立した諸印象が見せる偶然的な連合ではない。両者は相互に絡み合い浸透している。

改めて確認するが、能動的触覚の行使とは結局のところ注意の行使に他ならない。能動的触覚の行使とは正に、〈私〉の触覚器官（これは手に限定されない）を意志的かつ志向的に行使することである。例えば能動的触覚が、対象の抵抗と触圧との連合を知覚しつつこの抵抗をなぞることで何らかの形態を知覚するとは、意志的努力を専らこの能動的触覚に対して現出する〈現われ〉に集中させて志向的に行使することである。「というのも、彼がこれら【平面の形態：引用者註】を了解する観念は、この仮説においては、個体が自ら自由に行う運動、ないし彼が想起によって保持している活動的な決定に与えている注意に他ならないからである。」（A, III, p.201）触れることのできる〈現われ〉（つまり抵抗と触圧との連合）に触れ続けようとすることは、やはり意志的な活動である。そしてこの意志的な活動は、対象の姿を明らかにしようとしているのだから、やはり注意の活動であろう。

このようにして事物の核になるものが抵抗と触圧との連合によって与えられると、あらゆる感覚的〈現われ〉は、一つのものの〈現われ〉として取りまとめられるようになる。感覚的体系においても様々な直観は、その類似によってまとめられ、あるいはその同時性によって結びつくものであった。こうした直観の連合は、能動的触覚が抵抗と触圧とを経験するようになると、これを核としてまとめられる。「触覚の行使と意志的な位置移動の行使が、自我の外部に固定した抵抗を位置づけ、三次元の延長、あるいは抵抗する連続体を決定するようになると、感覚的世界のすべての側面、たとえば色や触覚的質、音、匂い、さらに味などは（触発的性格を持たない限りに於いて）、自我がこれらを知覚し、分離した抵抗する統一体があるのと同数の具体的なものに帰属するものと判断する、この抵抗する連続体[17]に、すべて一致し重なり合うようになる。」(A, VII-2, p.298)[18] 五官への〈現われ〉は、触圧と抵抗との連合によって与えられた「抵抗する連続体」に帰属するものであると判断されるようになる。

例えば何かしらの音を聴いているとき、私たちはこの聴覚的器官に対する〈現われ〉を、聴覚的器官に現われる限りにおいて、経験することもできる。また、その音に注意を向け、音がもたらす直観的要素をより明らかにすることもある。音がもたらす触発が〈私〉にとって快適であれば、〈私〉は最小限の目覚めた状態は保とうとしつつ、発動する努力を緩めていき、それらの音がもたらす触発を享受しようとする。

だが他方で〈私〉はそれらの音が、ある抵抗する連続体、〈私〉が能動的に行使する身体の運動に対して触圧と抵抗とを与える抵抗する連続体に帰属しているとも判断している。だからある聴覚的な〈現われ〉は、例えば「ヴァイオリンの音」と呼ばれるのであり、「目覚まし時計の音」と言われることになる。「感覚的体系」においては不安定なものとしての規定を受けていた直観は、安定した、外的物体の本質としての「抵抗」と結び付けられるようになり、そして逆にまた、これらの直観が、私の固有身体の運動に対抗しうる「抵抗」を示す徴ともなる。

能動的触覚に与えられる安定した基盤と、その他の直観との関係は、端的に次のように記述されている。

「触覚はすべての外的直観に、第一の安定した基礎と真に一なる対象とを与えるのだから、この想起も、これが、私たちの実存の二つの別々の時点に於いて感官に表象される同じ対象の恒久的同一性を私たちに認識させる働きである限り、この触覚に基づく。

その間に様々なアナロジーや類比が認められる諸直観やイマージュは、対象の数的同一性を認識するのに役立つ自然的な徴である。さて、すべての感官はこうした徴を与えることに協力するが、触覚のみが、対象がかつて現前したときのそれと実体的に同一であると認められるときに、意味された事物に到達する。」(A, VII-2, p.314-315)

「抵抗と触圧との連合」を核として諸直観が連合されれば、これまで不安定な地位を得ていた諸直観は、〈私〉の身体と同じ存在論的地位を持つ「抵抗」を本質とする外的物体に帰属するようになり、安定した基盤を持つようになる。[19] そしてこの事態を逆転させて言えば、上で述べたように、諸直観が今度は「抵抗と触圧との」連合を指し示す「自然的な徴」となるだろう。私たちは直観を知覚すると同時に、何らかの〈私〉の身体と本質を同じくする「抵抗」を認知するようになる。直観はただ器官に現出する〈現われ〉であるのみならず、抵抗をその背後に孕んだものとしての地位を獲得する。

直観に変化を加える新たな能力

聴覚的な〈現われ〉や嗅覚的な〈現われ〉は「抵抗する連続体」に帰属するがゆえに、〈私〉はこれまで述べてきたのとは別種の能力を用いて、この〈現われ〉に対して働きかけることができるようになる。私たちはこれまでの記述において、〈現われ〉に変化をもたらす能力として、身体の位置を移動させること、そして感官に志向的に働きかけて〈現われ〉に変化を加える「注意」の能力を取り出してきた。例として聴覚器官への〈現われ〉を取り上げよう。既に確認したように、〈私〉は自らの位置を変えることで、聴覚器官への〈現われ〉の強度を強め、あるいは弱めることもあるし、また「注意」を行使することで、その〈現われ〉の直観的要素を強める、といった形で〈現われ〉に変化を加えることも出来る。

ところで今この聴覚器官への〈現われ〉は、〈私〉が行使する能動的触覚に現われる「触圧と抵抗との連合」が露にする抵抗する連続体に帰属している。だから〈私〉は、自らの能動的触覚を行使してこの「抵抗する連続体」に働きかけることで、（その働きかけのもたらす結果がいかなるものであれ）聴覚器官に対しての〈現われ〉を変化させることができる（もちろんその結果が〈現われ〉に対して変化をもたらさない場合もある）。直観は、〈私〉が自由に動き回り、〈私〉の触覚が「触圧と抵抗の連合」と出会う空間のうちで、位置付けを与えられる。ビランは視覚的直観を例に挙げつつ次のように述べる。「触覚の教えがこれらの逃れやすい雲【視覚的直観のこと：引用者註】を安定させ、堅固な基盤を与え、私たちが自由に動き回るこの空間に規定された距離と方向とを割り振る。」(A, VII-2, p.298) だから〈私〉は、例えば不快な触発をもたらす聴覚的〈現われ〉を、この〈現われ〉が帰属すると〈私〉が判断する「抵抗する連続体」に働きかけることで止めることができるし（単純に目覚まし時計を止める場合のことを考えればいい）、例えばピアノの鍵盤に働きかけることで、私にとって心地よい触発をもたらす聴覚的な〈現われ〉を、聴覚器官に対して現出させることが出来る。

感覚的体系においては諸器官に与えられる直観は、すっかり出来上がった形で受け容れるしかないものであり、〈私〉がこの直観に変化を加えるには、身体の位置を変えるという手段しかなかった。その意味で、私たちはそれらの直観に対して無力であった。しかし今やこれらの直観は、私の固有身体と本質を同じくする抵抗連続体に帰属している。この抵抗する連続体が〈私〉の固有身体と本質を同じくするということは、〈私〉の固有身体がこの抵抗する連続体に働きかけうることを意味する。そして〈私〉は、身体を動かして抵抗する連続体に働きかけることで、直観、ひいては諸々の〈現われ〉に変化をもたらすことができるだろう。

ここで述べたことは、ごくあたりまえのことであるが、これこそ「通常の世界」の秩序を構成する重要な契機である。〈私〉を取り巻く諸々の〈現われ〉は、〈私〉が何らかの変化を加えうるものであるが、そのためには、〈私〉は固有身体を動かして抵抗する連続体へと働きかけなければならない。例えば〈私〉がある道具の用い方に習熟するとは、その道具に〈私〉の身体がどのように働きかければ、いかなる結果を知覚することができるのか、この連関を〈私〉の知とすることに他ならない。〈私〉の固有身体に抵抗する外的事物に働きかけるとは、この働きかけを媒介として、〈私〉の五官に対する様々な〈現われ〉に変化をもたらすことに他ならない。

　そしてこの変化が織り成す秩序こそが、私たちが通常〈知〉の名で名指すものの内実のかなりの部分を占めている。私はここで「秩序」という言葉を用いる。なぜなら、私の身体がある「もの」へと決まった仕方で働きかけるとしても、そのたびに違った結果が生じるのであれば、私はそもそも何らかの技術を我がものとしようとはせず、ただ、自分にとって幸運な結果が生まれるようにと祈るだけの存在者となってしまうだろうから。そうではなく、ある決まった対象に働きかける同一の身体の運動が、（時に異なった結果をもたらすことはあれ）ほぼ常に〈私〉が望む別種の〈現われ〉をもたらすからこそ、私は様々な身体の動かし方を身につけようとし、あるいは様々な道具の使い方を学ぼうとする。

　卑近な例ではあるが、例えばある食材に対して適切な作業を施し、最後に味わうに足るものに至らしめるプロセス、キャンバスに向かってスケッチを書き付ける能力、こうした能力はすべて、固有身体を動かすことによって（即ち能動的触覚を用いることによって）、別の諸器官に対しての〈現われ〉を、自分にとって好ましいものへと変えるプロセスに他ならない。[20]そしてこのとき〈私〉が受け容れるべき、諸々の〈現われ〉が織り成している秩序こそが、私たちの知にとって極めて重要なものであることを疑う人はいないだろう。

　そしてこのような知を下支えする、感官に与えられる諸々の〈現われ〉が、一つの核になる抵抗連続体に帰属するという秩序は、正に身体を動かしものに触れにいくという、能動的な注意によって見出され、確認されるのだった。より正確に言うのなら、〈私〉が注意を払えば払うほどに、諸々の直観と抵抗連続体との関係が織り成す秩序が、私に対して現出してくる。この秩序を見出す能力、ないし秩序を現出させる能力が、根源的事実における自我の関係項、つまり有機的身体の運動に全面的に依存することは十分に強調されなければならない。そもそも、諸々の〈現われ〉を現出させること自体が、身体全体を緊張させて目覚めの状態を構成する「内在的努力」によるものだったが、今や、これらの〈現われ〉は身体運動に対し、身体と同じ位階をもつ抵抗連続体に帰属するという地位を得る、つまり、ある一つのものの〈現われ〉という資格を得ることによって、これまで見出されていた以上の秩序のうちで場所を得る。この意味で〈私〉の行使する努力が強まるということは、それに伴って、より多くの外的事実に関わる秩序が現出するということでもある。

第三節　科学の構成を説明する〈注意〉

本節においては、「知覚的体系」における諸能力の説明が、ビランの時代における、ニュートン的な自然科学の構成を説明することを確認したい。このことは、様々な現われを一つのものの現われとして見る諸能力と自然科学を構築する諸能力とが、基本的には同一のものであり、従って、「主観的な視点」から言えば、日常的な知の体系と科学的な知の体系との間には同質性があることを示すことになるだろう[21]。

さて、自然科学が外的諸事実に関わり、その諸事実のうちに秩序を見出してこれを表現にもたらそうとする営みであるのだから、この営みを主導するのが、外的諸事実に関わりこれを精査することを主たる役割とする「注意」の能力であることは、ビランの読者には容易に想定される。実際ビランは、また、「自然的諸現象の研究と分類」に適用される理性の能力とは、「注意」の能力であると述べている（VII-2,p.261）。

あるいはビランは別の場所で、自然科学と形而上学との区分について、次のようにも述べている。「類似の関係を比較し知覚する注意を、同一性の関係を抽象し把握する反省と対立させることで、私は物理学ないし自然学を、形而上学と数学とから区別する分割線を提示した。」（A, VII-2, p. 327）この言葉から明らかなように、「物理学ないし自然学」は特に「類似の関係を比較し知覚する注意」へと割り振られるべき事がらなのである。「注意」の能力がいかに自然科学の知の内実を説明するかを明らかにすることが本節の課題である。

ところでメーヌ・ド・ビランは、外的諸現象に関わる自然科学の手続きが、「現象を観察し、分類し、法則を立て、原因を探求する」という四つの手続きに纏められることを、最初期から絶えず述べている。だとすれば、彼が述べているこの手続きの内実が、これまで述べてきた注意の能力によって説明されれば、本節での目的は基本的に達せられることになる。即ち、上に記した四つの手続きが、外的感官に対しての〈現われ〉に専らその努力を志向的に向け、その〈現われ〉における直観的要因を知覚してその相互の類似とアナロジーとを見出していく能力によって説明されることを示さなければならない。

自然科学の対象が直観であること

『試論』の段階においては明示的には述べられていないが、『自然諸科学と心理学の諸関係』においては自然科学の対象が直観であると、はっきり述べられている。「自然に関する科学とは、その第一の対象、および適切な方法に関して考察されるならば、諸事実に関する科学であるというよりは、外的な諸現象を表象する絶対的な直観において得られる、外的諸現象およびそれらの継起の秩序に関する学問である。」（A, VIII, pp. 12-13）自然科学が諸事実に関する科学である、という規定は、一見ごく普通のものであるが、ビラニスムにおいては避けなければならない。なぜなら、これまで幾度も確認してきたように、「事実」とはこれを感知する主体の現存の感知との関係性の中で語られるべき事柄であるが、他方で自然科学において扱われる事柄は、この主体の現存の感知について語ることを、基本的に要請しないからである[22]。従って自然科学の対象は、「事実」の概念から知覚する主体を捨象して得られる、「絶対的な直観においで得られる、外的諸現象およびそれらの継起の秩序」ということになる（ここで「絶対的」という形容詞が付されているのは、「事実」からこれと関係する主体が捨象する手続きが、これまで主体との関係的にあった直観をこの関係から切り離された絶対的なものとして扱う、という要請を含むからである）。

従って、ビランの時代における自然科学の探究の目的が明示化され、かつその目的に適合した認識諸能力が名指され、かつこの能力が「知覚的体系」の枠内で説明されれば、彼が考える自然科学（対象的科学）は「知覚的体系」の産物として位置付けられることになる。

ところでビランは、当時の自然科学の四つの手続きが、実質的にはただ一つの手続きに還元されると考えている。ビランは『思惟の分解論』で次のように述べる。「私たちはこれらの最初の反省から、自然学では、諸原因の探求を目的とするように見える作用は、実際のところそう信じているほど、諸現象の分類を目指す作用と変わらない、と結論することができる[23]。精神が徐々に個々の事実から類の形成、より一般的な法則の決定へと上昇していくこうした一般化の手続きは、ただ一つ、同一の知的作用に基づく。この作用とは、全体的ないし部分的な諸事実の間に広がっている諸関係を常に知覚し、その諸観念を継起、アナロジーないし類似という実在的な秩序に従って結びつけるというものである。」(A, III, p.315)

ニュートン物理学に代表される自然科学は、実効的原因という概念を除去することをその方法論の特質とする。見出されるべきは、たとえ「原因」という名で狙われているにしても、実際のところは「賢明に一般化された諸現象」(A, III, p.316) であり、結局のところ原因とは一般化された結果ということになる。ビランが親しんでいたバルテの言い方を借りれば、「ある現象を説明するとは、常に、この現象が提示する諸事実が、より身近な別の諸事実の継起の秩序と類似した秩序に従うことを見て取らせることである。」(Barthez, 1778, p.VI)

ニュートン物理学に代表される自然科学は、外的事実を構成する現象的要素の秩序を見出すことを目的とする（そのためには外的事実を、これを知覚する主体を捨象して考察することが重要なのであった）。言い換えれば自然科学は、ビラニスムの枠内で直観という名前を与えられる〈現われ〉のうちの秩序を見出すことを目的とする。

そのために必要な手続きは、「諸現象を観察し、分類し、法則を見出し、原因を探求する」という四つの手続きへと還元されるが、その本質的な作業は分類のうちにある。

即ち自然科学においては諸事実に基づくことが第一に従うべき規則であり、かつその諸現象の継起のうちに実効的原因は決して見出されないのだから、自然科学における「原因」とはあくまで諸現象の秩序を記述するべき法則の別名である。そして、法則に関して言えば、これは一般化された諸現象の継起の規則であるのだから、観察された諸現象を賢明に一般化してその特質を導き出すことで、自ずと見出されることになる。従って自然科学においては、現象を注意深く観察し、そこに見出される「類似ないしアナロジー」を適切に見出して、個々具体的な諸現象に対して一般的な記述を与えることのみが要請されることになる。従って、自然科学において重要なのは、直観を知覚し、そこに見出される類似やアナロジー（さらにはその差異）を見出す注意の能力を行使することである。ビラニスムにおいては、原則的に自然科学を主導する能力は、注意に還元される。

私たちに与えられた直観という所与に注意を払い、そこにある類似やアナロジーに基づいた秩序を見出して、これを表現へともたらすのが自然科学の営みということになる。

ところでこのように、自然科学の諸手続きを「注意」へと帰着させることは、ビラニスムにおいて別種の重要な意味を持つ。これまで論じてきたように、自然科学を形成する諸手続きを注意の能力に帰着させることで、ビランがなぜ外的事実に関わる自然科学の方法論を、内的事実に関する科学である心理学には適用できないと、倦むことなく繰り返したかが、改めて確認されるからである。自然科学の方法とは、注意の能力を用いて、外的な諸現象の間にある類似やアナロジーを見出す能力である。従って、諸能力それ自身ではなく、あくまで諸能力が受容しあるいは変形する直観の側の事柄のみを記述するものである。

例えばベーコンは人間的諸能力を、現実に人間の知的能力が生み出した産物の側の類似や同一性に基づいて分析しようとする。だがこうしたアプローチは、内的な事実に対する真に実的な分析ではない。「各科学、あるいは現実態とその対応能力との究極の関係において、この能力の概念や名称を基礎付けるのは、能力によってすっかり形成され終えた様々な産物の類似（analogie）の表面的な性格であって、悟性におけるそれらの産み出され方の特定の様態ではない。一言で言えば、百科全書的な秩序は、人間悟性の諸作用の実的な区分から出てきたのではない。この区分は、ア・ポステリオリに、そして百科全書的秩序の観点から、むしろ慣習的な仕方で確立されている。」(A, III, p.20)

知的諸能力に関する内的事実についての学を形成するためには、それに相応しい視点に身をおき、反省の段階に移行しなければならない。

註

1　「自我は直観をすっかり出来上がった状態で受け取る。」(A, VII-2, p.234)

2　「習慣によって一つの同じ束、一つの同じ系列のうちに連合された諸印象の各々は、新たに生じることによって、他のすべての印象を再生させる能力を持つ。これが想像力の第一の動因である。」(A, II, p.216)

3 「想像力の記号は自由にできるものではない。この機能を常に果たすものは、個人にとっては外的な対象、つまり個人の意志とは無関係のある原因である。」(A, II, p.216)

4 ただし直観が触発と結びついた場合には、直観のうちに価値の序列が入り込むであろうことも、私たちはまた指摘した。

5 「注意の働きを動機付ける諸印象」(A, VII-2, p.306) という言葉が『試論』に現われるが、実際にその内実が語られているとは言いがたい。

6 ベルッシは能動的な知覚が媒介的外的統覚と呼ばれることを、次のよう説明する。「〈外的〉という言葉は、自我が内在的な行為のうちのみならず、各々の超越的行為のうちにも自己を統覚することを意味する。〈媒介的〉とは、この統覚が第一の直接的なものではなく、根源的事実の後から生じるものであることを意味している。」(Baertschi, 1982, p.99)

7 なお、本書では詳しく触れる暇はなかったが、「注意」は諸直観が相互に持つ類似やアナロジーなどを「内在的努力」における以上に認知する。「内在的努力」において構成される〈私〉も、直観の類似やアナロジーを認めるものであったが、注意を用いるようになると、さらに多くの類似やアナロジーを認知する。以下のテキストを参照のこと。「様々な対象が与える類似した様態ないし見かけに次々と集中することで、注意はこれらを、これらがその部分をなしている自然的な集合から浮き上がらせ、全く新しい人為物を作り上げるが、慣習的記号がその唯一の基礎であり、かつ価の全体である。」(A, VII-2, pp.325-326)

8 「この感官は唯一、その活動が決して予告されない対象を自ら探しに行く。光や外的な音、匂いは、諸器官を不意打ちし、ぶつかってくる。触覚的素材は触覚が適用されるのを、受動的に待っている。これを顕すのは、印象ではなく働きである」(A, III, p.214)

9 なお、ヴァンクールは次のように述べている。「『習慣論』において、ビランは外的抵抗から出発しており、彼は自我の非—我である抵抗と衝突する活動性のうちに自我の起源を見出している。彼は有機的、筋肉的抵抗の概念を見出していない。」(Vancourt, 1944, p.162 note: なお p.54 も参照のこと) 中敬夫はこの文章を根拠として、ヴァンクールのこの言葉を批判している (cf. 中、2002、p.67)。事実、ヴァンクールの立論はそれほど明晰なものとはいえない。

10 なお、このテキストにおける「意志、(あるいは原因の代わりに事実を用いて言うと) 中枢の反応」という言葉は、『習慣論』の時期のビランが、「意志」と「中枢の反応」という言葉を置換可能であると考えていたことを明らかにすると同時に、彼が既に「意志」を原因として規定し、他方で「中枢の反応」を観察される「事実」の側に割り振っていたことを明らかにする。

11 以下の記述も参照のこと。「想像力と感官との最も内密な習慣を阻止するある種の反省の努力によって、抵抗の力は、何らの延長の知覚と結びつくことなく、数学的な一点において私たちの努力に直接に対抗することがありうることを、私たちは実際に了解した。」(A, VII-2, p.391)

12 「有蹄類のフィクション」という表現は、Tilliette, 1983, p.444 で用いられている。ビランはこのフィクションが気に入っていたらしく、『試論』でもこのフィクションを繰り返している (cf; A, VII-2, p.289-290)。

13 次の『試論』のテキストも参照のこと。「抵抗する力は外的物体の本質として了解されるが、延長、固体性、不可入性、惰性、可動性は、この本質の属性として了解される。これらはこの本質を顕す感覚的徴のようなものである。」(A, VII-2, p.390) なおビランが「本質」と「属性」という言葉に与えている意味について、アズヴィは次のように述べている。「あえて仮説を一つ提示してみよう。本質は事物の存在それ自身、事物があるところのもの、そうであることをやめぬものを意味し、他方で属性とは、その現実存在の必要条件である、というのがその仮説である。」(Azouvi, 1995, p.243) この解釈に従えば、物体の本質は「抵抗」であるが、他方で現実存在する物体は、必ず「延長、固体性、不可入性、惰性、可動性」を持つ。

14 もっとも『試論』には、固有身体と外的物体のもたらす抵抗を同質的なものと考えず、両者の区別を、努力に従う抵抗とこれに従わない絶対的抵抗との区別に基づかせているように見える箇所もある。「意志的な努力に譲歩しあるいは従う固有身体の関係的な抵抗と惰性、並びに打ち勝つことができないこともありうる外的な物体の絶対的抵抗との間に、私が根拠をもって確立したと信じる別の本質的な区別」(A, VII-1, p. 118) しかし、『試論』の認識論の体系から言えば、これから論じるように「直観」の要素を強調する必要がある。

15 触圧が「直観」であることについては、本書前章での記述の他、改めて以下のテキストを参照のこと。「自我の感知と連合した直観の一般的性格」は、「私たちの身体と接触する物体の単純な触圧に服する、触覚の受動的行使にも適合する。」(A, VII-2, p. 235)

16 「抵抗する力は外的物体の本質として了解される。」(A, VII-2, p. 390)「抵抗する統一である点は第一の数学的概念である。精神は、反省的抽象によってこれに到達するのであって、何らかの一般化の手続きによるのではない。」(A, VII-2, p. 404)

17 言わずもがなのことではあるが、ここでの「抵抗する連続体」とは、固有身体を巡って提出された「抵抗する連続体」とは異なるものである。

18 なお『思惟の分解論』ではこの事態を、「原因」の概念を用いて次のように記述している。「能動的な触覚のみが、個体を外的抵抗の力と直接的関係のうちに置き、物体の結果として感知ないし知覚されることでその第二性質と言われる私達の受動的様態に、外的な原因を与える。」(A, III, p. 222)

19　ロメイエ - デルベイは、ビランの触覚はアリストテレスにおける「共通感覚」の役割を果たしている、と述べている。「かくしてビランに於いて触覚は、アリストテレスにおける「共通感覚」の役割を果たしている。その働きによって、他の感官の散乱した所与は総合される。」(Romeyer-Dherbey, 1974, p.115)

20　論者は「行為」という言葉の極めて厳密な定義がここで与えられると考えている。

21　ただしその明証性を根源的事実から汲んでくるとされる数学に関しては、事情は異なる。数学の明証性は反省的段階で確証される。次のテキストを参照のこと。「抵抗する統一である点は第一の数学的概念である。精神は反省的抽象によってこれに到達するのであり、何らかの一般化の手続きによるのではない。」(A, VII-2, p.404) ベルッシはこの点について次のように述べる。「数学者は実在、根源的事実のうちに基礎を持っている。それは数の起源である。抵抗である。抵抗は延長を持ち、延長を持つものは数字化できる。」(Baertschi, 1982, p.247)

22　「この学においては諸事実は、まずはそれ自身において、つまりこれらの諸事実が単純かつ絶対的であり、これらを知覚する主体やこれらが内属する実体、あるいはこれらを産出する実効的な原因とは無関係なものであるかのように考察される。」(A, VIII, p.12)

23　こうしたビランの科学論については、Azouvi,p.1995,p.103sq を参照のこと。

第四章

反省的体系——自我の能力の自覚

メーヌ・ド・ビランの哲学は、優れて反省の哲学である。反省の能力の重要性は、早くからビランが指摘するところであった。彼はすでに『習慣論』の中で「反省の能力、自分を取り囲むすべてのものに反応し、自らを変革する能力」(A,II,p.217)の重要性を指摘している。しかし、私たちはビランの「反省」概念を理解しようとするのならば、いくつかの点に注意を払わなければならない。

まず、ビランが用いている「反省」の意味が、私たちが日常用いる意味での「反省」という言葉と著しく異なっていることに注意を払わなければならない。ミシェル・アンリの言葉を借りれば、「反省という術語は、メーヌ・ド・ビランにおいては、私たちが通常反省という言葉で理解しているものとは全く逆のものを意味している。なぜなら、私たちが通常理解する反省とは、私たちに直接に与えられていたものが私たちから遠ざかっていく、そうした作用を意味しているからである。」(Henry, 1965, p. 17)

日常用いられる「反省」という言葉は、反省する主観が、主観的な視点を離れて、自らの存在のありようを客観的に、つまり対象的事物との関係性の中に位置づけ、かつそのありようを測定しなおしたり、価値評価をしなおしたりする能力の行使を意味している。「私たちに直接に与えられていたもの」が、あくまで主観的なものに過ぎない、という評価を受けるがゆえに、「私たちに直接に与えられていたもの」から遠ざかろうとする精神の働き、逆に言えば「私たちに直接に与えられているものが私たちから遠ざかっていく、そうした作用」のことを「反省」という言葉は意味している。

しかし、ビランの言う「反省」は、通常の反省と同じく、自らの存在のありようを評価するものではあるのだが、これを客観的に（対象的に）捉えようとするものではなく、むしろ主観的様態それ自身へと立ち戻ることを意味するのであり、その意味で、日常的な用語における「反省」という言葉とは逆の方向へと働く能力の行使を指している。

ビランの「反省」を理解するためのもう一つの困難は、ビラン自身の用語法に由来する。ビランは「反省」という言葉を最低限二つの意味で用いているように見える。言い換えれば、先に述べた「直接的内的統覚」の同義語としての「反省」という言葉の用法と、ビランが哲学の方法として立ち上げようとする「反省」の方法の間には、見逃すことのできない差異が存している。即ち、ビランが自らの記述の中で「直接的統覚」の同義語として扱っている「反省」と、ビランが現に自我の諸能力を記述する際に用いている反省の方法は異なるのである。

もう少し丁寧に見よう。自我の経験を開く、固有身体と意志たる自我との関係性である「直接的内的統覚」が、同時に「反省」でもあるとするならば、およそ主体の意志的様態のすべては、何らか反省的契機を含んでいることになる。もし「直接的統覚」の同義語としての「反省」がビランの諸能力の記述自身を支配する「反省」と完全に同じものであるなら、私たちは自らの存在を統覚する際には、常に〈私〉が自由にする諸能力についての記述の前提となる条件を満たしていることになる。だが〈私〉が自らの存在を統覚することが、ビランが行っている〈私〉の諸能力の記述の条件を満足させることにはならないわけであり、両者はやはり区別されなければならない。

本章では、上記二つの問題を各々考えつつ、ビランの「反省」概念の理解を試みる。

ところで第一の問題については、ビラン自身が、私たちが日常的に用いるような反省を「鏡面的反省」（réflexion spéculaire）と名づけてその生成と機能とを論じているので、これを手がかりにしていくこととしたい。ところで、この「鏡面的反省」という能力は、先に叙述してきた「知覚内体系」に位置付けられる機能であり、言い換えれば、主体が行使する「注意」の能力に基づいて形成される能力である。つまり、私たちが通常用いる「反省」という言葉は、ビランの体系でいえば、いまだ「知覚的体系」に位置する事柄である。このことを理解することで、日常的な「反省」という用語の意味が明晰に理解され、かつ優れてビラン的な意味での反省、ビランが「反省こそが哲学に固有の方法である」と述べた意味での反省という言葉を理解することに役立つだろう。

また、第二の問題に関して言えば、ビランが「直接的内的統覚」と同一視した「反省」という用語が、「注意」の能力を行使する段階から、この注意を行使しているのが〈私〉であると評価する段階へ移行したときの自己評価、即ち原因としての自己評価を行う能力として捉え（言い換えれば、「統覚」＝「反省」という定式が成り立つ場合には、〈私〉の一つの能力が問題となっていると考え）、他方で、ビランの記述を支配する哲学の方法としての「反省」を、ビランが「何らかの名辞のもとで私たちのうちに、ある能力、他のすべての能力より優れ、他の諸能力の外部でこれらを確証し、判断し、支配する能力を認識する必要がある。」（A, VII-1, p. 39）と述べた際に狙っていた能力のことを理解することとしたい。「私たちの知的諸能力の各々についての単純な観念を獲得するための、反省という同一の能力、同一の内奥感のみが、あらゆる感官のうちで、自らをその働きのうちで直接に確証する。」（ibid.）それ自身で確証されつつ他の能力を認識するこの能力、即ち諸能力の多様性を、産出的な力である自我の統一へともたらす能力こそが、ビランの目指す学の方法としての反省、すなわちビランの記述を支配する反省である。

第一節　鏡面的反省

メーヌ・ド・ビランの解釈家たちは、「鏡面的反省」とビラン固有の意味での反省の対立を正しく指摘してきた。これらの指摘はビラン自身の言葉に典拠を持っている。ビランの反省概念を理解するために、まず否定的な作業としてではあるが、この「鏡面的反省」がいかなるものであるのかを簡単に押さえておこう。

ビラン自身が「鏡面的反省」と「集中した反省」を対比的に論じている箇所を見よう。彼は、私たちが固有身体と身体の外なる事物との共存に関して通常抱いている知、即ち、私たちの固有身体の外部に位置する様々な事物に関する認識が構成され、かつ私たちの固有身体がこれらの事物と共存していると了解している、そうした知が構成される仕方を説明するために触覚のみを引き合いに出す人々の議論を批判しながら、次のように述べる。

「もし今日多くの哲学者たちが考えているように、触覚のみが、自らの変容についての内的な感知をこれらの変容を起こす対象に関しての知覚ないし認識と切り離す境界を乗り越えさせる、第一ないし唯一の感官であるなら、触覚のみが、思惟を自らの外へと引き出すものでなければならないだろう。視覚のみの働きには欠けている固定した堅固な基盤を想像的表象に与えることで、触覚はある種の鏡面的反省を完成するだろうが、この反省において、殆ど不実な鏡のうちに自らを探し映し出そうとする思惟する主体は、次第に、この主体が自らに固有の形式を把握する集中した反省から遠ざかっていく。」(A,III,p.212f)

主観的な存在様態の感知から対象に関しての認識へと至らしめる機能を持つ能力が触覚であることを主張したのは

コンディヤックであり[1]、あるいはデステュット・ド・トラシであった。ところでビランがここで批判する触覚とは、前章の第一節で詳述した能動的触覚ではなく、意志的な作用と切り離された、即ち表象的機能にのみその役割を限られた触覚のことである。表象的感覚のみから世界と身体に関する知の構成を説明しようとすることがビランの批判の対象となる。即ち彼らは、能動的触覚からその必要条件である意志的な能動性を捨象し、受動的な触覚に現われる表象的な知から出発して私たちが事物について抱く像の構成を説明するが、このように表象的要因のみから構成されたモデルにのみ従って〈私〉の存在の様式を理解しようとすること、即ち、外的な物体をモデルにして構成された知の基準に従って「自らに固有の形式」を把握しようとすることが問題となる。なぜなら、上で述べたようにこれらの哲学者たちは、触覚が現実に行使されている際の能動的要因（触れに行くという意志的運動）を捨象し、これらの像の構成のために行使されている〈私〉の能動的能力を抜き去った上で対象的事物の観念を構成し、然る後に対象的事物の観念に当てはめて〈私〉の存在の様態を理解しようとするからである。

　こうした鏡面的反省に対するビランの評価は厳しい。『思惟の分解論』には次の一節がある。「ある対象から別の対象へと湧出するある種の鏡面的反省がある。これは主体をそれ自身の外へと浮き彫りにするが、そのため主体は、自らが存しないところに自らがいると信じ、自らがいる場所には自らを統覚することも見出すこともできないと信じ込んでしまい、かくして主体は自らの場所、本来自らを測るべき道具を見失い、自らのイマージュを、自分を逃れていく移ろいやすい幻影のうちに追い求めるようになる。」(A, III, p.192)

　対象的に構成された外的物体のイメージにのみ基づいて自我の存在様式を理解しようとすることは、予め述べておけば、反省的抽象によって見出されるはずの自我の諸属性、即ち「原因」「力」「同一性」などを、すべて見失ってしまうことに繋がる。自我に固有の諸能力を捉えるためには、対象的な知の象りのもとで〈私〉の存在を理解するのではなく、対象的な知をも可能とするような〈私〉の存在様式に接近する方途が開かれなければならない。そのためにはまずもって自らの能動性を統覚しなければならない。

　とはいえ一言述べておきたいのだが、ビランが述べる鏡面的反省は、〈私〉が自らに固有の諸能力についての観念を形成するためには不適切なものであるが、それでも、〈私〉の身体が固有身体の外部の事物と共存しているという知を〈私〉が我が物とするためにはやはり必要なものである。

　前節で論じたように、ビランは対象的直観という表象的な認識が位置付けられる場として直観的空間を思考し、かつこの空間が「私たちの位置移動がなされる空間」である「対象的直観の場」(A, VI-1,p.142) であると論じていた。ところで、ここで「私たちの位置移動がなされる」という言葉がある以上、ある種の知の水準においては、私たちは直観的な空間のうちに自らの身体が記入されていることを意識している。つまり直観によって開かれる空間性のうちに、私たちの身体が位置づけられるものであることを意識している。ビランがここで語っているのは明らかに「鏡面的反省」によって自らが構成した(あるいは自らの触覚的経験によって現われた力たる絶対的抵抗を核に想像力が構成した)事物が見出される空間と同じ空間のうちに、〈私〉の身体もまた、事物と同列のものとして存在している、という事態である。そしてこのような知は、やはり「鏡面的反省」によってのみ可能となるだろう(ただし確認しておくが、「鏡面的反省」によって私たちの身体が直観の空間に位置づけられる、その実的なプロセス自身の記述は、ビランの哲学の方法たる「反省」によって行われる)。「鏡面的反省」は、自己の能力を知る固有の視点を見失わせるという意味では、実践的な危険を持つが、しかし私たちが生きる日常的世界の構成のためには必要なものである。

　この論点をもう少し解きほぐしておこう。

前章で論じたとおり、私たちの諸器官に与えられる直観は、抵抗と触圧とが連合して与える印象を核として取りまとめられることで、安定した基盤へと帰属させられ、さらには私たちの行為の対象ともなるのであった。ところで、この帰属の判断を行うためには、私の固有身体が表象されていることがどうしても必要となる。例えば今私が一つのコップを手にするとき、一方で私の手の運動に対しては、確かにコップの与える抵抗と触圧とが同時に与えられる。ところで他方、この触圧と抵抗との連合にコップの〈見え〉それ自身が結びつくためには、〈私〉は、このコップの〈見え〉と隣接している肌色の手が、今正に触覚的にこのコップに触れている〈私〉の手であることを認知しているのでなければならない。そうでなければ、〈私〉の手に与えられえる抵抗と触覚との連合と、コップの〈見え〉とは決して結びつかないことになる。一方で「鏡面的反省」を手厳しく批判するビランも、このことは認めている。

「もし固有身体が延長を持たず、あるいはその諸部分が、運動的意志の力に服する複合した一つの全体を形成するものとして自我に直接に表象されることがなかったら、外的延長のあるいは外的物体という形式で自我の外部に表象ないし了解される何ものかが存在する、ということも不可能になってしまうだろう。」(A, X-2, p.270: 強調は引用者による)

「鏡面的反省」は、〈私〉の身体が視覚に現れる様々な事物と共存していること、様々の〈見え〉が、〈私〉の固有身体の運動に対して抵抗しうるものに帰属していることを〈私〉が自らの知の内実とするためには、必要不可欠の能力である。

「鏡面的反省」は、〈私〉が自らの諸能力を、表象的な事物の秩序に象って理解させるよう誘う点では拒否されなければならない。しかし他方で、〈私〉が様々な〈現われ〉に対して働きかけうる存在者であると自らを認知するためには、必要な条件なのである。

第二節　固有の意味での反省

続いて私たちは、ビランが哲学の方法として考えていた反省、即ち、自我の諸能力を実的に捉える能力としての反省がいかなるものであるのか、これの理解を試みたい。

ところでビランが『試論』の反省的体系で行っている「反省」の能力の記述は、ビラン自身が実際に遂行している「反省」、即ち例えば『試論』において「内在的努力」における〈私〉の構成から、〈私〉の意志的諸能力の遂行へと至る過程、即ち努力の高まりに応じて様々な〈現われ〉の秩序に関する知を我が物としていくプロセスを記述する過程を支配する「反省」とは異なっている。言い換えれば、『試論』の反省的体系で記述されている反省の能力は、ビラン自身が自らの能動的能力を数え上げその特質を調べる、内的事実に関する学を支配する反省の能力とは異なっている。従って私たちは、『試論』の反省的体系の叙述には必ずしもこだわらず、ビランが学的な方法として目指して規定した反省がいかなるものであるのか、即ちビランが行う自我の諸能力を記述する方法がいかなるものであるのか、これを理解することを目指すこととしたい。

統覚と反省の同一視について

一方でビランが「直接的統覚」と「反省」とを同一視しているテキストはいくつかある。「この統覚あるいは反省という、私によればすぐれて知的であるいは思惟する主体を構成する能動的能力」(A, III, p.234)「私たちが直接的統覚の感官とも呼ぶことが出来る、この反省の感官」(A,IV,p.124)「反省あるいは内的統覚の主体」(A, VII-1, p. 91) といったテキストでは、ビランは確かに直接的統覚と反省とを同一視している。だが、ビラニスムにおける「反省」という言葉の意味を仮にこの統覚という意味でのみ捉えるのであれば、既に述べたように、ビランの記述を支配している哲学の方法としての反省は見失われてしまうだろう。しかし他方で〈私〉の存在の諸様態のうちでの自らの能動性を確認するという作業自体は優れて学的な反省の営みへと繋がっていくものでもある。自らの能動性を確認する「統覚」としての反省と、哲学の方法としての「反省」との連続性と差異を確認しよう。

なぜ、ビランが「統覚」と同義語としての反省を立ち上げたのか、これを問題としなければならないが、その理解のためには次のテキストが有効であろう。ビランは次のように述べている。「反省はその起源を、努力ないし意志が決定する諸運動の内的統覚のうちにもち、反省は意志された努力、即ち意識の根源的事実と共に始まる。だが、努力の意識は、これが起源から結びついている受動的触発のうちに包まれている。」(A, VII-2, p. 367)

事実、例えば〈私〉は習慣化された諸能力の行使において、〈私〉の原因性を忘却している。「実際、習慣の最も確実な効果は、絶えず反復される運動ないし働きに固有の感知を密かに弱め破壊するというものである。」(A, VII-1, p.166) 統覚は隠される可能性を持つわけだ。あるいは「知覚的体系」の記述に際して強調したように、〈私〉が自由にできるはずの注意を行使している際にも、実際の〈私〉は、自らが志向的に行使する能力に対して現出する〈現われ〉に専ら没入しており、自らの能動性を意識していない。だが、注意の能力をビランの体系の中で論じるためには、この注意の能力を行使しているのが、正に〈私〉であることを自覚しなおすプロセスが必要である（なぜなら「注意」の能力のうちの自我の原因性を確認しつつこの働きを記述することこそがビランの目的であるのだから）。ビランはこの自覚のプロセスを「注意」から「反省」へのプロセスとして記述する。

「意志が外的な印象に従属している限り、自我は自らが参与している部分を知らず、この能動的部分は、支配的な表象的対象ないし外的原因の部分に混ざり合ってしまっている。指揮されている注意は、見かけは最も能動的であっても、これを行使している活動ないし主体の内的な反省ないし統覚を排除する。」(A, VII-2, p.206) しかし注意の様態は常に自らの原因性を統覚する段階へと移行することができる。「しかし意志が印象に対して主導権を握り、自らを主導するようになると、自我は自らの因果性を認めることができる。意志は、自らないし自らの努力から生じる感覚的な効果ないし結果と同時に、自らである原因についての直接的内的統覚を持つ。」この事態は「反省」の言葉と結び付けられて、「反省の働きが知覚と結びつく。」(ibid.) と言われる。

ここでは確かに、自我の原因性の自覚たる「直接的内的統覚」が「反省」と結び付けられており、「反省」とは「統覚」であるという読解を誘う。しかしここで注意したいのだが、この過程はあくまで、「私が統覚的ないし反省的と呼ぶ第三の体系の基礎である」(ibid.?: 強調は引用者による) が、逆に言えば「統覚」としての「反省」は、あくまで「反省的体系」の基礎であるに過ぎない。この「基礎」という言葉は、言い換えれば、「統覚」としての「反省」がさらなる発展を受け入れる余地があることを示唆している。

なぜ、これがあくまで「基礎であるに過ぎない」のかを、別の視点から考察してみよう。「注意」とは前章における知覚的体系の分析で述べたように、〈私〉が自由にすることのできる諸々の諸能力のうちのある一つを志向的に用い、かつその感官に対応して現われる一つの対象に対して専ら〈私〉の能力を用いることである。このとき〈私〉の意識は専ら対象へと注がれ、〈私〉の原因性は忘却されているのだった。しかしそうであるなら、「注意」の能力から「反省」へと移行するときに反省の能力が意識しているのは、一つの能力を〈私〉が原因として用いうることについての統覚でしかありえない。手短にもう一度確認するが、ある対象に集中する一つの能力について〈私〉の原因性を統覚するとは、未だ一つの能力についての「反省」である。しかし、本章の冒頭で述べたようにビランは他方で、「他の諸能力の外部でこれらを確証し、判断し、支配する能力」「私たちの知的諸能力の各々についての単純な観念を獲得する」(A, VII-1, p. 39: 強調は引用者による) 能力としての「反省」の存在を強調している。これらのテキストの力点は、反省が諸能力、即ち複数の能力を支配し確証するという点にある。だからビランは一つの能力についての統覚がなされる場合には、「反省の働きが知覚に結びつく」、即ち複数の能力をも支配しうる能力としての「反省」が、今は一つの能力である知覚に結びついていると述べるのである。しかるに「反省」はただ一つの知覚に結びつくことができるのではなく、次々と、あるいはある場合には同時に複数の能力にも結びつくことができる。従って、注意から統覚への移行に際して言われる「反省」とは、ただ一つの能力に反省の働きが結びついた場合のことを指すのだが、他方でビランが、反省が複数の能力と結びつく、即ちこれらを「確証し、判断し、支配する」ことができると述べている以上、一つの能力に関して言われる「統覚」としての「反省」は、あくまで哲学の方法としての反省の「基礎」なのであり、今後の展開を受け入れるものであることに留意しておこう。

ビランが『試論』の「反省的体系」の冒頭で反省の能力の基礎として取り出す、聴覚と発声器官との同時的行使もまた、これまでの解釈の図式に当てはめて理解することができるだろう。実際ビランは、聴覚と発声器官との結びつきが「反省」の基礎であることを述べる前に、次のように述べる。

「それ【反省の感官としての努力の感官：引用者註】が展開し、そのうちに固有の基礎ないし動因を見出す反省がこれと結びつくためには、努力の感官が既にある感官と関係していて、その産物がいわば【…略…】意志にひたすら従属する感覚的形式を身にまとい、またその運動の唯一の原因を自らに帰属させる運動的感覚的存在者がそれによって、これらの運動、ないし外的な力の協力なくしてこれらを決定する努力から生じるような諸印象をこれまた自らに帰するようになっていることが必要である。

このとき、そしてこのときのみ、普通は私たちの意志的働きの外的な結果と結びつく注意も、これらを実行する自由な能力の感知に集中している反省と何ら異ならないであろう。この能力はその源泉と根拠とを、ある種の諸感覚ないしある感官の行使の特殊な様態のうちに見いだすのである。」(A, VII-2, p.369)

この直後に、このテキストで明示されている条件を満たす活動の様態として、聴覚と発声器官との結びつきが論じられるわけだが、しかしこのテキストで述べられる事態もやはり、「注意」から「反省」への移行のプロセスである（「注意」と「反省」が異ならなくなるための条件が探求されているのだから）。そして、先に引いたテキストとの違いを述べれば、先に引いたテキストにおいては「注意」から「反省」への移行が一般的に語られていたのに対して、ここで引用したテキストでは、人間という特殊な存在者にとって「注意」から「反省」への移行が生じやすい能力の行使がいかなるものであるのか、つまり特に人間という存在者にとって「反省」（これは「統覚」としての反省である）に移行しやすい能力が何であるのかを決することが問題となっている。

そして、この条件を満たす能力として取り出されるのが、〈私〉が発した声を〈私〉が聴く、という聴覚器官と発声器官の同時的行使である。

「さて、私たちが示してきた諸条件は、声と結びついた聴覚のうちで自然に満たされる。発声の運動と聴覚的諸印象との間のこの結びつきないし対応の諸条件と結果とを分析するために、私たちは問題となっている高次の能力の起源の法則を、恐らく発見することができるだろう。」(ibid.)

自らが発した声を聴くとき、聴覚器官を用いて注意を払っている主体は、聴こえてくる声が正に自らの声であると認めることで、自らの原因性をより明晰に統覚するであろう。ところで上で引用したテキストで、ビランはこの聴覚器官と声との同時的行使を「反省」の基礎と考えているが、これもやはり「統覚」としての「反省」のことを指しているのと考えられる。というのも、同じく聴覚器官と声との同時的行使を扱っている『直接的統覚』において、ビランが次のように述べているからである。「この二重の関係から、私たちは、声と結びついた聴覚の感官に固有の二種類の統覚を区別することができる。つまり、その自由な決定において考察される、既に認められた直接的内的統覚という資格で区別される、発声の努力に関連する統覚と、この努力の結果、あるいは所産に対応する、やはり内的な媒介的統覚と呼ばれうる、そうした統覚である。」(A, IV, p.166)

即ち、自分が発した声を自分が聴くとき、一方では〈私〉は自らが原因として発声器官を運動させていることを統覚すると同時に、他方で発された声が自らの声であることを「媒介的」に統覚する。とはいえ統覚する主体は「一」なるものでしかありえないのであるから、ここで二種類の統覚が語られているとはいえ、この二重の統覚は、発声運動を行うものとしての「一」なる〈私〉が自らの原因性をより強く統覚していることを指示している。

ただしこのテキストには、メーヌ・ド・ビランの哲学の方法としての「反省」に至るための萌芽も見受けられる。即ちここでビランは「直接的内的統覚」と「内的な媒介的統覚」という二つの統覚によって、発声運動という一つの運動をなしうる存在者として〈私〉が自らを自己確認する場面を記述しているが、他方でこのとき〈私〉は、「聴く」ことができることのできる存在者としても自己を確認しているのでなければならない。即ちこのとき〈私〉は「音」という感覚的な契機のうちに〈私〉の声を認め、そのとき、〈私〉が発声運動を原因として行いうる存在者であることを見出しているのではあるが、他方でこの確認のためには、〈私〉が自らを、聴くことのできる存在者としても統覚しうるのでなければならない。そして「聴く」とは何よりも、〈私〉を目覚めさせる内在的努力によって可能となる能力であり、かつ〈私〉が注意を用いることによってより発展する能力であった。「聴く」こともまた、〈私〉の能力なのである。

「〈私〉が発した音を〈私〉が聴く」という現象は、〈私〉が発声運動を行う存在者であることを明らかにすると同時に、〈私〉が聴くことのできる存在者でもあることを明らかにするものである。このとき〈私〉は、自らの複数の能力を確認している。

知覚的体系の分析で述べたように、〈私〉の能動的な能力の行使は、その感官の行使に対応して現出する〈現われ〉に変化をもたらす。しかるに例えば視覚器官を例に採れば、〈私〉がいかに視覚器官を能動的に動かして視覚に現出する〈現われ〉に変化をもたらそうとも、このとき〈私〉は専ら現出する〈現われ〉に没頭しており、もたらされた変化の原因が〈私〉であるということを忘却している。「最も能動的な眼差しにおいても、目は自らを照らし出しはしない」(A, VII-2, p.370)。

しかるに、自らが声を聴く際には、〈私〉の発声の運動は聴覚の行使と結びつき、今聴こえている音がまさに〈私〉を原因とすることを即座に統覚する。とはいえこのときも〈私〉は、発声という一つの能力について自らの原因性を統覚しているのであり、これを統覚することが反省と同義語とされている。だが他方で、〈私〉が発する音を〈私〉が聴くという現象においては、〈私〉が自ら発声を行う存在者として、そして、聴くことができる存在者として自己を確認する、即ち二つの能力を用いうる存在者として自己を確認するという契機が見出されるのであった。ここでは私たちが求めている、複数の能力を確認する哲学の方法としての反省の概念への一歩が確かにある。

複数の諸能力を自由にする〈私〉

これまで私たちは、「統覚」と同一視しうるものとしての「反省」の能力を取り出し、これを吟味することで、「統覚」

と同一視しうる反省とは、一つの能力と結びついた反省の働きに他ならないことを指摘してきた。しかし他方で、本章の冒頭で触れたように、ビランは「反省」を複数の能力に関わりうるものとして規定する。「他の諸能力の外部でこれらを確証し、判断し、支配する能力」「私たちの知的諸能力の各々についての単純な観念を獲得する」(A, VII-1, p. 39: 強調は引用者による) 能力としての「反省」がやはり問題なのだ。そしてビランが言う「自分の発した声を自分が聴く」という現象は、〈私〉の「声を発する」能力と「聴く」能力とが確認されうる場面としても解釈しうるのであり、このとき〈私〉は複数の能力を用いる存在者として自らを確認することもできるだろう。

実際、一つの能力だけをあるときは発動しまたあるときは発動しない、というだけでは、この能力は「能力」という名に値するだろうか。そうではなかろう。実際、〈私〉が見る能力しか持たない存在者であるのなら、「見る」ことが能力と言えるかは疑わしい。むしろ「能力」とは、〈私〉が複数の能力の中からあるものを選び出し自由に発動させ、あるいは中断し、また別の能力を用いてこそ、始めて意味を持つ言葉であると考えられる。「私が能力を持つことは、私が複数の能力を持つ条件でのみ可能である。」(松永、一九七五、八四頁)

実際、〈私〉はこの世界に生きるにおいて、一方で自らを〈一〉なるものとして統覚しつつ、複数の能力を用いて世界と相対している。このような能力の複数性と自我の感知との関係に考察を加える手がかりは、第二部第二章で引用した次のテキストに見出される。

「ところで筋肉系一般は、いくつかの部分的項に自然に分割されており、またそれだけの明確な項を同一の運動的意志に与えるのである。これら分割点が多様になるほど、直接的内的統覚は自らを照らし自らを区別するし、努力の恒久的主体の個体性、あるいは統一性は、可動的な項の多数性と多様性との対立それ自身によって、さらに自らを顕わにする。」(A, VII-1, p. 143)

ここでは第二部で吟味された固有身体の分節化が問題となっている。そしてそこでも述べたように、自我と固有身体との関係性は、自我が固有身体を分節すればするほどに、自我の原因性の感知が増していくというものであった。ところで「能力」とはいかなるものであろうか。「能力」とはまずもって、この「固有身体」の枠組みに於いて語られるべき言葉ではないだろうか。「見る」ことを、「見る」ことと異質な言語によって説明することはできない。ただ〈私〉が、〈外的視点から見れば「眼球」と呼ばれる〉〈私〉の意志に従うある部位を緊張させあるいは動かすことに相関的に現出する〈現われ〉との関係性において語ることしかできないのではないだろうか。「私たちの感官の各々は、それ自身を用いることによって定義される。」(A, VII-1, p. 119) しかるに「感官の各々」とはまずもって固有身体のうちに位置づけられるものなのだから、それらを「用いる」とはやはり、〈私〉がこの固有身体に働きかけることに他ならない。そして〈私〉が働きかける各々の「感官」はすべて、〈私〉の位置の移動に奉仕するという特性を持つが、他方でまたそれぞれの感官の特性に応じた〈現われ〉をもたらしもする。そして能力の役割とはまずもって、〈私〉の固有身体の各々の部位に、その特性に応じた〈現われ〉を現出させることであり、ついで、それらの〈現われ〉のうちに秩序を見出していくことではないだろうか。「能力」とは固有身体との関係において論じられるべき事がらなのだ。そして、固有身体の「分割点が多様になるほど」、つまり〈私〉の諸能力が複数化すればするほど、〈私〉はそれらの諸能力の複数性との対比の中で自らの個体性、統一性をより強く感知する。

根源的事実において構成される〈私〉は、単一で一塊の身体を動かすことのできるものとしての自らの原因性を統覚することはできる。ここに基礎はある。しかるに〈私〉は常に単一で一塊の身体のみを対象項にしているわけではない。この身体はまた「自然的に分割されており」(A, VII-1, p.143) 努力がこれを発展させることを待ち受けている。「活動ないし努力の力から切り離すことの出来ない感知は、第一の必然的な関係によって、内側から外へ向かって、同じ力が展開する恒常的な諸項に広がっていく。」(A, III, p.278) そしてこの分割された身体の各部分は、あるときは特殊な感覚性をもつ器官としての特性に応じた〈現われ〉を〈私〉にもたらし、その〈現われ〉をもたらす「能力」としての地位を得る。そしてまた固有身体のすべての部分は〈私〉の移動に奉仕するものとしてあり、また私たちが「皮膚」と呼ぶ部位は触覚的直観をもたらしあるいは絶対的な外的物体の抵抗を告げ知らせる能力をもっている。身体の可動的な諸部分は結局のところすべて能力としての規定を受けることができるのではなかろうか。そして〈私〉はその各々の部分の運動の原因として自らを統覚するであろうし、ある部分についてはその器官に対応した〈現われ〉を現出させる原因として自らを統覚することができるだろう。

そして統覚は〈私〉が自由にできる能力の数に応じて、単に二重化されるばかりでなく多重化されていくだろう。しかし複数の能力に結びつくことができる反省の能力を用いる〈私〉は、能力が増そうともそれらの能力を自由にするものとして自らを認めることになるだろう。ビランは反省的諸観念の一つである「自由」について次のように述べていた。「自由、あるいは自由の観念は、その実在的な源泉でとらえられた場合、私たちの能動性、活動する能力、自我を構成する努力の感知に他ならない。」(A, VII-1, p.27) 〈私〉が複数の諸能力を用いることは、能動性に基づく自我の感知を高めることであるから、即ち〈私〉の自由の感知を高めることである。「反省」の能力はこのとき、「他の諸能力の外部でこれらを確証し、判断し、支配する能力」として「私たちの知的諸能力の各々についての単純な観念を獲得する」(A, VII-1, p. 39: 強調は引用者による)

このとき〈私〉は、ただ能動性によって規定される存在者としてのみならず、複数の能力を用いうる存在者として、即ち世界が〈私〉に差し出す多様な側面に相対することができる存在者として姿を現わすだろう。

そして反省の主体が、諸能力を自由に操り、それらの諸能力に現出する〈現われ〉に秩序を見出す主体として現われるとき、「内在的努力」から「反省」へと〈私〉の諸能力を記述する営みそれ自身が、ビランの言う哲学の反省の実践的な模範として、姿を現わす。

第三部の叙述から明らかであるが、メーヌ・ド・ビランが「体系」という言葉を用いて目指したことは、〈私〉の諸能力を、正しくこれを行使する〈私〉の視点から記述することであり、通常の段階においては〈私〉の原因性が隠されている諸能力を一つ一つ、〈私〉の能力として確認すること、そしてそれらの諸能力を用いることがいかなる成果をもたらすのかを明らかにすることであった。

そしてビランのテキストを読む私たちは、そのテキストを能動的に読み（さらに言っておけばまた、「読む」ということも〈私〉の能力の行使の一様態に他ならない）、彼の誘いに従いながら自らの諸能力を、この能力に対して現出する〈現われ〉との対比の中で確認しつつ、複数の諸能力を用いうるものとして自己を確認していくとき、優れてビランの言う反省的な様態にあるのである。

註

1 Condillac, *Traité des sensations*, 第二部「触覚、あるいはそれ自身で外的対象について判断する唯一の感官について」および第三部「触覚はいかにして他の感官に外的対象について判断することを教えるか」を参照のこと。

結　語

メーヌ・ド・ビランがその生を送った一九世紀のフランスの思想は、哲学に限らずあらゆる分野で「秩序」という言葉に拘りを見せていた。この「秩序」への問いは、本論の冒頭で論じてきたように、諸学問の統一を行うという動機に支えられると同時に、フランス革命後いかなる社会秩序を奉じるべきであるかという問題意識と結びついた問いである。恐らくこの問いを一身に引き受けた思想家としては、オーギュスト・コントを挙げることができるだろう。彼は諸学問の進展を視野に入れながら、「秩序と進歩」を標語として、来るべき「社会」の秩序がいかなるものであるのかを描き出そうとした。

コントの営みと対比してメーヌ・ド・ビランを取り上げるなら、彼は、いくつかの政治的テキストがあるとはいえ、社会秩序について体系的には論じていない。実際彼がまずもってその「秩序」が見出されるべきであると考えていたのは、冒頭からたびたび触れているように、〈私〉が自らの実存をそこに見出す世界であり、この世界の様々な事物と〈私〉がいかなる関係をもちうるのか、これが専ら彼の関心を占めている。

コントの姿勢とメーヌ・ド・ビランの姿勢とは、比較不可能なものであり、いずれの立場が優れているかなどということは言うことができない。ただ私たちは、まずもって自らの実存を見出すこの世界について、誰でもが語りうる秩序、文化的な差異を巡る争いなどが生じる一歩手前の世界で、私たちはいかなる秩序を語ることができるのかに関心を持ち、メーヌ・ド・ビランの思索を追ってきたのだった。

改めて言えば、様々な文化的な差異を超えて、人がまずもって自らの実存をそのうちに見出す限りでの世界の相貌、自らを〈私〉と呼ぶ存在者が、自らに対して現出する〈現われ〉をまずどのように取りまとめ、その〈現われ〉に対していかなる態度を取るのか、そして、この〈私〉が〈現われ〉について秩序を語る条件はいかなるものであるのかを問題にするべきであると私たちは考えたのであった（こうした議論は言葉の本来の意味での、強圧的ではない「普遍性」をもつものであると、私は考えている）。そしてその意味で、私たちは「通常の世界に降りていく哲学者」としてのメーヌ・ド・ビランを選び出し、彼の認識諸能力の「体系」という発想が、〈私〉が自らを構成する努力の様態に応じて〈私〉に対して現出する〈現われ〉に、秩序を見出す過程を記述するものであることを強調してきたのであった。

その過程で論じられたのは、〈私〉の実存は身体との関係性、それも〈私〉が自由に動かすことのできる身体との関係性のうちで語られるべき事柄であることであった。〈私〉とはまず、ビランが「内的空間」と呼んだ限りでの固有身体との関わりの中でその存在が樹立される存在者であり、「目覚める」とはまさしく〈私〉が自らの身体を動かしうるものであることをわが知とすることであると定義されるのであった。従ってまずもって論じられるべきは、〈私〉の存在と、ビランが「内的事実」と呼ぶ限りでの固有身体を構成する諸項との関係性の秩序が語られるべきであったのだった。

他方、〈私〉が外的と名指す限りでの身体に対する諸々の〈現われ〉（ビランの言葉で言えば外的事実）は、〈私〉が目覚めると同時に〈私〉の身体の外に位置づけて受容するもの、そして、〈私〉が身体の位置を変えること、あるいは個々の諸器官を志向的に用いる、即ち注意を用いることによって変化していくものであることが強調されるべきであった。その意味で、諸々の外的な〈現われ〉の秩序もまた、〈私〉の固有身体との関係性から語られるべき事柄なのであることが明らかにされるのであった。

〈私〉は自らの実存を見出すこの世界のうちに様々な秩序を見出す。そして時に、それらの秩序に応じて自らの行動を律し、あるいはそれらに応じて自らの行動を評価し、熟慮し、新たな行動へと向かうこともあるだろう。あるときは、既に世にある諸々の秩序から逸脱した〈私〉のあり方を知り、苦しみ悩むこともあるかもしれない。だが、他方でそうした秩序に先立ってまず論じるべきは、〈私〉が目覚めることによってこの世界を開くといえる面が確かにあること、そして〈私〉は貧しいながらも〈私〉の身体を自由にすることができることであった。

〈私〉は現存を自ら見出す限り、「内在的努力」によって目覚めて自らの存在を楽しむことができることを一つの奇跡的な僥倖として受け取る。そして、この目覚めと共に現出する世界を、自らが自由になしうるいくつかの能力によって秩序立てていこうとする存在者として〈私〉を見出し続けるだろう。そしてそうしたものとして自らを見出しつつ、〈私〉は常に自らが肉体を持つ存在者であること、そしてこの肉体を持つことこそが、〈私〉の諸能力を可能とし、従ってまた〈私〉が諸々の〈現われ〉の秩序を見出すことを可能とすることを、〈私〉はこの肉体自身を用いることによって確認し続けるだろう。

参考文献

［凡例］

・(1)の「メーヌ・ド・ビランの著作」を除き、書物の後の（　）で記した略号は、本書中における引用の際の略号を示す。

・例えば（Comte, 1844 → 1974）といった形で二つの年号を並べた場合は、古い数字が初版の出版年、新しい数字が実際に用いたテキストの出版年を示している。この場合は一八四四年に初版が出版されたコントの『実証精神論』に関して、一九七四年に出版されたテキストを用いたことを示す。

・引用に際して邦訳がある場合は随時参照を行ったが、訳文の最終的な判断は論者が行った。

(1) メーヌ・ド・ビランの著作

メーヌ・ド・ビランの著作については、François Azouvi の編集により Vrin 社より刊行された、『メーヌ・ド・ビラン著作集』(**ŒUVRES DE MAINE DE BIRAN** sous la direction de F. Azouvi) を用いた。引用に際しては、《A》の文字の後に巻数を記し、その後にページ数を記した。たとえば『習慣論』の一三〇ページから引用を行った場合には、(A,II,p.130) という形でこれを指示している。

各巻の内容に関しては以下の通りである。

I. *Ecrits de jeunesse*
II. *Influence de l'habitude sur la faculté de penser.*
III. *Décomposition de la pensée.*
IV. *De l'aperception immédiate*
V. *Discours à la Société médicale de Bergerac.*
VI. *Rapports du physique et du moral de l'homme.*
VII-1-2. *Essai sur les fondements de la psychologie et sur ses rapports avec l'étude de la nature.*
VIII. *Rapports des sciences naturelles avec la psychologie et autre écrits sur la psychologie.*
IX. *Nouvelles considérations sur les rapports du physique et du moral del'homme.*
X-1. *Dernière philosophie :morale et religion.*
X-2. *Dernière philosophie :Existence et anthropologie.*
XI-1. *Commentaires et marginalia XVIIe siècle.*
XI-2. *Commentaires et marginalia XVIIIe siècle.*
XI-3. *Commentaires et marginalia XIX e siècle.*
XII. *L'homme public.*
XIII-1. *Correspondance avec Ampère.*
XIII-2. *Correspondance philosophique 1766-1804.*
XIII-3. *Correspondance philosophique 1805-1824.*

（2）その他の１次文献

・Barthez, Paul-Joseph, *Nouveaux éléments de la science de l'homme*. Montpellier : Jean Martel, Ainé, 1778（Barthez, 1778）
・Condillac,Étienne Bonnot *Essai sur l'origine des connaissances humaines*, in *Œuvres philosophiques*. vol., PUF, 1947(Condillac, 1746 → 1947)

- Condillac, Etienne Bonnot de. *Traité des sensations*. Fayard, 1984, (Condillac, 1754 → 1984)
- Cabanis, Pierre-Jean-Georges, *Œuvres philosophiques de Cabanis, première partie*, PUF, 1956, (Cabanis, 1802 → 1956)
- Cabanis, Pierre-Jean-Georges, *Œuvres philosophiques de Cabanis, seconde partie*, PUF, 1956, (Cabanis, 1956b)
- Comte, Auguste, Discours sur l'esprit positif, PUF, 1974 (Comte, 1844 → 1974)
- Destutt de Tracy, *Mémoire sur la faculté de penser* [textes reunis et revus par Anne et Henry Deneys], Paris, Fayard, 1992（Tracy, 1798 → 1992）
- Destutt de Tracy, *Elément d'idéologie,1ère partie, Idéologie proprement dite*, Fromman, Stuttgard, 1977（Tracy, 1804 → 1977）
- Destutt de Tracy, *Elément d'idéologie, 3ème partie, Logique*, Fromman, Stuttgard, 1977（Tracy, 1805 → 1977）

（3）研究書、研究論文

（i）欧文のもの

- Azouvi, François, « Genèse du corps propre chez Malebranche, Condillac, Lelarge de Lignac et Maine de Biran » in *Archieves de philosophie*, janviers-mars 1982（Azouvi, 1982a）
- Azouvi, François, « L'affection et l'intuition chez Maine de Biran », in *Les Études Philosophiques* n 1/1982（Azouvi, 1982b）
- Azouvi, François, « Conscience,identification et articulation chez Maine de Biran », in *Revue de Métaphysique et de Morale*, n 4/1983 (Azouvi, 1983)
- Azouvi, François, *Maine de Biran. La science de l'homme*. Paris, Vrin, 1995(Azouvi, 1995)
- Baertschi,Bernard, *L'ontologie de Maine de Biran*. Éditions universitaires de Fribourg,1982. (Baertschi,1982)
- Bégout,Bruce. Maine de Biran, la vie intérieure. Payot, 1995. (Bégout,1995)
- Bernier, Réjane, « LA NOTION DE PRINCIPE VITAL CHEZ BARTHEZ. Essai historico-critique ». in *Arcihives de Philosophie* 35, 1972
- Brunschvicg, Léon. *L'expérience humaine et la causalité physique*. Alcan, 1922 (Brunschvicg,1922)
- Céline, Lefève « Maladie et santé dans les *Mémoire sur l'influence de l'habitude sur la faculté de penser* de Maine de Biran », in *Les*

Études Philosophiques n 2/2000
- Delbos,Victor. *Maine de Biran et son œuvre philosophique*. Vrin,1930 (Delbos, 1930)
- Duchesneau, François, *La physiologie des lumières. Empirisme, Modèle et Théorie*. Martinus Nijhoff publishers, 1982 (Duchesneau, 1982)
- Gusdorf, Georges. *La Conscience Révolutionnaire. Les Idéologues*. Payot,1978（Gusdorf, 1978）
- Head, B.W. *Ideology and Social Science. Destutt de Tracy and French Liberalism*. Martinus Nijhoff Publishers,1985
- Henry, Michel. *L'essence de la manifestation*. PUF, 1963. (Henry, 1963)
- Henry, Michel. *Philosophie et phénomenologie du corps. Essai sur l'ontologie biranienne*. PUF, 1965, (Henry, 1965)
- Henry, Michel. *Incarnation. Une philosophie de la chair*. Seuil. 2000 (Henry,2000)
- Lacroze,René. *Maine de Biran*. PUF, 1970
- Lemoine, Maël, « AFFECTIVITÉ ET AUTO-AFFECTION : RÉFLEXIONS SUR LE «CORPS SUBJECTIF» CHEZ MAINE DE BIRAN ET M. HENRY » in *Les Études Philosophiques* n 2/2000
- Le Roy, Georges. *L'expérience de l'effort et la grâce chez Maine de Biran*. Boivin, 1937.
- Madinier, Gabriel. *Conscience et Mouvement*. Nawelaerts,1967(Madinier, 1967)
- Merleau-Ponty,Maurice. *L'union de l'âme et du corps chez Malebranche, Biran et Bergson*. PUF, 1968 (Merleau-Ponty, 1968)
- Picavet, François, *Les ideologues*. Olms,1972（初版は一八九五年）
- Romeyer-Dherbey,Gilbert. *Maine de Biran ou le penseur de l'immanence radicale*. Segher, 1974.(Romeyer-Dherbey,1974)
- Staum, Martin S. *Cabanis. Enlightenment and medical philosophy in the French Revolution*, Princeton University Press, 1980 (Staum, 1980)
- Tilliette, X, *Nouvelles réflexion sur le Cogito biranien, in Revue de Métaphysique et de Morale*, n 4/1983 (Tilliette, 1983)
- Vancourt, Raymond. *La théorie de la connaissance chez Maine de Biran*. Aubier,1944. (Vancourt, 1944)

（ii）邦文のもの
- 北明子『メーヌ・ド・ビランの世界　経験する〈私〉の哲学』、勁草書房、一九九七年（北、一九九七）

増永洋三
・『フランス・スピリチュアリスムの哲学』、創文社、一九八四年
・「メーヌ・ド・ビラン哲学における《デカルトの「コギト」》批判の意義」、『哲学雑誌』第三巻第七八三号（増永、一九九六）

松永澄夫
・「メーヌ・ド・ビランの反省の概念について」（『理想』第五〇二号、一九七五年二月）（松永、一九七五）
・「メーヌ・ド・ビランと観念学の理念」（『関東学院大学文学部紀要』、一九七六年）
・「デステュット・ド・トラシと観念学の理念」（『関東学院大学文学部紀要』、一九七七年）
・「シャルル・ボネの「立像」フィクション――心的現象の生理学的説明の逆説：身体概念の心理学的構築」（『関東学院大学文学部紀要』、一九七八年）
・「二つの生命と二つの生命特性（上）―ビシャの生命思想とその論理（上）」、『テオリア』第二三輯、九州大学教養学部、一九八〇年
・「二つの生命と二つの生命特性（中）―ビシャの生命思想とその論理（中）」、『テオリア』第二四輯、九州大学教養学部、一九八〇年
・「メーヌ・ド・ビランの思想における原因概念の位置について」、（『テオリア』第二六輯、九州大学教養学部、一九八三年）

中敬夫
・『メーヌ・ド・ビラン　受動性の経験の現象学』、世界思想社、二〇〇一（中、二〇〇一）
・「一にして不可分な空間（の）経験――スピノザ・フッサール・ビラン」（『愛知県立芸術大学紀要』No.24、一九九五年）
・「身体の構成――ビラン？ビランを越えて？」（『フランス哲学思想研究』第7号、二〇〇二年）

山形頼洋
・『感情の自然』、法政大学出版局、一九九三年（山形、一九九三）

あとがき

本書はもともと、二〇〇四年三月に東京大学大学院人文社会系研究科に提出された課程博士論文『〈現われ〉とその秩序　メーヌ・ド・ビラン研究』である。審査に当たってくださった、松永澄夫先生、高山守先生、一之瀬正樹先生、榊原哲也先生、望月太郎先生にお礼申し上げます。

今回の出版に際しては、一部の言い回しの修正など微細な箇所を除いて、大きな加筆は行わなかった。

学恩を謝すべき方は多いが、ここではやはり筆頭に松永澄夫先生の名前を挙げておきたい。哲学研究室に進学以後、松永先生は常に暖かく、また時に厳しく私の歩みを導いてくださった。この書物に僅かばかりでも見るべきところがあれば、それは先生のおかげであると思う。また、昨年惜しくも亡くなられた増永洋三先生（九州大学名誉教授）のお名前も挙げておきたい。先生と直接お会いするようになったのは修士課程に進んでからのことであったが、一介の大学院生にすぎぬ私に、先生は研究書を貸してくださるなど、色々と親切にしてくださった。この場を借りて謹んでご冥福をお祈り申し上げます。

ときに多少の困難がありながらも、自分が好きといえる道を進んでくることができたのは、やはり家族の助けがあってのことであったと、改めて思う。有形無形の形で私の歩みを支えてきてくれた家族にこの場で感謝を述べることを、読者のみなさまにお許しいただきたい。また、大学院に進学したいという私の希望を苦笑しながら認めてくれた亡き父正夫にこの感謝を述べ、この書物を捧げたいと思う。

出版に際しては株式会社東信堂の下田勝司社長に大変お世話になった。ありがとうございます。

なお、本書の出版は、二〇〇六年度跡見学園女子大学学術図書出版助成により可能となった。記して感謝を述べる。

村松　正隆

事項索引

ア行

カ行

サ行

タ行

ナ行

人名索引

■著者紹介

村松　正隆（むらまつ　まさたか）

1972 年　東京都に生まれる

2001 年　東京大学大学院人文社会系研究科博士課程修了

現　在　跡見学園女子大学マネジメント学部生活環境マネジメント学科助教授

Maine de Biran - un philosophe du monde ordinaire

〈現われ〉とその秩序――メーヌ・ド・ビラン研究

2007 年 3 月 30 日　初版　第 1 刷発行　〔検印省略〕

＊定価はカバーに表示してあります

著者 © 村松正隆　発行者　下田勝司　印刷・製本　中央精版印刷

東京都文京区向丘 1-20-6　郵便振替 00110-6-37828

〒 113-0023　TEL 03-3818-5521（代）　FAX 03-3818-5514

E-Mail tk203444@fsinet.or.jp

発行所　株式会社 東信堂

Published by TOSHINDO PUBLISHING CO.,LTD.

1-20-6,Mukougaoka, Bunkyo-ku, Tokyo, 113-0023, Japan

ISBN978-4-88713-748-6　C3010